도라에몽의 신비한 수학사전

신비한 내용 소개

도라에몽의 신비한 수학사전

도라에몽과 친구들의 재미있는 이야기를 읽다 보면,
수학 개념을 쉽게 이해하게 되는 **신비한 책!!**
도라에몽의 신비한 수학사전

〈도라에몽의 신비한 수학사전〉은 어떤 책인가요?

일본에서 출간된 스테디셀러〈바로 알기! 초등학교 수학〉의 내용을 우리나라 초등교육과정에 맞게 **기초개념(1~2학년)과 필수개념(3~6학년)**으로 재편한 수학학습서입니다.

〈도라에몽의 신비한 수학사전〉은 초등 1~6학년 수학 교과 내용을 잘 이해하는 데 꼭 필요한 수학 개념을 쉽고 재미있게 배울 수 있게 구성하였습니다.

〈도라에몽의 신비한 수학사전〉의 특징은 무엇인가요?

- 최신개정 수학교육과정 **5개 영역**에 따른 구성
- 체계적으로 정리한 **274개 초등수학 개념**
- 가나다순 **키워드**로 빠르게 찾아보기 수록
- 도라에몽 특유의 재미있는 말투로 풀어 낸 **스토리텔링 수학**
- 자세한 예시문제 풀이 과정을 제시하여 **개념 이해와 응용력**까지 해결

〈도라에몽의 신비한 수학사전〉은 어떻게 활용하나요?

1 초등수학 전 과정 핵심 개념을 필요에 따라 학습

1학년부터 6학년까지 교과서의 **핵심 개념**과 각 개념을 이해하는데 꼭 필요한 예시문제를 엄선하여 수록하였으므로 다음 학년 예습용으로, 이전 학년 복습용으로 모두 활용할 수 있습니다.

2 초등수학 전과정을 학년, 단원, 영역별로 각각 연계하여 학습

개정 교육과정에서 제시된 **5개 영역**(수와 연산, 도형, 측정, 규칙성, 자료와 가능성)을 학년별, 단원별로 연계하여 학습할 수 있도록 구성하였습니다.

3 영어사전에서 모르는 단어를 찾아 보듯, 수학사전에서 모르는 개념을 찾아 학습

초등학생은 해당 학년 학습내용이나 **이전 학년에서 배웠던 내용 중 개념이 확실히 잡히지 않은 부분을 찾아서 학습**할 수 있습니다. 예비 중1 학생도 중등수학 과정에 활용되는 초등수학 개념을 선별하여 찾아보면서 더욱 탄탄한 기본기를 다질 수 있습니다.

4 기초개념(초1~2)과 필수개념(초3~6)으로 구성되어 효율적인 학습 가능

예비 초1 및 초등 저학년 학생은 기초개념을 차근차근 학습하여 수학의 기초를 다지는 수학참고서로, **초등 고학년 및 예비 중1 학생은 필수개념 위주로 계획적인 예습, 복습**을 하는 수학학습서로 활용해 보세요.

신비한 Q&A
도라에몽에게 물어봐!

Q 수학사전이 꼭 필요한 거야? 수학문제집도 많고 참고서도 있는데.

수학은 앞의 개념을 이해 못하면 그다음은 막힐 수밖에 없어. 그래서 수학 공부를 하다가 모르는 내용이 나오면 바로 그 개념을 찾아서 공부하고 이해해야 다음 진도를 나갈 수 있는 거지. 영어사전 없이 영어 공부할 수 있어? 수학도 마찬가지야. 모르는 개념을 바로바로 찾아볼 수만 있으면 수학은 절대 어렵지 않아. 그러니까 **수학사전도 필수라는 말씀!**

Q 정말 이 수학사전이 8년동안 도움이 돼?

초등학교 입학하기 전부터 중1 학생까지 **수학 공부에 필요한 기초 및 필수 개념을 274개**로 정리해 놓았어! 언제든지 모르는 개념을 찾아 다시 복습할 수도 있고, 예습하고 싶을 때도 연계된 단원들을 모아서 차근차근 심화학습 할 수 있게 말이야. 그러니까 8년은 최소한이고, 수학에 자신 없는 중학생들까지 치면 10년 이상 도움이 된다구.

Q 책이 왜 이렇게 두꺼운 거야?
안 그래도 수학이라 부담스러운데.

이 신비한 수학사전은 한꺼번에 처음부터 끝까지 쭉 공부하는 책이 아니야. 문제집처럼 문제가 빼곡히 들어 있어서 푸느라고 애먹는 책도 아니고. **어려운 내용이 있거나 이해 안 가는 개념이 나왔을 때 필요한 부분만 편리하게 찾아서 학습할 수 있게** 만든 책이니까 부담 가질 필요 없어. 먼저 자신이 해당하는 학년에서 궁금한 부분을 찾아보고, 잘 이해가 안 되면 전 단계의 개념을, 좀 더 확장된 내용이 필요하면 다음 단계의 개념을 찾아서 공부하면 돼. 두껍다고 겁부터 먹는 건 No! No!

Q 나도 수학을 잘 하고 싶은데 좋은 방법 없어?

이 **도라에몽이 알려주는 신비한 수학 비법**만 알면 수학은 당연히 잘 할 수 있어. 그러니까 이 수학사전으로 공부하면서 내 말만 잘 들으면 모두가 수학박사가 될 수 있다는 말씀. 초등수학 전 과정 개념을 확실하게 이해하면 수학적 사고력과 문제 해결력을 기를 수 있고, 연산 속도도 빨라져. 어때? **필수개념서로 이 신비한 수학사전만 있으면 되겠지?** 유형별 문제집까지 병행해서 공부하면 수학 100 점은 흔한 일이 될 거야.

신비한 내용 구성

🔍 수학이 재미있어지는 비법 신비한 수학사전의 내용 구성

연계 학년 표시가 되어 있어 몇 학년에 배우는 개념인지 알 수 있습니다.

각 개념을 이해하기에 적합한 문제를 제시 합니다.

학생들이 궁금해할 만한 내용을 친구가 대신 질문합니다.

꼭 기억해야 할 핵심내용을 콕 짚어 정리합니다.

문제 풀이 과정 설명을 자세하고 친절하게 제시하여 개념을 쉽게 이해하도록 해 줍니다.

문제를 푼 후 바로 확인할 수 있도록 페이지 하단에 답을 제시합니다.

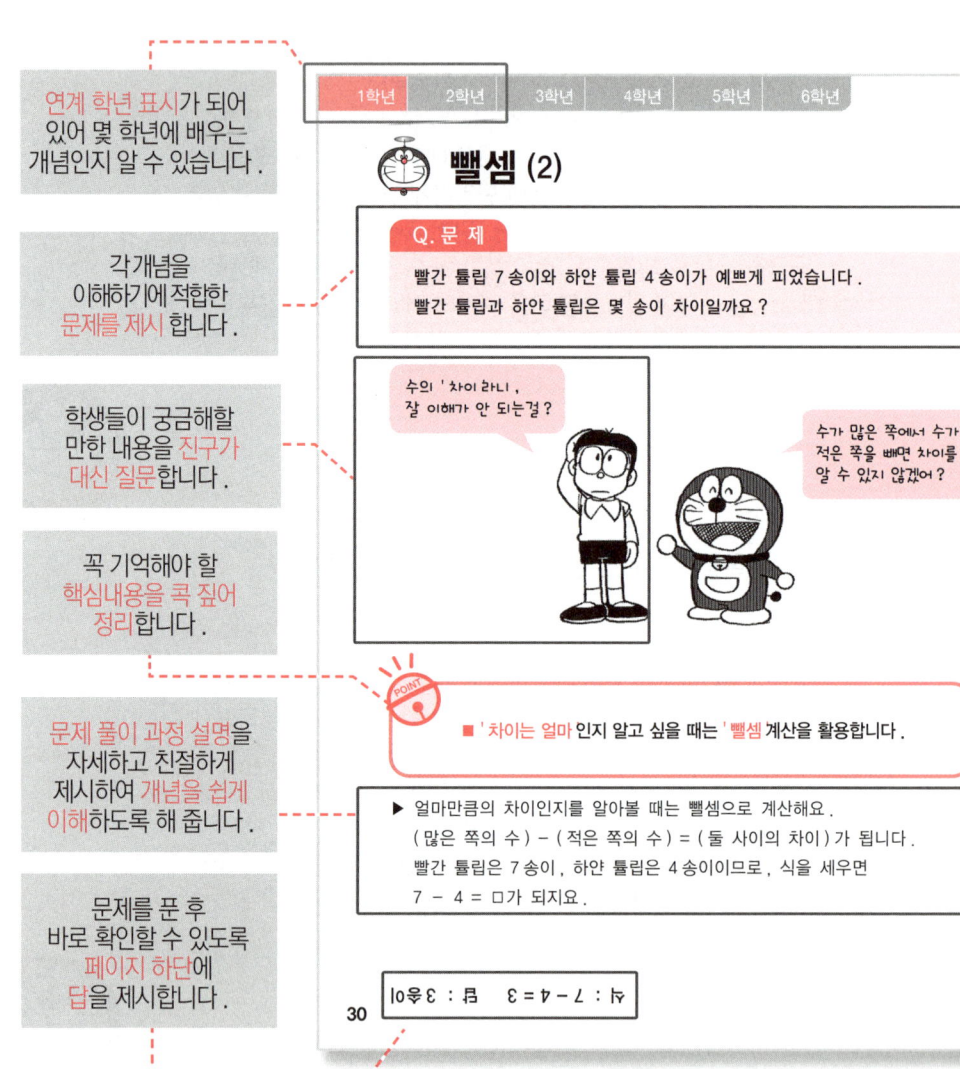

▶ '어느 쪽이 얼마나 많을까?', '어느 쪽이 얼마나 적을까?'라고
묻는 문제도 '차이'를 구할 때와 같이 뺄셈을 활용해서 계산해요.

도라에몽과 친구들의 대화 속에 수학 개념을 이해하는 데 꼭 필요한 결정적인 힌트가 있습니다.

설명만으로 이해하기 어려운 내용은 그림으로 보여줍니다.

도라에몽 특유의 재미있는 말투로 수학의 개념을 쉽게 설명해 줍니다.

▶ '얼마나 많은가'와 '얼마나 적은가'는 모두 차이가 얼마인지 묻는 문제입니다.

1 수와 연산

1학년
수의 규칙	20
순서 (차례)	22
10 가르기와 모으기	24
덧셈	26
뺄셈 (1)	28
뺄셈 (2)	30
한 사람에 한 개씩	32
(몇) + (몇) = (십몇)	34
(십몇) − (몇) = (몇)	36
100 까지의 수	38

2학년
1000 까지의 수	40
짝수와 홀수	42
세로셈으로 덧셈하기	44
세로셈으로 뺄셈하기	46
덧셈의 검산	48
뺄셈의 검산	50
□가 있는 덧셈식	52
□가 있는 뺄셈식	54
곱셈구구	56
곱셈구구 외우기	58
곱셈구구의 규칙	60
곱셈구구보다 큰 계산	62
몇십끼리, 몇백끼리 덧셈과 뺄셈	64
그림으로 그려 계산하기	66
Key Point Review 1	68

차례   기초개념편 (1~2학년 과정)

2   도형

1학년 여러 가지 모양   70
상자 모양과 공 모양   72

2학년 삼각형과 사각형   74
변과 꼭짓점   76
Key Point Review 2   78

3   측정

1학년 비교하기   80
시계 보기   82

2학년 시간   84
시각   86
시간 계산   88
길이 재기   90
Key Point Review 3   92

4   자료와 가능성

2학년 분류하기   94
표와 그래프   96
Key Point Review 4   98

1 수와 연산

3학년

세 자리 수, 네 자리 수의 덧셈	102
세 자리 수, 네 자리 수의 뺄셈	104
나눗셈	106
□가 있는 곱셈식	108
□가 있는 나눗셈식	110
(두 자리 수) x (한 자리 수) 계산	112
(두 자리 수) x (두 자리 수) 계산	114
큰 수의 나눗셈	116
나머지가 있는 나눗셈	118
나눗셈 … 한 자리 수로 나누기	120
곱셈과 나눗셈의 검산	122
몫에 1을 더하는 나눗셈 문제	124
간격의 개수를 생각하는 문제	126
나눈 크기를 나타내는 방법	128
분수의 뜻	130
분모와 분자	132
분모가 같은 분수의 크기 비교	134
소수의 뜻	136
분수와 소수	138
가분수와 대분수 (1)	140
가분수와 대분수 (2)	142
분수의 덧셈 (1)	144
분수의 뺄셈 (1)	146

차례 — 필수개념편 (3~6학년 과정)

4학년

10000 까지의 수	148
1억까지의 수	150
큰 수	152
몇 배의 계산	154
(세 자리 수) x (세 자리 수) 계산	156
몇십, 몇백의 곱셈과 나눗셈	158
나눗셈 … 두 자리 수로 나누기	160
나눗셈 … 세 자리 수로 나누기	162
몇 배일까요?	164
분수의 덧셈 (2)	166
분수의 뺄셈 (2)	168
(진분수) + (진분수) = 가분수 → 대분수	170
(대분수) + (대분수)	172
(대분수) – (대분수), (가분수) – (진분수)	174
받아올림이 있는 분수의 덧셈	176
받아내림이 있는 분수의 뺄셈	178
소수의 구조	180
소수 한 자리 수의 덧셈	182
소수 한 자리 수의 뺄셈	184
자연수와 소수의 덧셈, 뺄셈	186
소수 두 자리 수의 덧셈, 뺄셈	188

5학년

혼합 계산	190
괄호가 있는 식	192

약수와 배수, 소수	194
최대공약수	196
최소공배수	198
크기가 같은 분수	200
자연수를 분수로 고치는 방법	202
약분	204
통분	206
분모가 다른 분수의 크기 비교	208
통분이 있는 (진분수) + (진분수)	210
통분이 있는 (진분수) − (진분수)	212
통분이 있는 대분수의 덧셈, 뺄셈	214
(진분수) x (자연수)	216
(대분수) x (자연수)	218
(진분수) x (진분수)	220
분수를 소수로, 소수를 분수로 바꾸기	222
분수와 소수의 크기 비교	224
수의 구조	226
(소수) x (자연수)	228
(자연수) x (소수), (소수) x (소수)	230
시간과 분수	232
길이와 분수	234
분수와 소수의 계산	236

6학년

(진분수) ÷ (자연수)	238
(대분수) ÷ (자연수)	240
(자연수) ÷ (소수), (소수) ÷ (소수)	242
(소수) ÷ (자연수)	244

차례 필수개념편 (3~6학년 과정)

분수와 나눗셈	246
(자연수) ÷ (진분수)	248
(진분수) ÷ (진분수)	250
세 분수의 곱셈, 나눗셈	252
소수의 나눗셈 … 나머지가 있을 때 / 나누어떨어지는 경우	254
소수의 나눗셈 … 반올림하여 몫 구하기	256
소수의 사칙연산	258
교환 법칙, 결합 법칙, 분배 법칙	260
Key Point Review 5	262

2 도형

3학년
직각, 직각삼각형	264
직사각형과 정사각형	266
원	268
원의 지름과 반지름	270

4학년
각의 크기와 각도	272
각도의 계산	274
수직	276
평행	278
삼각형 분류하기	280
사다리꼴	282
평행사변형과 마름모	284
대각선	286
다각형	288

5학년	합동인 도형	290
	대칭인 도형	292
	상자 모양 ⋯ 면	294
	상자 모양 ⋯ 모서리와 꼭짓점	296
	겨냥도와 전개도	298
	직육면체와 정육면체	300
	면의 평행과 수직	302
	면과 모서리의 평행과 수직	304
	모서리와 모서리의 평행과 수직	306
	마주 보는 면, 이웃한 면	308
6학년	각기둥과 원기둥	310
	구	312
	확대와 축소	314
	위치를 나타내는 방법	316
	Key Point Review 6	318

3 측정

3학년	길이의 단위 (mm, cm, m, km)	320
	mm, cm, m의 계산방법	322
	들이의 단위 (mL, L)	324
	mL, L의 계산 방법	326
	시각의 계산	328
	무게의 단위 (g, kg, t)	330
	g, kg 계산 방법	332

차례 필수개념편 (3~6학년 과정)

4학년 삼각형과 사각형의 내각의 합 334

5학년 어림하기 336
어림수의 계산 338
넓이의 단위와 계산 340
직사각형과 정사각형의 넓이 342
도형의 넓이 구하기 (1) 344
넓이의 단위 (m^2, km^2) 346
넓이의 단위 (a, ha) 348
평행사변형과 삼각형의 넓이 350
사다리꼴과 마름모의 넓이 352
도형의 넓이 구하기 (2) 354

6학년 원주와 원주율 356
원의 넓이 358
부채꼴의 넓이와 둘레 360
직육면체와 정육면체의 부피 362
부피의 큰 단위 364
들이와 부피 366
각기둥, 원기둥의 부피 368
어림하여 넓이와 부피 구하기 370
미터법의 단위 구성 372
Key Point Review 7 374

차례 — 필수개념편 (3~6학년 과정)

4 규칙성

4학년 △와 □를 사용하는 식 (1) — 376

5학년 두 양 사이의 대응 관계 — 378

6학년
- 정비례식과 반비례식 — 380
- △와 □를 사용하는 식 (2) — 382
- 비례 관계 — 384
- 비율 — 386
- 백분율과 할푼리 — 388
- 단위량에 해당하는 크기 — 390
- 반비례 — 392
- Key Point Review 8 — 394

5 자료와 가능성

3학년 자료 정리와 표 — 396

4학년
- 막대그래프 — 398
- 꺾은선그래프 — 400

5학년 평균 — 402

6학년
- 띠그래프와 원그래프 — 404
- 경우의 수 — 406
- 자료 정리 — 408
- Key Point Review 9 — 410

도라에몽의 신비한 수학사전 1

초등 기초개념

초등 1-2학년

수학이 재미있어지는 비법

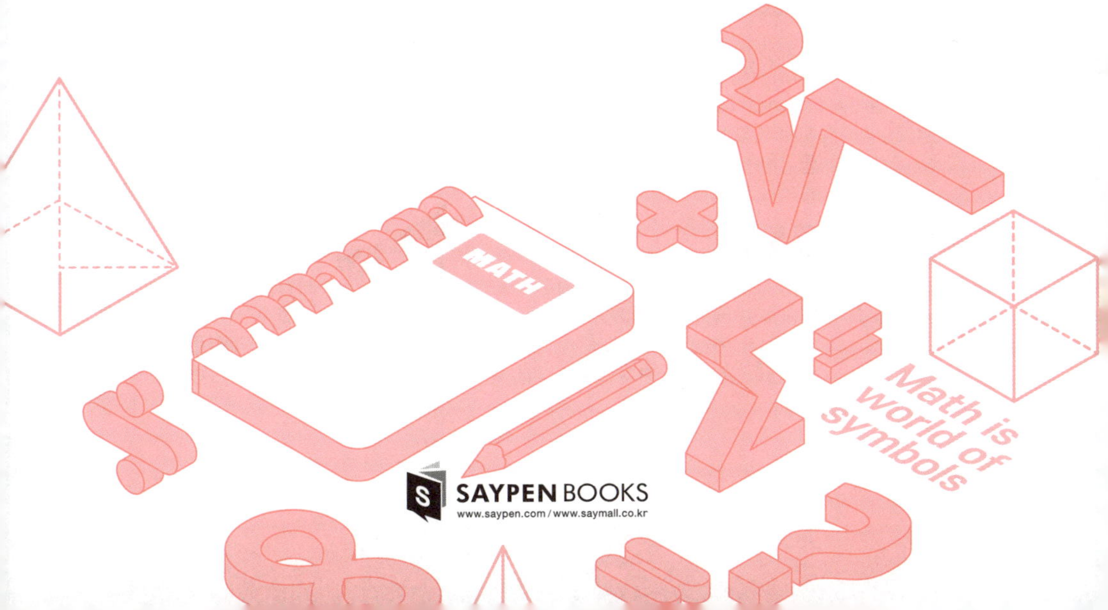

SAYPEN BOOKS
www.saypen.com / www.saymall.co.kr

Math is world of symbols

신비한 등장인물 소개

신비한 수학사전에 등장하는
도라에몽 과 친구들

도라에몽
22 세기에서 온
고양이 모양 로봇이랍니다.
수학을 쉽고 재미있게
공부하는 비법으로
진구에게 도움을 줍니다.

도라미
도라에몽의 여동생이에요
도라에몽을 닮아 수학
비법에도 일가견이 있어요.
귀엽고 똑똑해서
모두가 도라미를 좋아해요.

진구
도라에몽과는 둘도 없는 친구,
공부도 운동도 잘하진 못하지만
도라에몽의 수학 비법으로
점점 똑똑해지고 있답니다.
좋아하는 이슬이와 언젠가
결혼하는 것이 꿈이에요.

이슬이
상냥하고 공부 잘하는
진구의 소꿉친구예요.
수학을 어려워하는 진구를
항상 친절하게 도와줘요.
도라에몽의 수학비법을
가장 잘 이해하는 친구예요.

퉁퉁이
힘이 세고 진구와 친구들에겐
믿음직한 골목대장이에요.
도라에몽 덕분에 수학에도
점점 흥미를 갖게 되었어요.

비실이
퉁퉁이의 단짝 친구에요.
수학실력도 퉁퉁이와 비슷해요.
하지만 때때로 똑똑한
질문도 한답니다.

1 수와 연산

- 1학년 연계 ·· 20~39
- 2학년 연계 ·· 40~67

수의 규칙

Q. 문 제

□ 빈칸에 알맞은 수를 쓰세요.

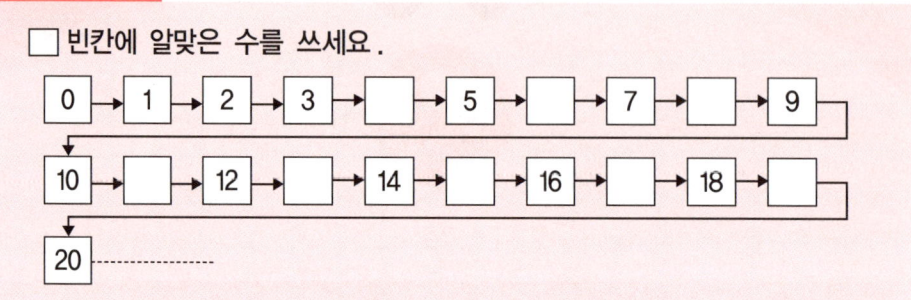

▶ 수는 1(일), 2(이), 3(삼), … 과 같이 늘어나요.
▶ **0(영)** 은 **아무것도 없음**을 나타내요.
▶ 수가 나타내는 개수와 숫자 읽는 방법을 다음 표로 익혀보세요.

0		영 | 없음	10	■■■■■ ■■■■■	십 | 열
1	■	일 | 하나	11	■■■■■ ■■■■■ ■	십일 | 열하나
2	■■	이 | 둘	12	■■■■■ ■■■■■ ■■	십이 | 열둘
3	■■■	삼 | 셋	13	■■■■■ ■■■■■ ■■■	십삼 | 열셋
4	■■■■	사 | 넷	14	■■■■■ ■■■■■ ■■■■	십사 | 열넷
5	■■■■■	오 | 다섯	15	■■■■■ ■■■■■ ■■■■■	십오 | 열다섯
6	■■■■■ ■	육 | 여섯	16	■■■■■ ■■■■■ ■■■■■ ■	십육 | 열여섯
7	■■■■■ ■■	칠 | 일곱	17	■■■■■ ■■■■■ ■■■■■ ■■	십칠 | 열일곱
8	■■■■■ ■■■	팔 | 여덟	18	■■■■■ ■■■■■ ■■■■■ ■■■	십팔 | 열여덟
9	■■■■■ ■■■■	구 | 아홉	19	■■■■■ ■■■■■ ■■■■■ ■■■■	십구 | 열아홉

▶ 19(십구 , 열아홉) 다음 수는 20(이십 , 스물) 이에요 .
▶ 수는 21, 22, 23, 24, 25, 26, 27, 28, 29 와 같이 계속돼요 .
▶ 수를 읽는 방법은 21(이십일 , 스물하나), 22(이십이 , 스물둘),
  23(이십삼 , 스물셋), …, 29(이십구 , 스물아홉) 이고 , 그다음 수는
  30(삼십 , 서른), 31, 32, 33,…이며 , 이후로도 수는 끝없이 계속돼요 .

■ 9 보다 1 큰 수 , 낱개가 열 (10) 개인 수는 10 입니다 .

① ① ① ① ①
① ① ① ① ① ⎬ ⑩

■ 10 개씩 묶음이 두 (2) 개인 수는 20 입니다 .

⑩ ⑩ ➡ 20

■ 낱개 스무 (20) 개는 20 입니다 .

① ① ① ① ①
① ① ① ① ①
① ① ① ① ① ⎬ ⑩
① ① ① ① ①   ⑩ ➡ 20

10개씩 1묶음과 낱개 5개는 모두 얼마일까?

10개씩 1묶음은 10, 낱개가 5개면 5, 합하면 15야! 맞지?

답: 0,1,2,3,4,5,6,7,8,9,10,11,12,13,14,15,16,17,18,19,20

수와 연산

| 1학년 | 2학년 | 3학년 | 4학년 | 5학년 | 6학년 |

 # 순서 (차례)

Q. 문제

① 도라에몽은 앞에서부터 몇 번째에 서 있나요?
② 앞에서부터 세 번째까지의 친구들을 찾아 모두 쓰세요.

진구   퉁퉁이   이슬이   도라에몽   비실이

Hint ① 순서를 세는 경우, '**앞에서부터 몇 번째**' 라고 하면, 맨 앞에 있는 사람부터 첫 번째, 두 번째, 세 번째, …라고 순서를 셉니다.

Hint ② '**앞에서부터 세 번째까지의 친구들**' 은 맨 앞에 있는 사람부터 세 번째 자리에 있는 사람까지 모두를 의미합니다.

- '앞에서부터 몇 번째에 있는 사람' 을 찾으려면 앞에서부터 순서대로 해당 몇 번째까지 수를 세어 보세요. 바로 그 자리에 있는 사람이 정답이 됩니다.
- '앞에서부터 몇 명까지' 모두를 찾으려면, 앞에서부터 수를 세어 해당 순서에 있는 사람을 찾은 다음, 맨 앞사람부터 그 사람까지 모든 사람의 이름을 답하면 됩니다.

▶ 순서를 셀 때 '**위에서부터 / 아래에서부터 몇 번째**' 또는, '**왼쪽에서부터 / 오른쪽에서부터 몇 번째**'라고 하는 경우가 있어요. 이럴 때도 '앞에서부터'와 똑같이, 위 / 아래, 왼쪽 / 오른쪽에서부터 **순서대로 수를 세어** 나가면 쉽게 찾을 수 있답니다.

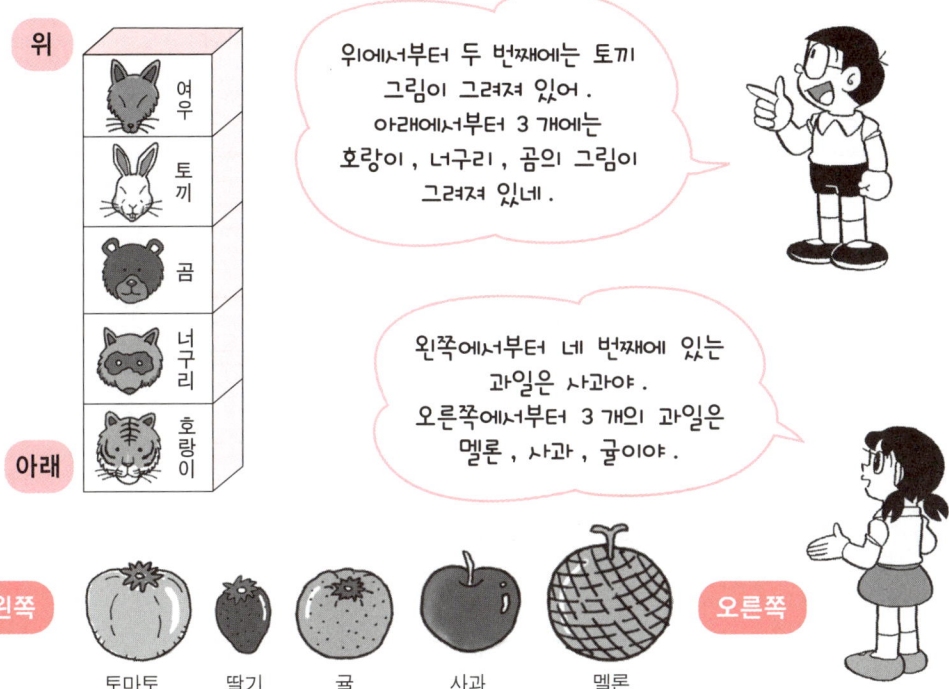

▶ 왼쪽 페이지의 문제에서 '**도라에몽의 뒤에는 몇 명이 있나요?**'라고 물으면, 정답은 '**한 사람**'입니다.
이런 문제에서, **도라에몽은 세지 않는다는 것**에 주의하세요.

▶ '**도라에몽부터 2명 앞에 있는 사람은 누구입니까?**'라고 물으면, **도라에몽은 빼고 수를 세야** 해요.
첫 번째 사람이 이슬이고, 두 번째 사람은 퉁퉁이죠.

답 : ① 도라에몽은 포함시키지 않기 때문에 ② 진구, '퉁퉁이', 이슬이

10 가르기와 모으기

▶ 10을 두 개의 수로 나눌 수 있어요. **10을 만들 때 짝이 되는 두 수**를 반드시 기억하세요. '**받아올림이 있는 덧셈**(34쪽)'과 '**받아내림이 있는 뺄셈**(36쪽)'을 할 때, 매우 도움이 된답니다.

■ **10 가르기**는 다음과 같이 9가지입니다. 반드시 기억해두세요!

10	
1	9

10	
2	8

10	
3	7

10	
4	6

10	
5	5

10	
6	4

10	
7	3

10	
8	2

10	
9	1

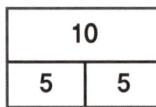

'10은 1과 9, 10은 2와 8, 10은 3과 7, 10은 4와 6, 10은 5와 5, …'라고 노래하듯이 소리 내서 외워봐.

▶ 10을 두 개의 수로 가를 수 있게 되었다면, 이번에는 두 수를 합해 10을 만들어 보아요. '1에 얼마를 보태야 10이 될까?' 생각해 보세요. 1에 9가 더해지면 10이 되지요?

■ 1과 9, 2와 8, 3과 7, 4와 6, 5와 5, 그리고 6과 4, 7과 3, 8과 2, 9와 1을 짝지어 떠올릴 수 있을 때까지 연습하세요.

1	9
10	

2	8
10	

3	7
10	

4	6
10	

5	5
10	

6	4
10	

7	3
10	

8	2
10	

9	1
10	

수와 연산

1과 9로 10이 되고,
2와 8로 10이 되고,
3과 7로 10이 되고,
4와 6으로 10이 되고,
5와 5로 10이 된다.
라고 외우면 되겠구나!

덧셈

Q. 문제

바구니에 귤 4개가 들어 있었습니다. 오늘 사 온 귤 6개를 바구니에 더 넣었습니다. 바구니 안에 들어 있는 귤은 모두 몇 개일까요?

▶ 문제에서 설명하고 있는 상황을 머릿속으로 그리며, 소리 내어 문제를 읽어보세요.

음 …4개가 있고, 6개를 더하면…

문장형식의 문제는 바로 계산하는 것이 아니라 식을 먼저 세워야 해.

1. 문장을 소리 내어 3번 읽는다.
2. 문제에서 설명하는 상황을 머릿속에 떠올린다.
3. 어떤 계산을 해야 하는지(덧셈 또는 뺄셈) 생각한다.
4. 식을 세운다.
5. 계산한다.
6. 단위에 주의해서 답을 적는다.

문장형식의 문제는 위와 같은 순서로 생각하면 쉽게 풀 수 있어.

식을 세운 다음, 계산하고 답을 찾는 거구나!

■ '늘어나면 얼마' 또는 '더해서 몇 개'와 같은 문제는 **덧셈**으로 계산합니다.

▶ 처음에 바구니 안에 귤 4개가 있었는데 거기에 귤 6개를 더 넣었다면 '귤의 개수가 6개 늘어난 것'이 되겠죠. '늘어나면 얼마'인지를 묻는 문제는 덧셈 계산으로 해결할 수 있어요.
4개에 6개가 더해졌기 때문에, 계산식은 4 + 6이 되고, 정답은 10입니다.
바구니 속의 귤은 10개가 되겠네요.

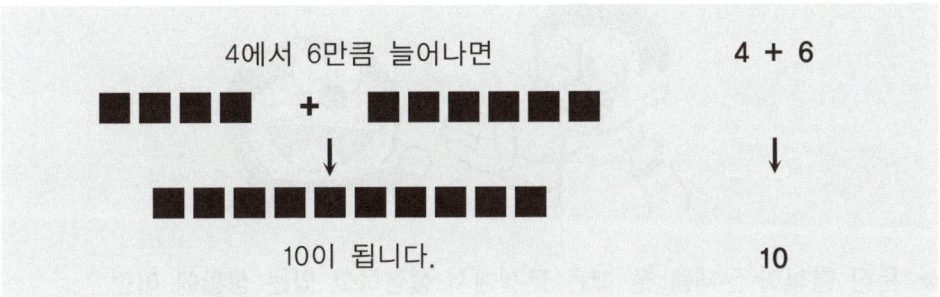

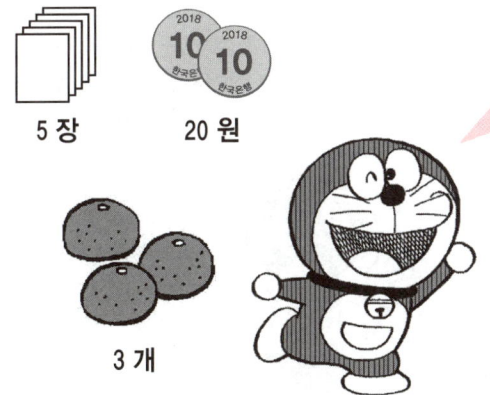

여기 그림에서 '개'나 '장', 또는 '원'과 같은 것을 단위라고 해. 답을 쓸 때는 반드시 단위를 붙여야 한다는 걸 잊지 마.

뺄셈 (1)

Q. 문제

놀이터에서 9명의 아이가 놀고 있었습니다. 시간이 지나 5명이 집으로 돌아갔습니다. 놀이터에 남아있는 아이들은 몇 명일까요?

9명과 5명이니까 9+5 라는 식을 세우는 거 맞지?

이 문제는 덧셈 계산이 아니야! 다시 생각해 봐!

▶ 문장 형식의 문제를 풀 때는 문제에서 **설명하고 있는 상황에 어떤 계산 방법이 알맞은지** 잘 생각해야 해요.

덧셈 계산은 수가 늘어나는 경우야! 9명이 놀고 있다가 5명이 집으로 돌아갔으니까 5명이 줄어든 거잖아.

아! 그러면 놀이터에 남아있는 아이들의 수가 적어지는 거니까 뺄셈을 해야겠네!

▶ 처음에 공원에서 9명이 놀고 있다가 시간이 지나 5명이 집으로 돌아갔어요. 9명에서 5명이 줄어든 것이므로 남아있는 아이들의 수는 9에서 5만큼 적어지겠죠?

■ '남은 수는 얼마'에 답하는 경우는 뺄셈으로 계산합니다.

▶ 처음 주어진 수에서 적어지는 수만큼 빼면, 남은 수를 알 수 있어요.
9명에서 5명을 빼면, 계산식은 9 − 5이고, 정답은 4입니다.
남아있는 아이들의 수는 4명이 되겠죠?

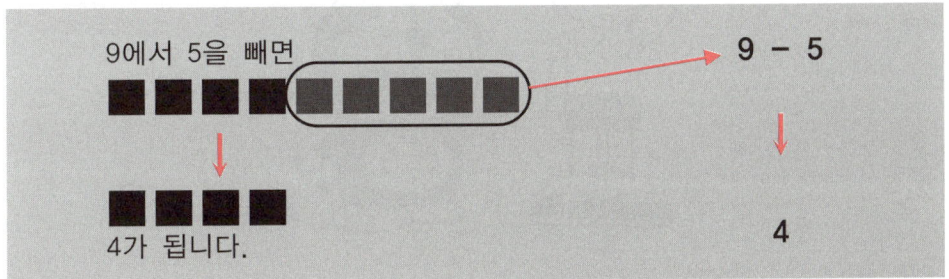

문제에서 설명하고 있는 상황을 머릿속으로 상상하는 것을 '이미지화'라고 하는 거야.

문제를 꼭 3번씩 읽고, 주어진 상황을 '이미지화' 해봐!

식: 9 − 5 = 4 답: 4명

 # 뺄셈 (2)

Q. 문제

빨간 튤립 7송이와 하얀 튤립 4송이가 예쁘게 피었습니다.
빨간 튤립과 하얀 튤립은 몇 송이 차이일까요?

- ' 차이는 얼마 ' 인지 알고 싶을 때는 ' 뺄셈 ' 계산을 활용합니다.

▶ 얼마만큼의 차이인지를 알아볼 때는 뺄셈으로 계산해요.
(많은 쪽의 수) − (적은 쪽의 수) = (둘 사이의 차이) 가 됩니다.
빨간 튤립은 7송이, 하얀 튤립은 4송이이므로, 식을 세우면
7 − 4 = □ 가 되지요.

식 : 7−4=3   답 : 3송이

▶ '어느 쪽이 얼마나 많을까?', '어느 쪽이 얼마나 적을까?'라고 묻는 문제도 '차이'를 구할 때와 같이 뺄셈을 활용해서 계산해요.

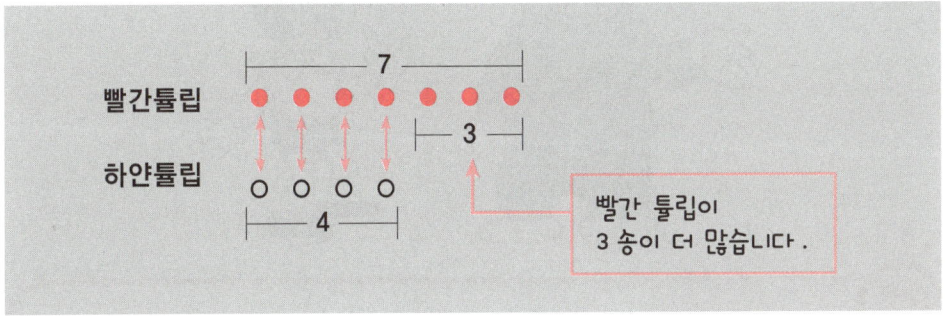

▶ '**얼마나 많은가**'와 '**얼마나 적은가**'는 모두 차이가 얼마인지 묻는 문제입니다.

| 1학년 | 2학년 | 3학년 | 4학년 | 5학년 | 6학년 |

 # 한 사람에 한 개씩

Q. 문제

아이스크림이 15 개 있습니다. 8 명의 어린이에게 한 사람에 하나씩 나누어주면, 몇 개가 남을까요?

■ **한 사람에 한 개씩 무언가를 주는 경우**
사람 수 만큼 사물의 개수가 필요합니다.
8 명에게 1 개씩 주었다면, 사물의 개수는 8 개가 됩니다.

▶ 문장형식의 문제를 푸는 데 필요한 조건은 모두 문장 안에 제시되어 있어요. '숨겨진 단서를 찾는다' 라는 생각으로 문제를 차분하게 읽어보세요.

▶ '나머지의 개수'를 묻는 문제는 뺄셈으로 해결할 수 있어요.
처음 수는 15개입니다. '8명의 아이에게 하나씩 나누어준다.'라는 것은 모두 8개만큼 줄어든다는 뜻이겠지요.
15개에서 8개만큼 수가 적어지므로 뺄셈 계산을 해야 해요.
15 − 8 = 7이므로, 남은 아이스크림의 개수는 7개입니다.

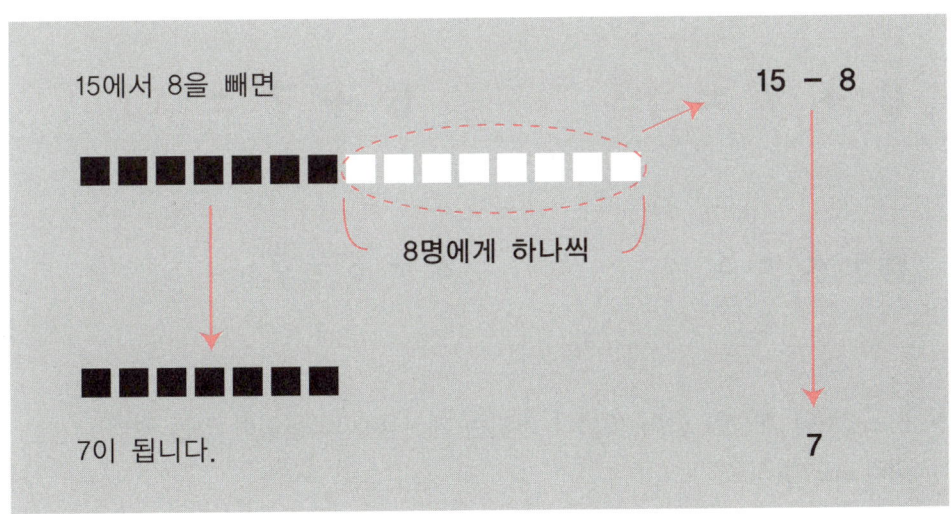

| 1학년 | 2학년 | 3학년 | 4학년 | 5학년 | 6학년 |

 (몇) + (몇) = (십몇)

Q. 문제

6 + 7은 얼마인가요?

▶ '(몇) + (몇) = (십몇)'은 먼저 10을 만들어서 계산해요.
10이 되는 덧셈과 나머지로 나누어 두 번의 덧셈을 합니다.
10을 만들 때, 6이면 4, 7이면 3이 필요하다는 것을 기억하고 있나요?
6 + 7에서 7을 '4와 3'으로 나누면, 6 + 4 + 3과 같이 세 수의
덧셈이 되고, 6을 '3과 3'으로 나누어 3 + 3 + 7과 같은 세 수의
덧셈식이 됩니다.

10이 되려면 4가 필요해요   10이 되려면 3이 필요해요

$6 + 7 = 13$ $6 + 7 = 13$

$6 + 4 + 3$ $3 + 3 + 7$

▶ 6 + 7처럼 계산한 답이 10보다 커지는 계산을 '**받아올림이 있는 덧셈**'
이라고도 불러요.

답 : 13

■ (몇) + (몇) = (십몇) 계산하기
① 더해야 할 두 수 중 하나의 수를 정하고,
   그 수에 얼마를 더해야 10이 되는지 생각합니다.
② 다른 하나의 수를 '①에서 필요한 수 + 나머지'로 나눕니다.
③ 세 수의 덧셈을 순서대로 계산합니다.

수와연산

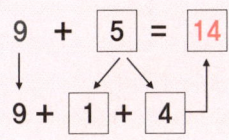
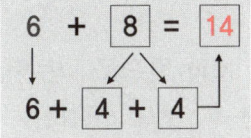
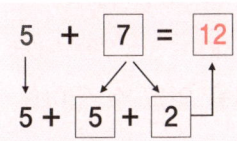

10이 되는 덧셈에 나머지 수를 더해 계산하는 거구나. 수 가르기와 모으기 연습이 필요하겠어!

```
           2+9  3+9  4+9  5+9  6+9  7+9  8+9  9+9
                3+8  4+8  5+8  6+8  7+8  8+8  9+8
                     4+7  5+7  6+7  7+7  8+7  9+7
                          5+6  6+6  7+6  8+6  9+6
                               6+5  7+5  8+5  9+5
                                    7+4  8+4  9+4
                                         8+3  9+3
                                              9+2
```

2부터 9까지의 받아올림이 있는 덧셈을 여기 있는 덧셈식으로 연습해보자!

※ '받아올림이 있는 덧셈' 중 10이 되는 덧셈은 제외

(십몇) − (몇) = (몇)

Q. 문 제

12 − 3 은 얼마일까요 ?

▶ 12 − 3과 같은 뺄셈을 '받아내림이 있는 뺄셈'이라고도 합니다.
수 가르기를 이용해서 10이 들어가는 계산으로 바꾸면 '받아내림'을 쉽게 할 수 있어요.

▶ '(십몇) − (몇) = (몇)'은 (십몇)을 '10과 몇'으로 나누어,
10에서 빼고자 하는 수를 먼저 뺀 후 '몇'에 해당하는 수를
더하면 돼요.

▶ 12 − 3은, 12를 '10과 2'로 나누고, 10 − 3 = 7을 먼저 계산한 후,
7에 나머지 수 2를 더해 9라는 답을 얻을 수 있어요.

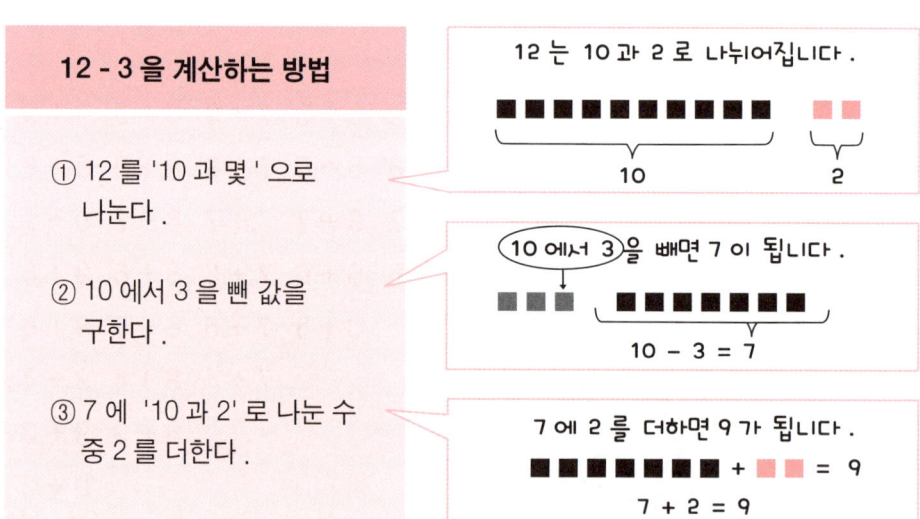

▶ 12 − 3은 10 − 3 + 2로 바꾸어 세 수의 뺄셈으로 계산합니다.

6 : 답

■ (십몇) − (몇) = (몇) 계산하기

① 앞의 수를 '10 과 몇'으로 나눕니다.
② 10 에서 빼고자 하는 수를 뺍니다.
③ ②에서 얻은 값에 '10 과 몇'으로 나눈 수 중 '몇'을 더합니다.

수와연산

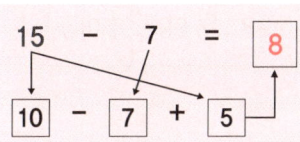
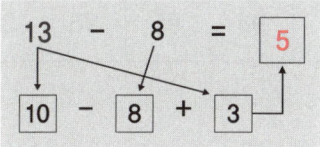
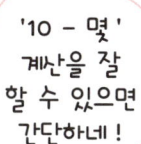

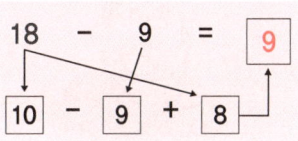
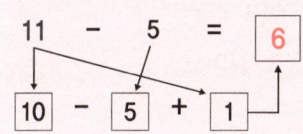

11−9	11−9	11−7	11−6	11−5	11−4	11−3	11−2
	12−9	12−8	12−7	12−6	12−5	12−4	12−3
		13−9	13−8	13−7	13−6	13−5	13−4
			14−9	14−8	14−7	14−6	14−5
				15−9	15−8	15−7	15−6
					16−9	16−8	16−7
						17−9	17−8
							18−9

여기 나와 있는 받아내림이 있는 뺄셈 36 개를 연습해봐!

※ '받아내림이 있는 뺄셈' 중 10 에서 빼는 계산은 제외

| 1학년 | 2학년 | 3학년 | 4학년 | 5학년 | 6학년 |

100까지의 수

Q. 문제

(가)~(마) 에 알맞은 수를 넣으세요.

71	72	73	74	75	76	77	78	(가)	80
(나)	82	83	84	85	86	87	88	89	(다)
(라)	92	93	94	95	96	97	98	99	(마)

▶ 10개씩 7묶음과 낱개가 9인 수는
  79라고 쓰고 '칠십구'라고 읽어요.
▶ 10개씩 9묶음인 수는
  90이라고 쓰고 '구십'이라고 읽어요.
▶ 10개씩 10묶음인 수는
  100이라고 쓰고 '백 또는 일백'이라고 읽어요.

81은 '팔십일'이라고 읽고,
십의 자리 수는 8,
일의 자리 수는 1이야.
100보다 1작은 수는 99야.

답 : (가) 79, (나) 81, (다) 90, (라) 91, (마) 100

90은
10개씩 9묶음인 수야.

100은
10개씩 10묶음인 수야.

수와 연산

- 100은 10개씩 10묶음인 수입니다.
- 100은 99보다 1 큰 수입니다.

100까지의 수에서 덧셈과 뺄셈은 아래 그림처럼
돈 계산으로 생각하면 간단해.

● 50 + 30 = 80

● 50 + 5 = 55

● 60 − 20 = 40

● 35 − 2 = 33

| 1학년 | 2학년 | 3학년 | 4학년 | 5학년 | 6학년 |

 # 1000까지의 수

Q. 문 제

오른쪽 그림에서
돈은 모두 얼마일까요?

▶ 백 원이 4개, 십 원이 2개, 일 원이 5개 있습니다. 백, 십, 일을 각각 '백의 자리', '십의 자리', '일의 자리'라고 불러요.

백의 자리	십의 자리	일의 자리
(100 100 / 100 100)	(10 10)	(1 1 1 / 1 1)
4	2	5

백의 자리가 4,
십의 자리가 2,
일의 자리가
5니까 425야.

▶ 425는 100을 4개, 10을 2개, 1을 5개 모은 수라고 할 수 있고, '**사백이십오**'라고 읽어요.
▶ 예를 들어, 308은 백의 자리가 3, 십의 자리가 0, 일의 자리가 8인 수이고, 이 수는 100을 3개, 1을 8개 모은 수이며, '**삼백팔**'이라고 읽습니다.

■ 몇백 몇십 몇이라는 수는 각각의 수의 자리, 즉 '단위'에 유의해서 생각합니다.

답 : 425원

 300 + 500 은 얼마일까?

 100을 3개와 5개 모은 거니까 100이 총 8개 모인 수라서 800이야.

그럼, 120 - 50 은?

 12개의 10 에서 5개의 10 을 빼는 거니까 12-5=7 로 계산하면, 7개의 10 이 남아서 답은 70 이지.

 ? ?

수와연산

▶ 100을 9개 모은 수는 900이죠. 그러면 100을 10개 모은 수는?
맞아요. **1000이라고 쓰고 '일천'이라고 읽어요.**

▶ 1000이 900보다 큰 수라는 것을 기호로 1000 > 900 이라고 나타내고,
900은 1000보다 작은 수라는 것을 기호로 900 < 1000 이라고 나타내요.
이때 사용된 기호(<, >)를 **부등호**라고 불러요.
더 큰 수 쪽으로 입이 벌어진 모양이 됩니다. (큰 수 > 작은 수)

▶ 두 수가 같다는 것을 기호로 1000 = 1000 으로 나타내고,
이때 사용된 기호(=)를 **등호**라고 불러요.

- 100을 10개 모은 수를 **1000**이라고 쓰고 '**일천**'이라고 읽습니다.
- 수의 크기는 **부등호(<, >)** 와 **등호(=)** 로 나타냅니다.
- 부등호는 더 **큰 수 쪽으로 입을 벌린 모양**이 됩니다.

천의 자리	백의 자리	십의 자리	일의 자리
1	0	0	0

1000 은 천의 자리가 1, 백, 십, 일의 자리가 0 인 수야.

짝수와 홀수

▶ 자연수는 두 종류로 나눌 수 있는데, 2, 4, 6, 8, 10… 과 같은 수들을 '짝수'라고 하고, 1, 3, 5, 7, 9… 와 같은 수들을 '홀수'라고 해요.

- 2, 4, 6, 8, 10, … 과 같이 둘씩 세었을 때, 짝이 딱 맞는 수를 짝수라고 합니다.
- 1, 3, 5, 7, 9, … 와 같이 둘씩 세었을 때, 1이 남는 수를 홀수라고 합니다.

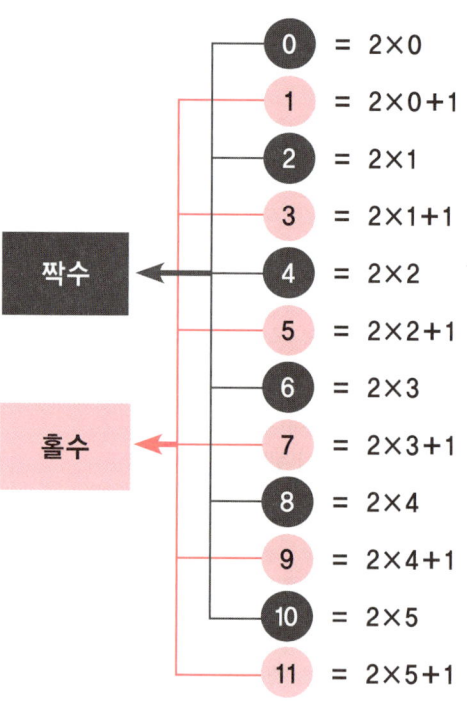

자연수는 짝수 다음에 홀수, 홀수 다음에 짝수의 순서로 번갈아 계속되는 특징이 있어.

▶ 자연수는 짝수 아니면 홀수입니다. **맨 마지막 자리 (일의 자리)** 를 보면 짝수인지 홀수인지 금방 알 수 있습니다.

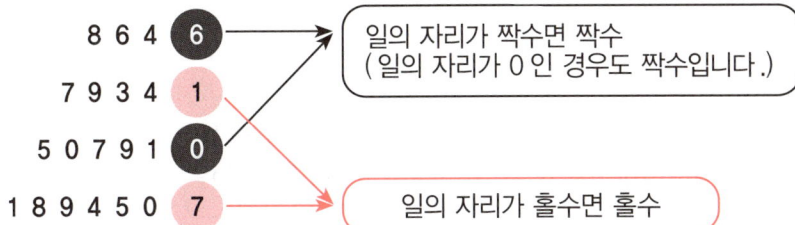

8 4 6 → 일의 자리가 짝수면 짝수
(일의 자리가 0 인 경우도 짝수입니다.)

7 9 3 4 1

5 0 7 9 1 0

1 8 9 4 5 0 7 → 일의 자리가 홀수면 홀수

▶ 짝수, 홀수를 **더할 때의 성질**을 알아 두면 편리하답니다.

■ (짝수) + (짝수) = 반드시 (짝수)
■ (홀수) + (홀수) = 반드시 (짝수)
■ (짝수) + (홀수) = 반드시 (홀수)
■ (홀수) + (짝수) = 반드시 (홀수)

▶ 예를 들어 '7+16'이라는 받아올림이 있는 덧셈을 하는 경우, **'(홀수) + (짝수)'** 이므로 정답은 **'반드시 (홀수)'** 라는 것을 기억해 두면 좋겠지요.

| 1학년 | **2학년** | 3학년 | 4학년 | 5학년 | 6학년 |

 # 세로셈으로 덧셈하기

Q. 문 제

(가)~(라)의 덧셈을 세로셈으로 계산하세요.

(가) 53+24   (나) 68+15
(다) 54+76   (라) 62+39

POINT
- 세로셈 덧셈은 수의 **각 자리 수를 맞추어** 계산합니다.
- 계산을 할 때는 **받아올림에 주의**합니다.
- **일의 자리 → 십의 자리** 순서로 계산합니다.

(가) 53 + 24

(가) 덧셈을 세로셈으로 계산하려면 자리 수를 맞춰 이렇게 쓰면 돼. 이제 일의 자리부터 계산해 보자!

	5	3
+	2	4

일의 자리 덧셈

	5	3
+	2	4
		7

→

십의 자리 덧셈

	5	3
+	2	4
	7	7

→

답

	5	3
+	2	4
	7	7

일의 자리끼리 더한다.
3 + 4 = 7

십의 자리끼리 더한다.
5 + 2 = 7

이것으로 세로셈이 끝났어! 어때? 쉽지?
53 + 24 = 77이야!

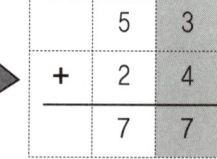

답 : (가) 77, (나) 83, (다) 130, (라) 101

44

(나) 68 + 15

일의 자리 덧셈은 '8 + 5'니까 13이 돼. 일의 자리에 3을 쓰고, 받아올림 하는 1을 십의 자리 위에 메모해 둘 것!

십의 자리 덧셈할 때 받아 올린 1을 절대 잊으면 안 돼. '6 + 1'과 받아 올린 1을 더해 8이 되는 거야.

받아올림이 있는 덧셈의 세로셈에서는 받아올림을 메모해 두는 게 정말 중요해. '68 + 15 = 83'이야.

(다) 54 + 76

일의 자리와 십의 자리 모두 받아올림이 있는 덧셈이야. 이렇게 계산하면 '54 + 76 = 130'이 돼.

(라) 62 + 39

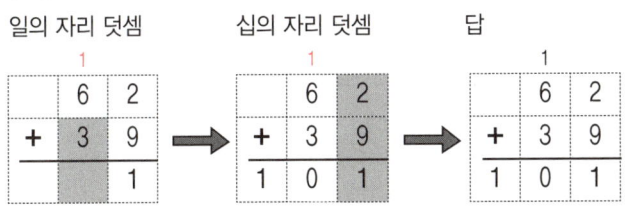

일의 자리와 십의 자리에서 두 번 받아올림이 돼서 답이 100보다 커지는 세로셈 문제야. '62 + 39 = 101'이 돼.

■ 세로셈 덧셈의 방법

① 받아올림이 있을 때는 다음 자리 위에 꼭 메모해 두세요.
② 일의 자리의 받아올림이 십의 자리, 백의 자리까지 이어지는 계산에 주의하세요.

세로셈으로 뺄셈하기

Q. 문제

(가) ~ (라)의 뺄셈을 세로셈으로 계산하세요.

(가) 87−51   (나) 62−23
(다) 128−79   (라) 105−98

- 세로셈 뺄셈은 **각 자리 수를 맞추어** 계산합니다.
- 계산을 할 때는 **받아내림에 주의**합니다.
- **일의 자리 → 십의 자리** 순서로 계산합니다.

(가) 87 − 51

일의 자리 뺄셈

```
    8 7
 −  5 1
 ─────
      6
```

십의 자리 뺄셈

```
    8 7
 −  5 1
 ─────
    3 6
```

```
    8 7
 −  5 1
 ─────
    3 6
```

일의 자리 뺄셈을 한다.
7 − 1 = 6

십의 자리 뺄셈을 한다.
8 − 5 = 3

일의 자리는 6, 십의 자리는 3이 됐어. 그럼 '87 − 51'? 맞아! 36이야.

(나) 62 − 23

일의 자리 뺄셈

```
    5̶6̶ ¹2
 −   2 3
 ─────
       9
```

십의 자리 뺄셈

```
    5̶6̶ ¹2
 −   2 3
 ─────
     3 9
```

```
     6 2
 −   2 3
 ─────
     3 9
```

일의 자리 뺄셈 '2−3'을 어떻게 할까? 빼려는 수가 더 클 때는 십의 자리의 수 6에서 1을 받아내림해서 '12 − 3'으로 계산하면 돼. 십의 자리 뺄셈은 6이 1을 일의 자리로 내려줘서 5가 되었으니까 '5 − 2 = 3'으로 계산해서 '62 − 23 = 39'가 되는 거야!

(다) 128 - 79

일의 자리 뺄셈

	1	₁2̷	¹⁸
-		7	9
			9

→

십의 자리 뺄셈

	(1̷)	₁2̷	¹⁸
-		7	9
		4	9

→

	1	2	8
-		7	9
		4	9

일의 자리 뺄셈이 '8 - 9'니까 십의 자리에서 1을 받아내림 해서 '18 - 9'로 계산하면 돼. '18 - 9 = 9'야!

십의 자리 뺄셈할 때 받아 내린 1을 절대 잊으면 안 돼. '2 - 7'이 아니고 '1 - 7'이야. 역시 백의 자리에서 받아내림 해서 '11-7'로 계산하면 4가 돼.

백의 자리에 있던 1은 받아 내려 주었기 때문에 0이 되었어. 그래서, '128 - 79 = 49'야.

(라) 105 - 98

일의 자리 뺄셈

	1̷	⁹0̷	¹⁵
-		9	8
			7

→

십의 자리 뺄셈

	1̷	⁹0̷	¹⁵
-		9	8
			7

→

	1	0	5
-		9	8
			7

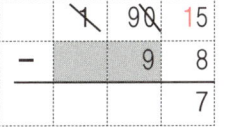

십의 자리에서 1을 받아내림하려고 보니 십의 자리 수가 0이야. 받아 내릴 수가 없어. 이럴 땐 백의 자리에서 십의 자리로 9, 일의 자리로 10을 받아 내리면 돼.

일의 자리 계산은 '15 - 8 = 7'이 되고, 십의 자리 계산은 '9 - 9 = 0'이 됐어. 백의 자리는 이미 받아내림 했기 때문에 0이 되겠지!

그래서 '105 - 98 = 7'이구나. 바로 윗자리에서 1을 받아내림 할 수 없으면 하나 더 윗자리에서 받아내림 한다는 걸 꼭 기억해야겠다.

■ **세로셈 뺄셈의 방법**

① 받아내림을 할 때는 받아 내려주는 자리의 수에서 1을 뺍니다.
② 십의 자리가 0일 때는 백의 자리의 1을 십의 자리로 9, 일의 자리로 10을 받아내림하는 계산에 주의해야 합니다.

답 : (가) 36, (나) 39, (다) 49, (라) 7

덧셈의 검산

▶ **덧셈할 때 계산 실수**로 속상해하는 친구들이 생각보다 많아요.
이런 친구들은 도라에몽이 가르쳐 주는 비법에 귀를 기울이세요.

▶ 계산을 다 하고 나면, '**답을 확인**' 해 봐야 해요.
답이 맞았는지 확인하는 계산을 '**검산**' 이라고 합니다.

■ 덧셈에서
계산해서 나온 답 − 더하는 수 = 더해지는 수가 확인되면
계산을 바르게 한 것입니다.

▶ **받아올림이 있는 덧셈의 검산**
다음 덧셈식을 검산해 볼까요?

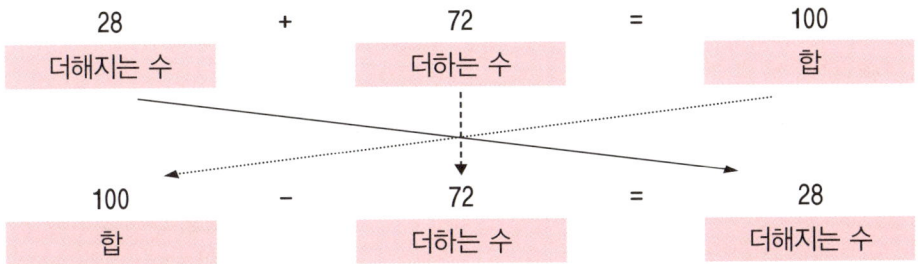

▶ 받아올림이 있는 덧셈이 맞게 계산되었음을 알 수 있어요.
만일, **검산식의 답이 더해지는 수와 같지 않으면 덧셈에서 계산 실수**가 있었던 것이므로 다시 계산해야 해요.

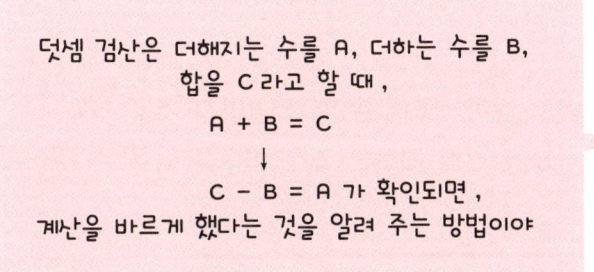

▶ **받아올림이 있는 덧셈**을 할 때, 계산해서 나온 답이 맞는지 **검산을 통해 확인**하면 답이 틀릴까 봐 염려하지 않아도 되겠죠?

| 1학년 | 2학년 | 3학년 | 4학년 | 5학년 | 6학년 |

 # 뺄셈의 검산

▶ 덧셈보다 뺄셈 계산을 어려워하는 친구들이 많아요.
그런 친구들에게 도라에몽이 좋은 방법을 가르쳐 준다고 하네요.

뺄셈 시험에서 실수를 너무 많이 했어. 공부 열심히 했는데 속상해.

진구야, 힘내! 계산 실수를 막는 방법과 실수가 있는지 확인하는 방법이 있잖아.

▶ 받아내림 있는 뺄셈 계산에서 받아 내려주는 수가 달라진 것을 잊지 않도록 **윗자리 위에 메모하는 습관**을 기르면 계산 실수를 막을 수 있어요.

■ 받아내림이 있는 뺄셈 계산에서는
받아 내려주는 수가 달라진 것을 꼭 적어 놓아야 합니다.

```
  2 1
  3̷ 5
-　1 7
─────
    1 8
```

1의 자리로 10을 받아 내렸기 때문에 10의 자리 수는 1만큼 작아집니다.

```
    3 5
-　1 7
─────
    2 8
```

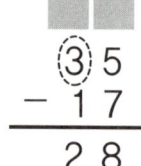

받아내림한 것을 적어 놓지 않으면 이런 실수를 하게 됩니다.

▶ 그래도 실수를 하는 친구들을 위해 계산이 절대 틀리지 않는 방법을 가르쳐 줄게요. 계산해서 나온 답이 맞았는지 확인하는 방법은 바로 검산이에요. **뺄셈에도 '검산'을 활용**해 보세요.

■ 뺄셈에서 나온 답 + 빼는 수 = 빼어지는 수가 확인되면, 계산을 바르게 한 것입니다.

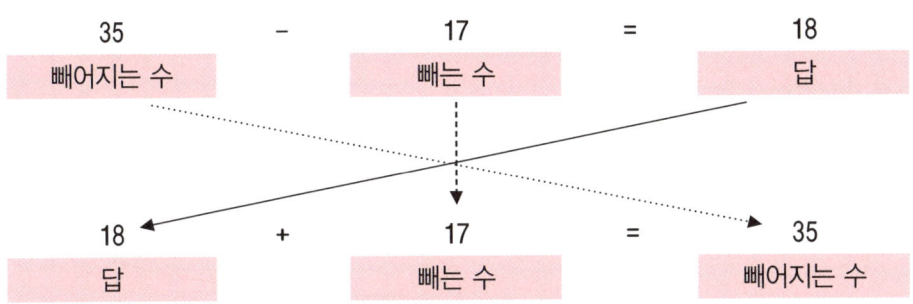

뺄셈의 검산은 빼어지는 수를 A, 빼는 수를 B, 계산해서 나온 답을 C라고 할 때

A - B = C
↓
C + B = A

가 확인되면 계산을 맞게 했다는 뜻이야!

| 1학년 | 2학년 | 3학년 | 4학년 | 5학년 | 6학년 |

 # □가 있는 덧셈식

Q. 문 제

이슬이는 예쁜 손수건을 모으고 있습니다. 3장만 더 모으면 20장이 됩니다. 지금 가지고 있는 손수건은 몇 장일까요? 지금 가지고 있는 손수건의 수를 □로 나타낸 식을 만들어 알맞은 답을 구하세요.

▶ 문제에서 묻고 있는 것을 □로 나타낸 식을 만들어야 해요.
구하고자 하는 수를 □로 나타낸 식 만들기 과정을 아래 그림으로 알아보아요

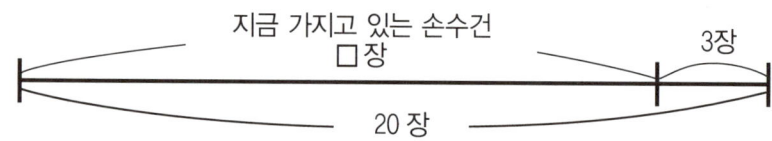

□와 3, 그리고 20은 어떤 관계인지 생각해.

□장에 3장을 더하면 20장이 된다고 했으니까
□ + 3 = 20이 되는 건가?

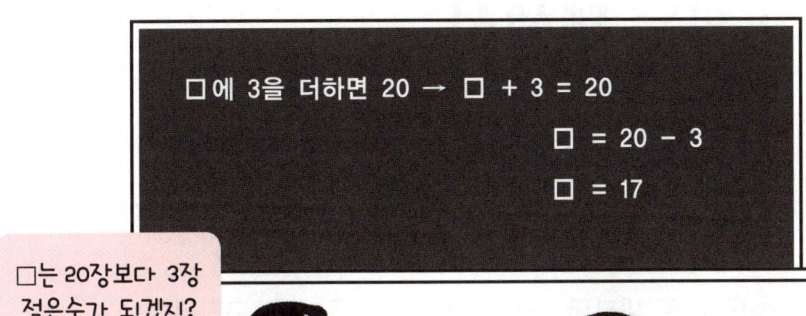

▶ 가지고 있는 손수건 □장에 3장을 더하면 20장이 되므로

□ + 3 = 20

20 - 3 = 17 이므로 □에 들어갈 알맞은 수는 17이에요.

■ □가 있는 덧셈식에서 □의 값을 구할 때는 뺄셈식을 사용합니다.

□ + 3 = 20   □ = 20 - 3
□ + A = B   □ = B - A

식: □ + 3 = 20 (□ = 20 - 3, □ = 17) 답: 17장

□가 있는 뺄셈식

Q1. 문제

사탕이 24개 있었습니다. 그중 몇 개를 먹었더니 11개가 남았습니다. 먹은 사탕의 개수는 몇 개 일까요?
먹은 사탕의 수를 □로 나타낸 식을 만들어 알맞은 답을 구하세요.

▶ '줄어든 수'가 얼마인지 구하는 문제예요.

그림으로 그려보면 이렇게 돼.

24개 중에 □개를 먹고 11개가 남았다고 했지?

그럼 식은
24 − □ = 11 이네.

먹은 사탕의 개수는 24개보다 11개 적은 거야.

24 − 11 = 13 이니까, □에 들어갈 수는 13 인가?

맞아! 바로 그거야!

Q1. 식 : 24 − □ = 11 (□ = 24 − 11, □ = 13) 답 : 13개

이런 문제는 덧셈식으로 □를 구할 수 있어.

Q2. 문제

운동장에 몇 명의 친구들이 있었습니다. 24명이 집으로 돌아가고, 남은 친구는 11명이 되었습니다. 처음에 몇 명이 있었을까요? 처음에 있던 친구들의 수를 □로 나타낸 식을 만들어 알맞은 답을 구하세요.

▶ '처음에 몇 명이었는지'를 구하는 문제예요.

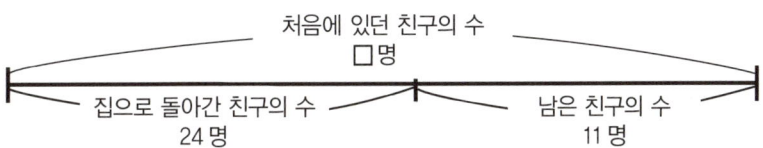

■ □가 있는 뺄셈식에서 □의 값을 구할 때는 □가 있는 위치에 따라 덧셈 또는 뺄셈 중 알맞은 식을 세워 구합니다.

24 − □ = 11   □ = 24 − 11
□ − 24 = 11   □ = 11 + 24
A − □ = B   □ = A − B
□ − A = B   □ = B + A

Q2. 식: □ − 24 = 11(□ = 11 + 24, □ = 35) 답: 35명

| 1학년 | 2학년 | 3학년 | 4학년 | 5학년 | 6학년 |

곱셈구구

Q. 문 제

곱셈구구 5단에서 곱하는 수가 1씩 커질 때 답(곱한 값)은 얼마씩 커질까요?

▶ 곱셈구구 5단을 가로로 나타낸 표를 보세요. 답(곱한 값)은 어떻게 달라지고 있나요?

	×1	×2	×3	×4	×5	×6	×7	×8	×9
5	5	10	15	20	25	30	35	40	45

▶ 5×1=5, 5×2=10, 5×3=15, ⋯ 이고, 곱하는 수가 1씩 커질 때, 답은 5씩 커지는 것을 알 수 있어요.

	×1	×2	×3	×4	×5	×6	×7	×8	×9
2	2	4	6	8	10	12	14	16	18

▶ 2×1=2, 2×2=4, 2×3=6, ⋯ 이고, 곱하는 수가 1씩 커질 때, 답은 2씩 커지는 것을 알 수 있어요.

▶ 이것이 **곱셈구구의 규칙**이에요.

- **곱셈구구의 규칙**
  곱셈구구에서 곱하는 수가 1씩 커질 때,
  5단이면 5씩, 2단이면 2씩 답(곱한 값)이 커집니다.

답 : 5 단은 5 씩 커집니다.

	×1	×2	×3	×4	×5	×6	×7	×8	×9
3	3	6	9	12	15	18	21	24	27

	×1	×2	×3	×4	×5	×6	×7	×8	×9
4	4	8	12	16	20	24	28	32	36

	×1	×2	×3	×4	×5	×6	×7	×8	×9
6	6	12	18	24	30	36	42	48	54

	×1	×2	×3	×4	×5	×6	×7	×8	×9
7	7	14	21	28	35	42	49	56	63

	×1	×2	×3	×4	×5	×6	×7	×8	×9
8	8	16	24	32	40	48	56	64	72

	×1	×2	×3	×4	×5	×6	×7	×8	×9
9	9	18	27	36	45	54	63	72	81

다른 단들도 규칙에 맞는지 확인해 볼까? 정말 곱하는 수가 1씩 커질 때 답이 그 단의 수만큼씩 커지고 있네!

▶ 사람 한 명당 몇 개의 물건을 나누어 줄 때 필요한 물건의 전체 개수는
(1인당 받을 물건의 개수) × (몇 명) = (전체 개수) 라는 곱셈식을 만들어서 알맞은 답을 구할 수 있어요.

▶ 한 사람에 3개씩, 4명에게 무언가를 나누어 주는 경우 전체 필요한 개수는
3(개) × 4(명) = 12(개) 라는 곱셈식을 만들어서 계산하면 되겠죠?

※ 3×4과 4×3이 곱한 값은 같지만, 식을 세울 때는 순서에 주의해야 해요.
4(명) × 3(개) = 12(명) 는 잘못된 식입니다.

- 전체 개수를 구하는 곱셈식
(1 인당의 개수) × (몇 명) = (전체 개수) 라는 순서를 반드시 지켜서 계산합니다.

| 1학년 | 2학년 | 3학년 | 4학년 | 5학년 | 6학년 |

# 곱셈구구 외우기

▶ 곱셈구구 표를 열심히 보기만 해서는 곱셈구구를 외울 수 없어요.

> 아, 모르겠다. 곱셈구구 표를 몇 번이나 봤는데도 곱셈구구가 외워지지 않아!

> 보기만 해서는 당연히 안 외워지지.

■ 곱셈구구를 잘 외우는 방법
  1. 소리를 내어 읽으세요.
  2. 읽으면서 곱셈식을 종이에 쓰세요.

> 곱셈구구를 잘 외우려면 입과 손, 그리고 머리를 함께 사용해야 돼. 내 말 믿고 꼭 따라 해 봐.
> "육육 삼십육" "육칠 사십이"... 이렇게 소리 내어 읽으면서 "6 × 6 = 36", "6 × 7 = 42"라고 종이에 써 보는 거야.
> 이렇게 하다 보면 자기도 모르게 곱셈구구가 외워져.

▶ 어제는 분명히 다 외웠는데, 오늘은 하나도 기억나지 않는다고 해서 실망하지 마세요. 매일 연습하면 조금씩 더 잘 외울 수 있답니다.

▶ 곱셈구구는 양이 많아서 혼자 무작정 외우려면 힘들고 지겹겠죠?
친구들, 또는 가족들과 함께 놀이하듯 곱셈구구 연습을 해 보세요.
조금 더 쉽고 재미있게 외울 수 있어요.

■ 곱셈구구를 순서대로 다 외웠나요?
그럼 이제 친구나 가족에게 곱셈구구 중 곱셈식 하나를 골라 퀴즈로 내달라고 하세요. 셋을 셀 동안 대답할 수 있으면 OK! 그런 다음 아래의 '10칸 계산' STEP1 과 STEP2 미션에 도전해 보세요.

▶ 곱셈구구 쉽게 외우기 10칸 계산 STEP1 미션

도전하고자 하는 단의 수를 색칠된 칸에 쓰고, 윗줄에 순서대로
제시된 0~9와 곱한 값을 빈칸에 쓰면서, 큰 소리로 말하세요.

	0	1	2	3	4	5	6	7	8	9

① 제한 시간 15초 안에 미션 끝내기
② STEP1 미션에 성공했다면 'STEP2 미션'에 도전하세요.

▶ 곱셈구구 쉽게 외우기 10칸 계산 STEP2 미션

도전하고자 하는 단의 수를 색칠된 칸에 쓰고, 윗줄에 흐트린
순서로 제시된 수와 곱한 값을 빈칸에 쓰면서, 큰 소리로 말하세요.

	3	6	1	9	5	2	7	0	8	4

① 제한 시간 20초 안에 미션 끝내기
② STEP2 미션에 성공했다면 곱셈구구 외우기 성공이에요.

※ 416~421쪽의 19단표와 422~423쪽 곱셈구구 외우기 연습지를 활용하세요.

곱셈구구의 규칙

Q. 문제

(가), (나)의 □와 ○에 알맞은 수를 넣으세요.

(가) 6 × 8 = 6 × 7 + □ = ○
(나) 3 × 12 = 3 × 10 + 3 × □ = ○

■ 곱셈구구의 규칙
1. 곱하는 수가 1 커질 때, 곱한 값은 곱해지는 수만큼 커집니다.
2. 곱하는 수가 1 작아질 때, 곱한 값은 곱해지는 수만큼 작아집니다.

(가) 6 × 8 = 6 × 7 + 1 = 43

'6×8'에서 곱해지는 수 8이 1만큼 작아져서 7이 됐네. 그럼 □에는 1을 넣고 계산하면 '42 + 1 = 43'이 되는 거 아니야?

아니야. 위의 곱셈구구 규칙을 다시 잘 읽어 봐.

6 × 8 = 6 × 7 + 6 = 48

곱해지는 수 8에서 1만큼 작아진 것은 그냥 1이 아니고 '6 × 1'이구나? '6 × 8 = 6 × (7+1) = 6 × 7 + 6 × 1' 이렇게 생각하면 되는 거지?

그렇지! 바로 그거야!

▶ 6×5는 6×4+6 또는 6×6-6으로 식을 바꿔 쓸 수 있어요.

(나) 3 × 12 = 3 × 10 + 3 ×  =

자, 그럼 이제 문제 (나)에 도전해 볼까?

음... 12는 '10과 2'로 나누어지니까...

3 × 12 = 3 × 10 + 3 × 2 = 36

알았다. 이거지?

퉁퉁이, 정답!

3 × 12 = 3 × 10 + 3 × 2 = 36
     = 3 × 9 + 3 × 3 = 36
     = 3 × 8 + 3 × 4 = 36
     = 3 × 7 + 3 × 5 = 36
     = 3 × 6 + 3 × 6 = 36

'3 × 12'는 여러 가지 식으로 바꾸어서 계산할 수 있어.

▶ **곱셈구구의 규칙**, 이제 잘 알겠죠?
6 × 11을 할 때, 11을 '2와 9' 또는 '5와 6'으로 나누어서 **각각 6을 곱한 다음 더해도** 알맞은 답을 구할 수 있어요.

▶ **곱셈의 또 다른 중요한 규칙**이 있어요.
어떤 수에 0을 곱해도, 0에 어떤 수를 곱해도 곱한 값은 **항상 0이 된다**는 사실! 이것도 꼭 기억하세요.

답 : (가) □ = 6, ○ = 48 (나) □ = 2, ○ = 36

곱셈구구보다 큰 계산

▶ 곱셈구구를 다 외웠고 곱셈의 규칙도 이해했다면, 이제 곱셈 계산은 쉽게 할 수 있겠죠? 3 × 8 = 24, 3 × 9 = 27,… 그런데 어? 잠깐만! 곱셈구구에 없는 3 × 10 이랑 3 × 11 은 어떻게 계산할까요?

■ 9보다 큰 수를 곱하는 경우에는 곱하는 수를 두 개로 나눈 다음, 두 곱셈구구 식의 답을 더합니다.

▶ 3 × 11 을 계산하는 방법

11을 두 개의 수로 나눠요.
11은 '9와 2', '5와 6' 등
여러 가지 방법으로 나눌 수 있지요.

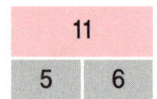

그러면, 3 × 11 은
3 × 9 + 3 × 2 로 생각할 수 있어요.

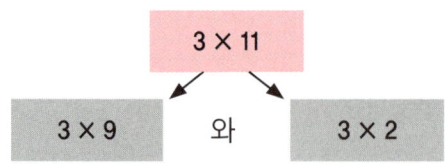

여기서는 11을 '9와 2'로 나눠서 계산해 보자.

'3 × 9'와 '3 × 2'라면 곱셈구구로 할 수 있어.

▶ 다음은 두 곱셈구구 식의 답을 더하기만 하면 돼요.

3 × 9 + 3 × 2 = 27 + 6 = 33

그러므로, 3 × 11 = 33 입니다.

3 × 11 = 3 × 8 과 3 × 3 = 24 + 9 = 33
3 × 11 = 3 × 7 과 3 × 4 = 21 + 12 = 33
3 × 11 = 3 × 6 과 3 × 5 = 18 + 15 = 33
．
．
．

이런 방법으로 계산할 때는 곱하는 수를 어떻게 나눠도 답은 같다는 걸 잊지 마.

 POINT

■ **어떤 수 × 10 을 한 값**은
  곱해지는 수의 **맨 오른쪽에 0 을 하나 더 붙인 수**와 같습니다.
  3 × 10 = 30, 20 × 10 이라면 200 이 됩니다.

▶ 그래서 곱셈구구보다 큰 곱셈을 할 때,
  곱하는 수를 **10 과 어떤 수로 나누어 계산**해요.

3 × 11 = 3 × 10 과 3 × 1 = 30 + 3 = 33
3 × 12 = 3 × 10 과 3 × 2 = 30 + 6 = 36
．
．
．

이런 규칙을 기억해두면 × 11, × 12 와 같은 계산이 쉬워져.

몇십끼리, 몇백끼리 덧셈과 뺄셈

▶ 50 + 80 이나 600 + 300 은 어떻게 계산을 하는 게 좋을까요?

- 몇십 + 몇십의 계산은 십이 몇 개인지 생각합니다.
- 몇백 + 몇백의 계산은 백이 몇 개인지 생각합니다.

▶ **50 + 80 의 계산**

 +

십이 5 개   십이 8 개

십이 5 개 + 십이 8 개 = 십이 13 개
10 이 13 개면 130 이므로
50 + 80 = 130

십원짜리 동전이 '5 개 + 8 개' 라고 생각해봐.

▶ **600 + 300 의 계산**

 +

백이 6 개   백이 3 개

백이 6 개 + 백이 3 개 = 백이 9 개
100 이 9 개면 900 이므로
600 + 300 = 900

몇백끼리 더하는 계산은 백원짜리 동전으로 생각하면 쉬워.

▶ 100 − 30 이나 700 − 200 도 같은 방법으로 계산할 수 있어요.

▶ 100 − 30 의 계산

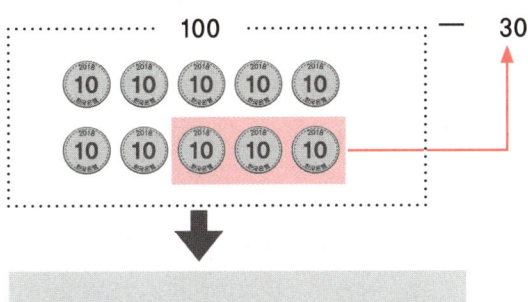

십원짜리 10 개에서 3 개를 뺐다고 생각해 봐.

십이 10 개 − 십이 3 개 = 십이 7 개
십이 7 개면 70 이므로
100 − 30 = 70

▶ 700 − 200 의 계산

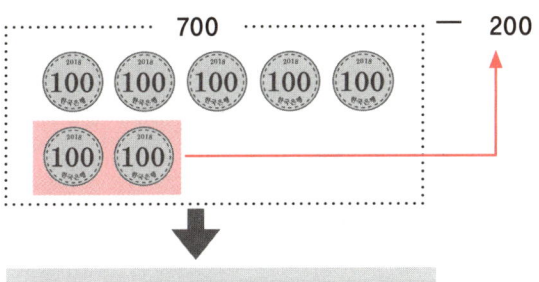

백원짜리 5 개가 남았단 말이지. 그럼 500 원이야.

백이 7 개 − 백이 2 개 = 백이 5 개
백이 5 개면 500 이므로
700 − 200 = 500

■ 백과 몇십에서 몇십을 뺄 때는 십 (10) 이 몇 개인지 생각합니다.
■ 천과 몇백에서 몇백을 뺄 때는 백 (100) 이 몇 개인지 생각합니다.

| 1학년 | 2학년 | 3학년 | 4학년 | 5학년 | 6학년 |

그림으로 그려 계산하기

Q. 문제

바둑알 흰 돌과 검은 돌이 모두 합해 16 개 있습니다.
그중 흰 돌이 9 개라면, 검은 돌은 몇 개입니까?

▶ '합해서 몇 개'인지, '나머지가 몇 개'인지를 묻는 문제가 아니라
검은 돌이 몇 개인지를 묻고 있어요.
덧셈으로 계산해야 할까요? 뺄셈으로 계산해야 할까요?

■ 덧셈인지 뺄셈인지 잘 모를 때는
문제에 나온 내용을 그림으로 그려보는 것이 좋습니다.

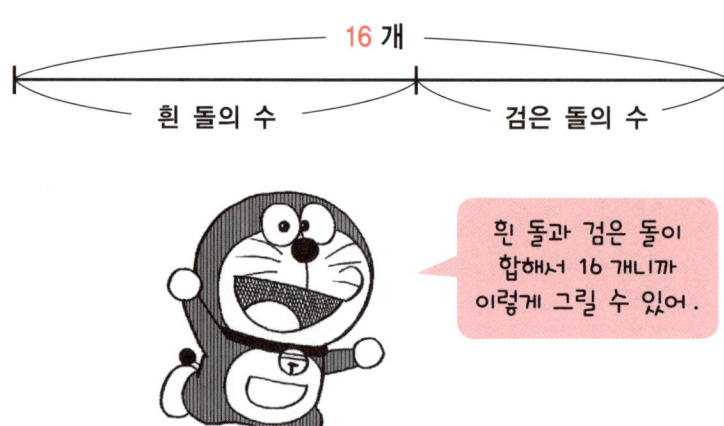

흰 돌과 검은 돌이 합해서 16 개니까 이렇게 그릴 수 있어.

16개 중 흰 돌이 9개 일 때, 검은 돌은 몇 개인지 묻고 있어.

검은 돌의 수를 구하려면 검은 돌과 흰 돌 수를 모두 더한 수에서 흰 돌의 수를 빼면 되겠구나!

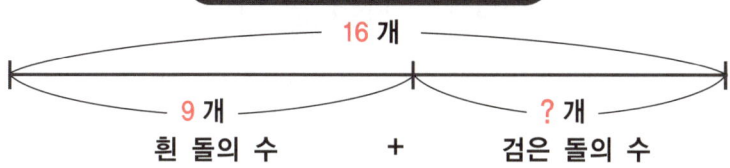

흰 돌과 검은 돌을 합한 수

16 개

9 개   ? 개

흰 돌의 수   +   검은 돌의 수

그러니까 식은 '16 - 9 = 7' 검은 돌은 7개야!

정답! 그림으로 그려 보니까 쉽지?

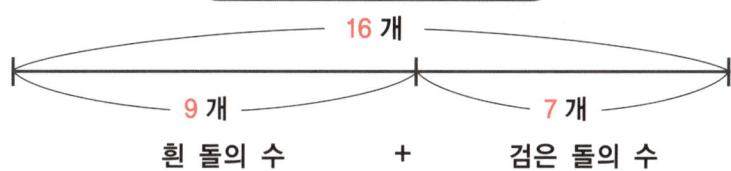

흰 돌과 검은 돌을 합한 수

16 개

9 개   7 개

흰 돌의 수   +   검은 돌의 수

문제를 그림으로 나타낼 줄 알면 덧셈인지 뺄셈인지 금방 알 수 있어. 자, 그림을 그려서 푸는 문제를 좀 더 연습해 보자!

식: 16 - 9 = 7   답: 7개

Key Point Review 1

1 아무것도 없는 것을 (　　) 이라 쓰고, (　　) 이라고 읽습니다.

2 10 은 9 보다 (　　) 입니다.

3 두 수를 합해서 10 이 되도록 빈 칸을 채우세요.

1			2			3			4	
10			10			10			10	

5			6			7			8			9	
10			10			10			10			10	

4 '늘어나면 얼마' 또는 '더해서 몇 개' 와 같은 문제는 (　　) 으로 계산합니다.

5 '남은 수는 얼마', '차이는 얼마' 에 답하는 경우는 (　　) 으로 계산합니다.

6 100 은 10 개씩 (　　) 인 수, (　　) 보다 1 큰 수입니다.

7 100 을 10 개 모은 수를 (　　) 이라고 쓰고 (　　) 이라고 읽습니다.

8 둘씩 세었을 때, 짝이 딱 맞는 수를 (　　), 1 이 남는 수를 (　　) 라고 합니다.

9 두 자리 수 덧셈 또는 뺄셈 세로셈은 (　　) 의 자리 → (　　) 의 자리 순서로 계산합니다.

10 덧셈의 검산식은 계산해서 나온 답 – (　　) = (　　) 입니다.

11 뺄셈의 검산식은 나온 답 + (　　) = (　　) 입니다.

12 곱셈구구에서 곱하는 수가 1 씩 커질 때, 5 단이면 (　　), 2 단이면 (　　) 씩 커집니다.

13 어떤 수 × 10 을 한 값은 곱해지는 수의 맨 오른쪽에 (　　) 을 하나 더 붙인 수와 같습니다.

14 (몇십 + 몇십), (백과 몇십) – (몇십) 을 할 때는 (　　) 이 몇 개인지 생각합니다.

15 (몇백 + 몇백), (천과 몇백) – (몇백) 을 할 때는 (　　) 이 몇 개인지 생각합니다.

16 덧셈인지 뺄셈인지 잘 모르는 문장문제는 (　　) 생각합니다.

답 확인하기

1. 0, 영 2. 1 급 3. 9, 8, 7, 6, 5, 4, 3, 2, 1 4. 덧셈식 5. 뺄셈식 6. 10 열 음, 99
7. 1000, 일천 8. 짝수 / 홀수 9. 일 / 십 10. 더하는 수 / 더해지는 수
11. 빼는 수 / 빼어지는 수 12. 5, 2 13. 0 14. 십 / 10 15. 백 / 100 16. 그림으로 그려서

2 도형

- 1학년 연계 ·················· 70~73
- 2학년 연계 ·················· 74~77

여러 가지 모양

▶ 모양에는 각각의 이름이 있어요. 다음 모양들의 이름을 익혀 보세요.

▶ 각각의 모양이 가진 특징과 예를 정리한 표를 보세요.

모양	이름	특징	예
△	세모	• 뾰족한 부분이 3군데 있다. • 3개의 곧은 선으로 이루어져 있다. • 삼각형이라고도 한다.	
□	네모	• 뾰족한 부분이 4군데 있다. • 4개의 곧은 선으로 이루어져 있다. • 사각형이라고도 한다.	
○	동그라미	• 뾰족한 부분이 없다. • 직선으로 이루어진 부분이 없다. • 원이라고도 한다.	

여기 있는 이 세모를 사용해서 여러 가지 모양을 만들어 보자!

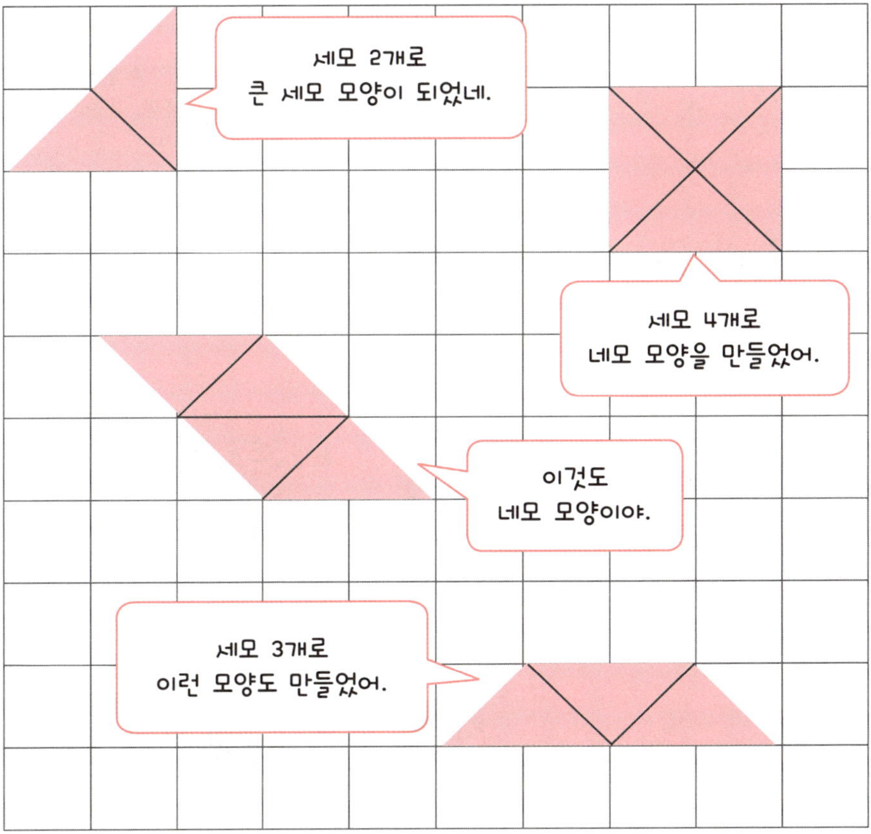

세모 2개로 큰 세모 모양이 되었네.

세모 4개로 네모 모양을 만들었어.

이것도 네모 모양이야.

세모 3개로 이런 모양도 만들었어.

※ 위 네 가지 모양 외에 더 많은 모양을 만들어 보세요.

| 1학년 | 2학년 | 3학년 | 4학년 | 5학년 | 6학년 |

 상자 모양과 공 모양

▶ 쌓기 놀이 장난감과 같이 높이가 있는 모양에는 어떤 것이 있나요?

주사위놀이에 쓰는 주사위 모양이야.

화장지 상자 같은 모양이야.

주스 깡통 모양이네.

공 모양이야. 데굴데굴 굴러가겠어.

▶ 각각의 모양을 위에서, 그리고 옆에서 보면 어떤 모양으로 보일까요?

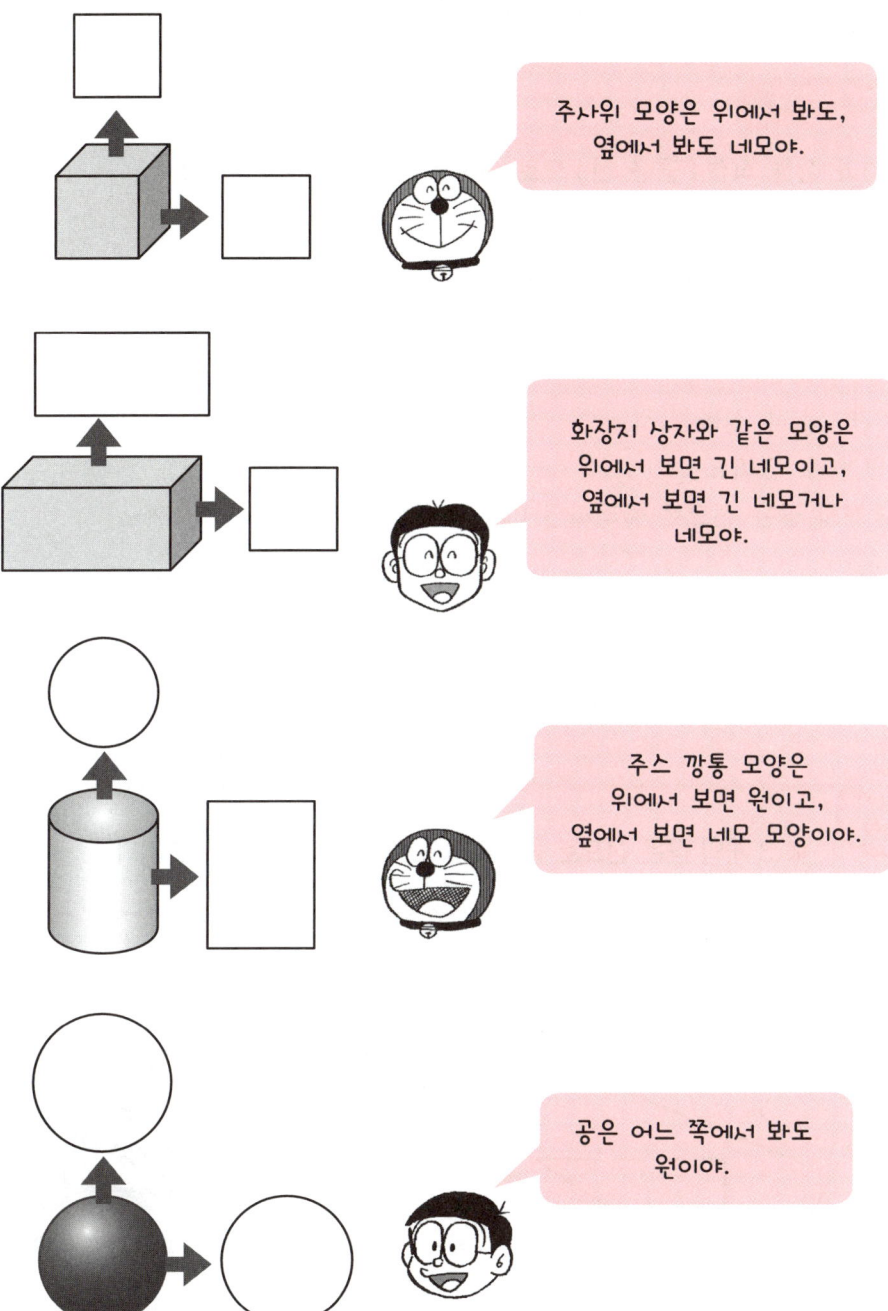

삼각형과 사각형

Q. 문제

점과 점을 직선(곧은 선)으로 이으면 어떤 모양이 될까요?

(가)　　　　　　　　(나)

▶ (가)의 세 점을 각각 곧은 선으로 이으면 아래 그림과 같은 모양을 만들 수 있어요.

▶ **3 개의 곧은 선으로 둘러싸인** 이런 도형을 '**삼각형**'이라고 해요.

(가)

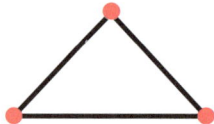

뾰족한 부분이 3 개라는 것은 **선과 선이 만나 각을 이룬 부분이 3 개**란 뜻이에요.
그래서 **삼각형**이라고 불러요.

■ 3 개의 곧은 선으로 둘러싸인 도형을 삼각형이라고 합니다.

3 개의 곧은 선으로 둘러싸인 도형은 모양이 달라도 모두 '삼각형' 이야.

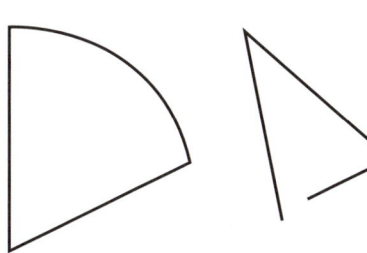

이런 모양은 삼각형이 아니니까 주의해야 돼.

▶ 74쪽 문제 (나)의 네 점을 각각 곧은 선으로 이으면 아래 그림과 같은 모양을 만들 수 있어요.

(나)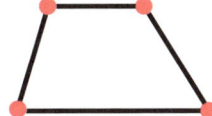

뾰족한 부분이 4개라는 것은 **선과 선이 만나 각을 이룬 부분이 4개**라는 뜻이에요. 그래서 **사각형**이라고 불러요.

■ 4개의 곧은 선으로 둘러싸인 도형을 사각형이라고 합니다.

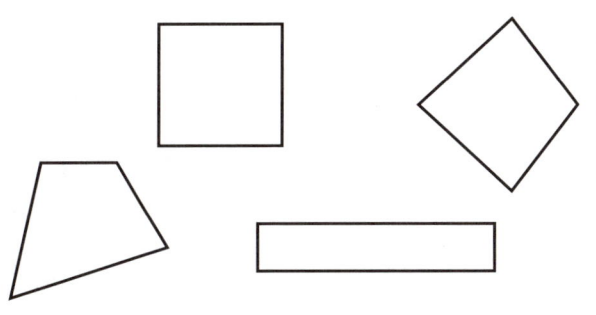

4개의 곧은 선으로 둘러싸인 도형은 모양이 달라도 모두 '사각형'이구나!

※ 주위에서 볼 수 있는 삼각형, 사각형 모양의 물건들을 찾아보세요!

답 : (가) 삼각형 (나) 사각형

변과 꼭짓점

Q. 문제

삼각형과 사각형에는 변과 꼭짓점이 각각 몇 개씩 있습니까?

	변의 개수	꼭짓점의 개수
삼각형		
사각형		

▶ 삼각형의 **곧은 선**을 '**변**'이라고 해요.

▶ 삼각형의 **두 곧은 선**이 만나는 점을 '**꼭짓점**'이라고 해요.

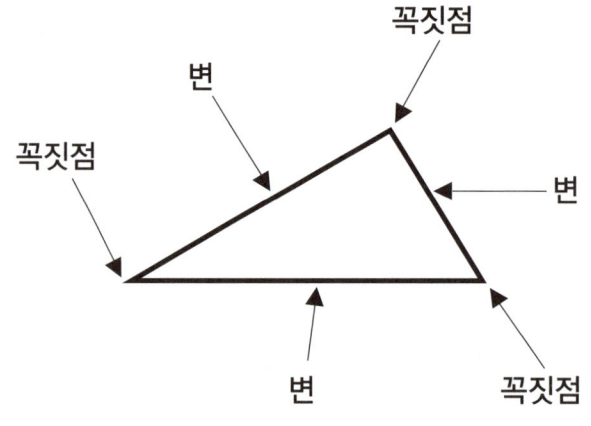

이게 바로 삼각형의 변과 꼭짓점이야.

▶ 삼각형에는 **변이 3개**, **꼭짓점이 3개** 있어요.
　사각형은 어떨까요?

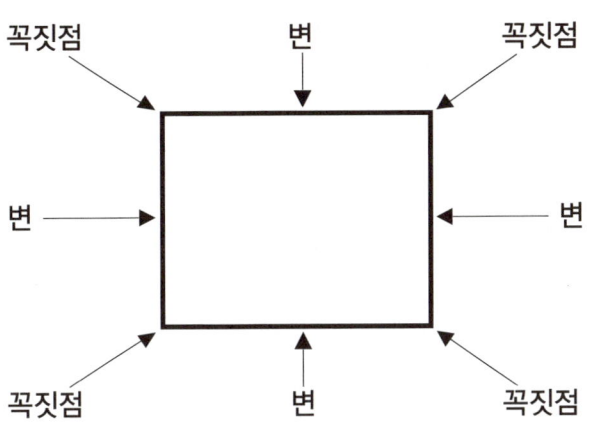

▶ 사각형에는 **변이 4개, 꼭짓점이 4개** 있네요.
▶ 삼각형, 사각형의 변과 꼭짓점의 개수를 표로 정리해 보세요.

	변의 개수	꼭짓점의 개수
삼각형	3개	3개
사각형	4개	4개

- 도형을 이루는 각각의 곧은 선은 변입니다.
- 두 곧은 선이 만나는 점은 꼭짓점입니다.
- 모든 삼각형에는 변이 3개, 꼭짓점이 3개 있다.
- 모든 사각형에는 변이 4개, 꼭짓점이 4개 있다.

답 : 삼각형 : 변 3, 꼭짓점 3 / 사각형 : 변 4, 꼭짓점 4

Key Point Review 2

1 각 모양의 이름을 쓰세요.

△ (   )   □ (   )   ○ (   )

2 세모는 선과 선이 만나 각을 이룬 부분이 3 개란 뜻으로 (   ) 이라고 부릅니다.

3 네모는 선과 선이 만나 각을 이룬 부분이 4 개란 뜻으로 (   ) 이라고 부릅니다.

4 위에서 본 모양 : (   )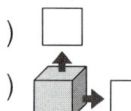
옆에서 본 모양 : (   )

5 위에서 본 모양 : (   )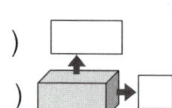
옆에서 본 모양 : (   )

6 위에서 본 모양 : (   )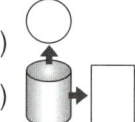
옆에서 본 모양 : (   )

7 위에서 본 모양 : (   )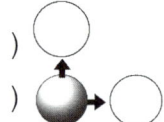
옆에서 본 모양 : (   )

8 3 개의 곧은 선으로 둘러싸인 도형을 (   ) 이라고 합니다.

9 4 개의 곧은 선으로 둘러싸인 도형을 (   ) 이라고 합니다.

10 도형을 이루는 각각의 곧은 선을 (   ) 이라고 합니다.

11 두 곧은 선이 만나는 점을 (   ) 이라고 합니다.

12 다음 표를 완성하세요.

	변의 개수	꼭짓점의 개수
삼각형	①	②
사각형	③	④

답 확인하기

1 세모 / 삼각형, 네모 / 사각형, 원 / 동그라미 **2** 삼각형 **3** 사각형 **4** 정사각형, 정사각형
5 직사각형, 정사각형 **6** 원, 직사각형 **7** 원, 원 **8** 삼각형 **9** 사각형 **10** 변 **11** 꼭짓점
12 ① 3, ② 3, ③ 4, ④ 4

3 측정

- 1학년 연계 ……………………… 80~83
- 2학년 연계 ……………………… 84~91

| 1학년 | 2학년 | 3학년 | 4학년 | 5학년 | 6학년 |

비교하기

▶ **길이 비교하는 방법**

자를 사용하지 않고 길이를 비교할 때 시작점을 맞추어 비교하면, 어느 쪽이 더 긴지 쉽게 알 수 있어요.

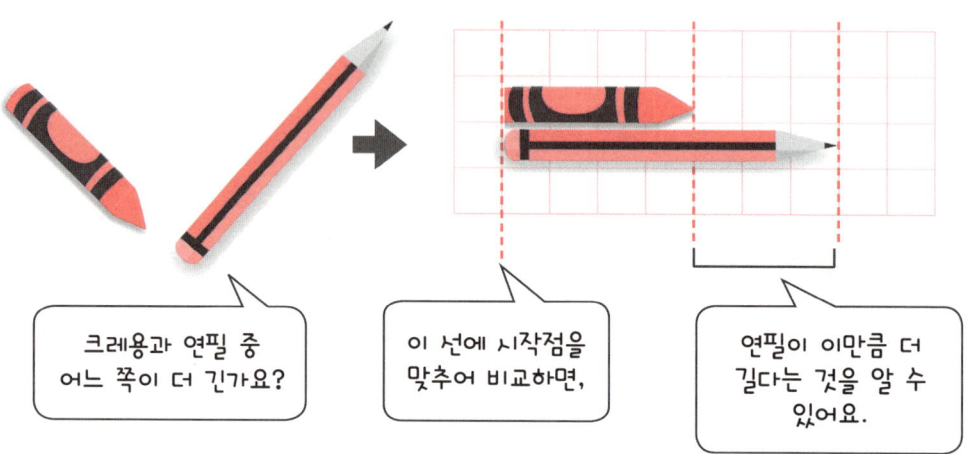

▶ **들이 비교하는 방법**

들이란 주전자나 물병과 같은 그릇 안쪽 공간의 크기를 말해요. 그래서 물이나 음료의 '들이'를 비교할 때는, 크기가 똑같은 그릇에 옮겨 담아보면 그 양의 차이를 쉽게 확인할 수 있어요.

▶ **넓이 비교하는 방법**

종이 등의 넓이를 비교하는 경우에는 모난 귀퉁이를 맞대고, 맞추어 비교합니다.

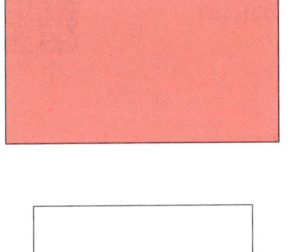
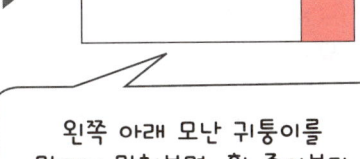

- 자를 사용하여 길이나 넓이를 비교하는 경우에는 시작점을 맞추어 비교합니다.
- 들이를 비교하는 경우에는 똑같은 크기의 그릇에 담고, 양이나 높이를 비교합니다.

| 1학년 | 2학년 | 3학년 | 4학년 | 5학년 | 6학년 |

시계 보기

▶ 시계를 보면 지금 '**몇 시 몇 분**'인지를 알 수 있어요.
이 '몇 시 몇 분'을 **시각**이라고 해요. **시계 보는 방법**을 잘 익혀두세요.

POINT
- 시계의 짧은 바늘은 '몇 시'를, 긴 바늘은 '몇 분'을 가리킵니다.
- 시계에 쓰여 있는 숫자는 '몇 시'를 나타냅니다.
- 보통 시계에는 작은 눈금이 60개 있는데, 눈금 하나가 '1분'을 나타냅니다.

짧은 바늘 → 10시를
긴바늘 → 50분을
나타냅니다.

짧은 바늘 →11시를
긴바늘 → 55분을
나타냅니다.

짧은 바늘 → 12시를
긴바늘 → 0분(정각)을
나타냅니다.

긴 바늘이 작은 눈금 하나를 지나면 1분, 2개를 지나면 2분, 5개를 지나면 5분입니다. 5분의 자리에는 숫자 1이 있습니다.

짧은 바늘 → 1시를
긴바늘 → 5분을
나타냅니다.

이 시계의 시각은 3시 0분이야. '3시 정각' 이라고도 해.

짧은 바늘 → 2시를
긴바늘 → 10분을
나타냅니다.

짧은 바늘 → 9시를
긴바늘 → 40분을
나타냅니다.

짧은 바늘 → 3시를
긴바늘 → 15분을
나타냅니다.

짧은 바늘 → 8시를
긴바늘 → 40분을
나타냅니다.

짧은 바늘 → 6시를
긴바늘 → 30분을
나타냅니다.

짧은 바늘 →4시를
긴바늘 → 20분을
나타냅니다.

짧은 바늘 → 7시를
긴바늘 → 35분을
나타냅니다.

짧은 바늘 → 5시를
긴바늘 →25분을
나타냅니다.

 시계는 쉬지 않고 움직이지. 아래 그림의 일상생활을 보통 몇 시 몇 분에 하는지 알아보자!

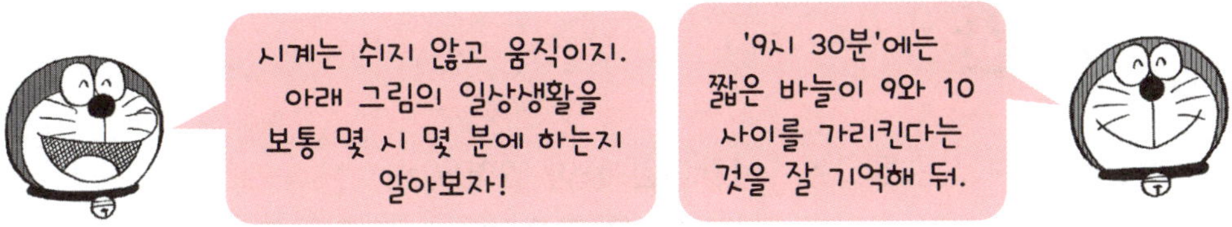

 '9시 30분'에는 짧은 바늘이 9와 10 사이를 가리킨다는 것을 잘 기억해 둬.

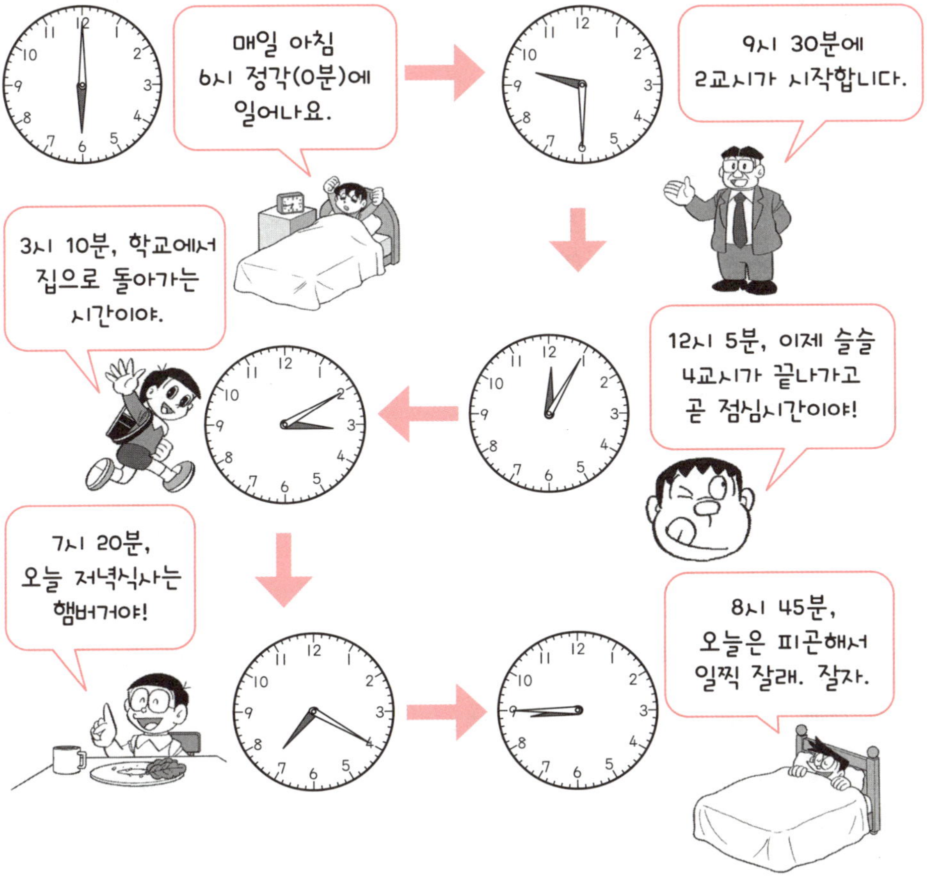

매일 아침 6시 정각(0분)에 일어나요.

9시 30분에 2교시가 시작합니다.

12시 5분, 이제 슬슬 4교시가 끝나가고 곧 점심시간이야!

3시 10분, 학교에서 집으로 돌아가는 시간이야.

7시 20분, 오늘 저녁식사는 햄버거야!

8시 45분, 오늘은 피곤해서 일찍 잘래. 잘자.

측정

- 시계의 긴 바늘이 1바퀴 돌면, 1시간이 지난 것입니다.
- 시계의 짧은 바늘은 아주 느린 속도로 다음 '몇 시'를 향해 천천히 움직입니다.

| 1학년 | 2학년 | 3학년 | 4학년 | 5학년 | 6학년 |

시간

▶ 시간의 단위에는 **초**, **분**, **시간**, **일** 등이 있어요.
이 네 가지 **시간 단위의 관계는 매우 중요**하므로 꼭 익혀두세요.

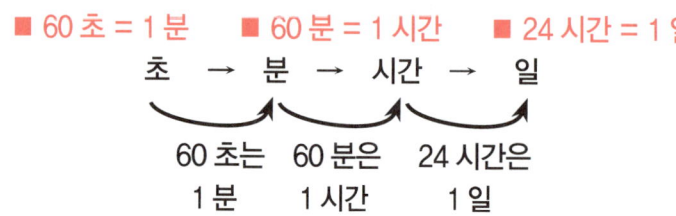

- 60 초 = 1 분
- 60 분 = 1 시간
- 24 시간 = 1 일

초 → 분 → 시간 → 일

60 초는 1 분
60 분은 1 시간
24 시간은 1 일

▶ 초, 분, 시간 단위 바꾸는 법

● '분'을 '초'로 바꾸려면, '60 X 분'
  5분은 60 x 5 = 300 이니까, 300초

● '초'를 '분'으로 바꾸려면, '초 ÷ 60'
(나머지가 있으면 몇 분 몇 초가 됩니다)
  360초는 360 ÷ 60 = 6 이니까, 6분

● '시간'을 '분'으로 바꾸려면, '60 X 시간'
  5시간은 60 X 5 = 300 이니까, 300분

● '분'을 '시간'으로 바꾸려면, '분 ÷ 60'
(나머지가 있으면 몇 시간 몇 분이 됩니다)
  360분은 360 ÷ 60 = 6 이니까, 6시간

초를 분으로, 분을 시간으로 바꾸는 연습은 익숙해질 때까지 해 둬.

▶ 90분은 몇 시간일까요? 150초는 몇 분일까요?

이런 문제는 60분(=1시간)과 나머지 몇 분, 두 번의 60초(=2분)와 나머지 몇 초로 바꿀 수 있어요.
주어진 초나 분에 **60이 몇 번 들어가는지에 유의**하세요.

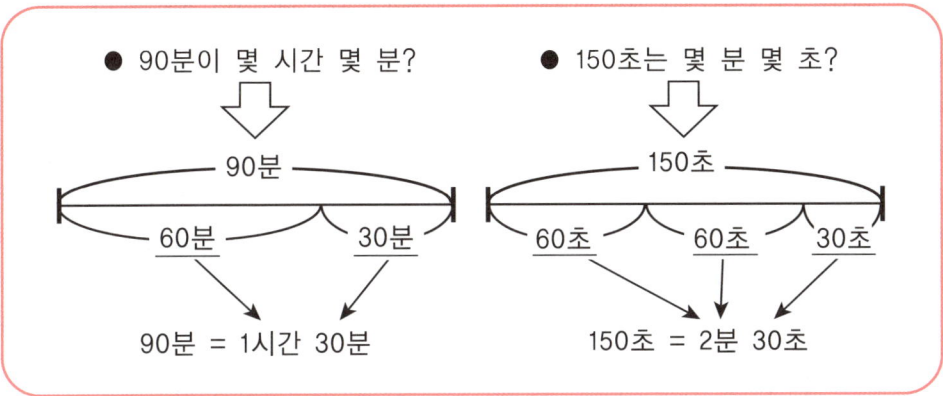

▶ 1시간 15분은 몇 분일까요? 2분 45초는 몇 초일까요?

60분과 15분, 60초 2번과 45초로 바꾸어 계산하면 됩니다.

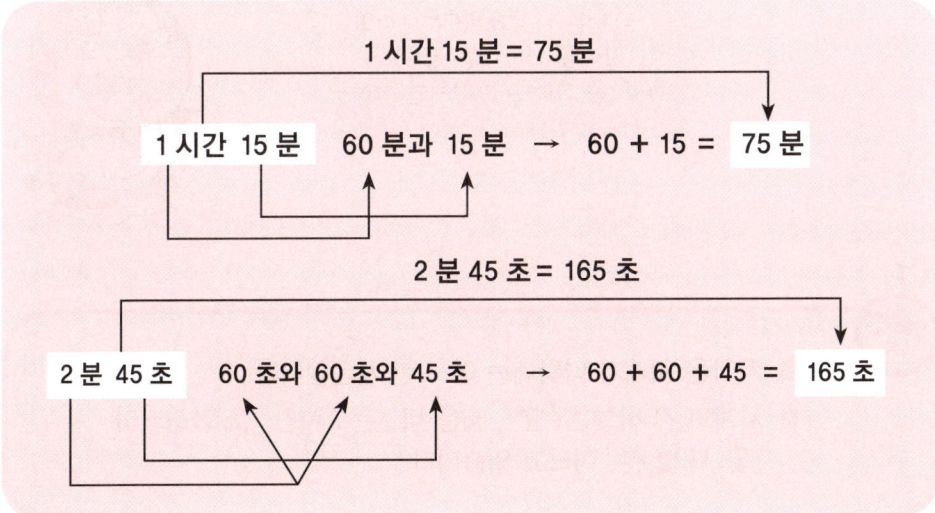

시각

▶ 시각을 나타내는 단위도 시간과 같이 **초**, **분**, **시간**을 사용해요.
시간은 '어느 때부터 어느 때까지의 시간의 길이'를 나타내는 것이고,
시각은 '시계가 나타내는 어느 한 시점'을 말합니다.

○ **시각과 시간의 차이**

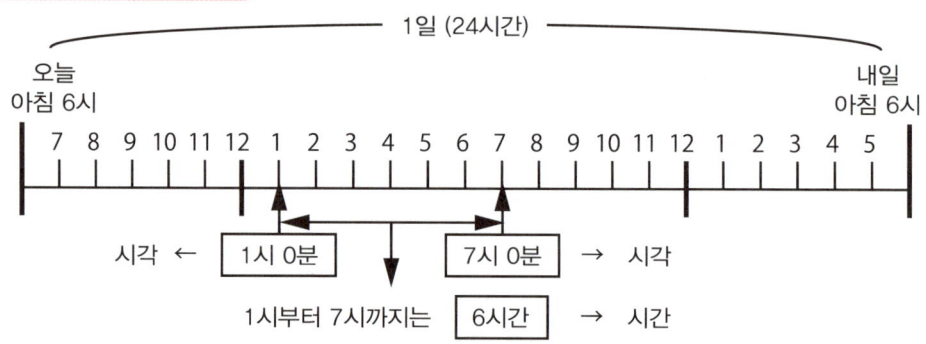

시간은 시각과 시각 사이의
길이를 나타내는 것이고,
시각은 그때를 가리키는 거야.

- 시각은 시계가 나타내는 어느 한 시점입니다.
- 시계의 긴 바늘은 '분', 짧은 바늘은 '시간'을 가리키며
 '몇 시 몇 분'이라고 읽습니다.

▶ 시계에는 3개 또는 2개의 바늘이 있습니다.
각각의 바늘은 **초**, **분**, **시간이** 흐르는 것을 나타냅니다.
각각의 바늘이 가리키는 것이 무엇인지 확실하게 알아두세요.

10시 10분을
가리키는 시계

초침 : '초'를 가리키는 바늘. 초침이 시계를 한 바퀴 도는 데 걸리는 시간은 60초이고, 초침이 한 바퀴 돌면 1분, 60바퀴 돌면 1시간입니다.

분침 : '분'을 가리키는 바늘. 분침이 시계를 한 바퀴 도는 데 걸리는 시간은 60분이고, 분침이 한 바퀴 돌면 1시간, 24바퀴 돌면 하루(1일)입니다.

시침 : '시간'을 가리키는 바늘. 시침이 시계를 한 바퀴 도는 데 걸리는 시간은 12시간 이고, 시침이 2바퀴 돌면 하루(1일)입니다.

▶ 낮과 밤의 시각을 구분하여 '오전 7시', '오후 1시'라고 말해요.

○ **오전, 정오, 오후**

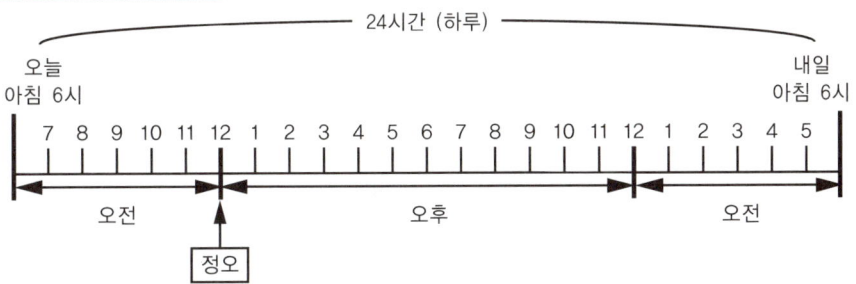

- **오전** : 전날 밤 12시(자정)부터 낮 12시(정오)까지
- **오후** : 낮 12시(정오)부터 밤 12시(자정)까지
- **정오** : 낮 12시 정각   ■ **자정** : 밤 12시 정각

시간 계산

Q1. 문 제

목욕하러 들어간 시각은 6시 30분이었고,
나온 시각은 7시 10분이었습니다. 몇 분 동안 목욕을 했을까요?

▶ '6시 30분부터 7시 10분까지는 몇 분' 인지를 구할 때는 6시 30분부터 7시까지와 7시부터 7시 10분까지로 나누어 생각하면 훨씬 쉽답니다.

- 시계의 긴 바늘이 한 바퀴를 돌면 1시간입니다.
- 1시간은 60분입니다.

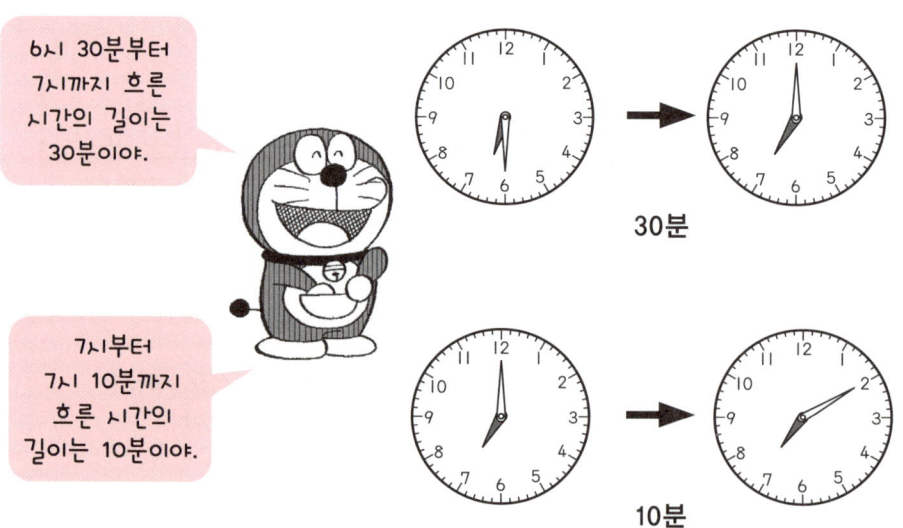

30분과 10분을 더하면 40분, 그래서 6시 30분부터 7시 10분까지 걸린 시간은 40분이야.

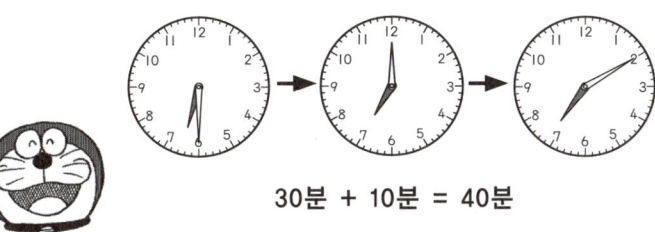

30분 + 10분 = 40분

Q2. 문제

TV를 30분 동안 보고 나니 8시 20분이었습니다.
TV를 보기 시작한 시각은 몇 시 몇 분일까요?

구하고자 하는 건 8시 20분의 30분 전 시각이야.

30분을 8시가 지난 다음의 20분과 8시가 되기 전의 10분으로 나누어서 생각하면 좋지 않을까?

10분 전 8시라... 7시 50분이야!

8시 20분의 20분 전은 8시야. 거기서 남은 10분을 더 빼면 되겠네.

시각을 물어보는 문장형식의 문제는 이런 방법으로 생각하면 좋아.

Q1. 답 : 40 곡, Q2. 답 : 7 시 50 분

길이 재기

Q. 문제

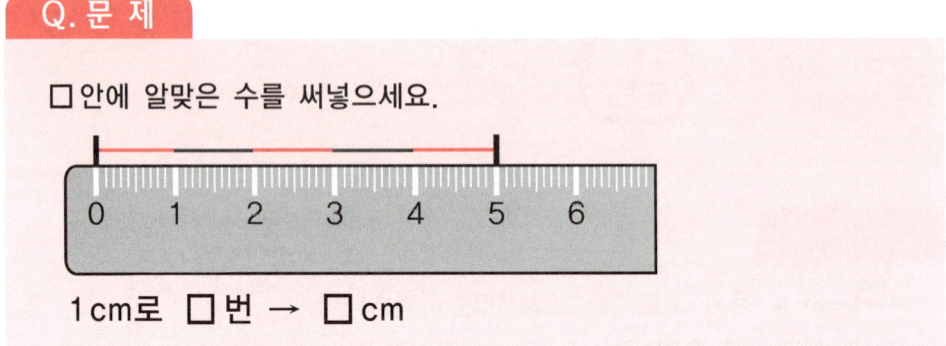

□ 안에 알맞은 수를 써넣으세요.

1 cm로 □ 번 → □ cm

▶ 먼저 1cm에 대해 알아볼까요?

1cm는 자에서 작은 눈금 10칸이 모인 큰 눈금 한 칸의 길이를 말해요. 자에서 큰 눈금 한 칸마다 숫자가 쓰여 있어서 어떤 물건의 길이를 잴 때, 큰 눈금의 숫자를 읽어 2cm, 3cm… 등으로 말합니다.

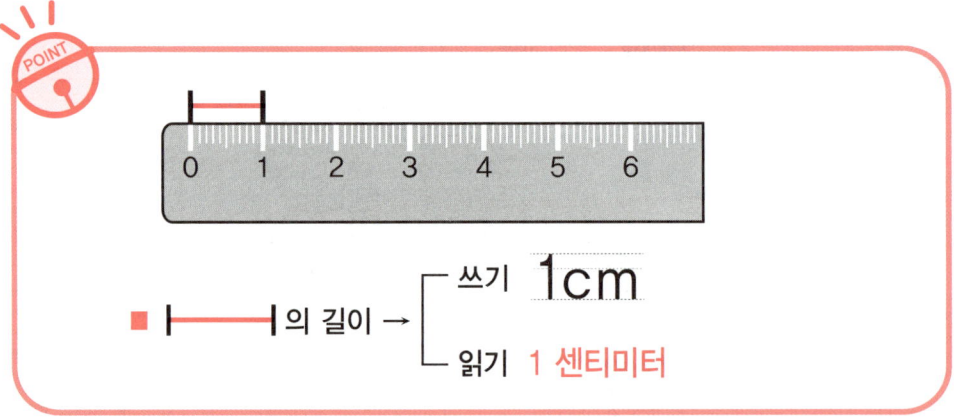

▶ 센티미터를 센치라고 줄여서 잘못 읽지 않도록 주의합니다.

▶ 1cm로 2번은 2cm, 3번은 3cm, 4번은 4cm이므로 5번은 몇 센티미터가 되는지 생각해 봅시다.

답 : 5, 5

 우리 주변에서 길이가 1cm인 물건은 어떤 것들이 있을까?

내 엄지손톱, 구슬, 공깃돌, 그리고 내가 좋아하는 초코볼!

▶ 자의 특징에 대해 알아봅시다.

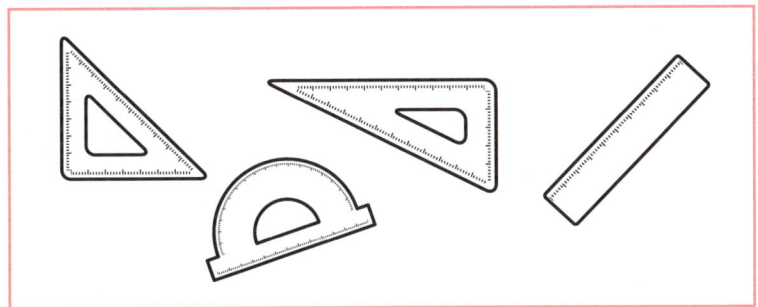

 길이를 잴 때 이용하는 자의 모양은 다르지만 모두 눈금이 있고 숫자 사이의 간격이 똑같아.

자로 길이를 재면 좋은 점은
첫째, 길이를 정확하게 재므로 누가 재든 길이가 같고,
둘째, 길이를 쉽게 알 수 있어.

▶ 자를 이용하여 길이를 재는 방법에 대해 알아볼께요

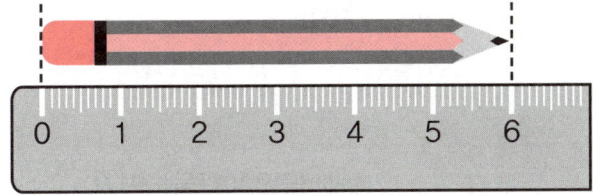

① 연필의 한끝을 자의 눈금 '0' 에 맞춥니다.
② 연필의 다른 끝에 있는 자의 눈금을 읽으면, 연필의 길이는 6cm 입니다.

Key Point Review 3

1 시계의 (　　　)은 '몇 시'를, (　　　)은 '몇 분'을 가리킵니다.

2 시계에 쓰여 있는 숫자는 (　　　)를 나타냅니다.

3 시계에는 작은 눈금이 (　　　)개가 있고, 눈금 하나는 (　　　)을 나타냅니다.

4

6. 짧은 바늘이 10을 가리키면 (　　　)를, 긴 바늘이 10을 가리키면 (　　　)을 나타냅니다.

1. 짧은 바늘이 1을 가리키면 (　　　)를, 긴 바늘이 1을 가리키면 (　　　)을 나타냅니다.

5. 짧은 바늘이 8을 가리키면 (　　　)를, 긴 바늘이 8을 가리키면 (　　　)을 나타냅니다.

2. 이 시계가 나타내는 시각은 3시 0분이므로 (　　　) 입니다.

4. 짧은 바늘이 7을 가리키면 (　　　)를, 긴 바늘이 7을 가리키면 (　　　)을 나타냅니다.

3. 짧은 바늘이 4를 가리키면 (　　　)를, 긴 바늘이 4를 가리키면 (　　　)을 나타냅니다.

5 시계의 긴 바늘이 한 바퀴 돌면 (　　　) 입니다.

6 시계의 짧은 바늘이 시계를 한 바퀴 돌면 (　　　) 입니다.

7 1분 = (　　　)초　1시간 = (　　　)분　1일 = (　　　)시간

8 시계가 나타내는 어느 한 시점을 (　　　)이라고 합니다.

9 어떤 시각부터 어떤 시각까지의 사이를 (　　　)이라고 합니다.

10 전날 밤 12시부터 낮 12시까지를 (　　　)이라고 말합니다.

11 낮 12시부터 밤 12시까지를 (　　　)이라고 말합니다.

12 낮 12시 정각을 (　　　), 밤 12시 정각을 (　　　)이라고 말합니다.

> **답** 확인하기
>
> **1** 짧은 바늘, 긴 바늘 **2** 숫자 **3** 60, 1분 **4** 1시, 5분 / 2. 3시 정각 / 3. 4시, 20분 / 4. 7시, 35분 / 5. 8시, 40분 / 6. 10시, 50분 **5** 1시간(60분) **6** 12시간 **7** 60, 60, 24 **8** 시각 **9** 시간 **10** 오전 **11** 오후 **12** 정오, 자정

4 자료와 가능성

- 2학년 연계 ······················· 94~97

| 1학년 | 2학년 | 3학년 | 4학년 | 5학년 | 6학년 |

 # 분류하기

Q. 문제

오른쪽 그림에서 가장 많은 과일은 무엇인가요?

POINT
- 기준에 따라 같은 종류끼리 모아서 정리하는 것을 **분류**라고 합니다.
- 여러 가지 물건이 제각각 흩어져 있는 경우에는 **같은 종류끼리 모아서 정리**하면 알아보기 쉽습니다.

각각의 과일의 수를 오른쪽 표에 ●로 그려 넣었어.

	귤	●	●	●	●	●
	사과	●	●	●	●	
	딸기	●	●	●	●	
	멜론	●	●			

▶ 이렇게 분류하면 한 눈에 어느 과일이 가장 많은지 알 수 있어요.
▶ 자료를 분류해서 한눈에 알아볼 수 있게 해 놓은 것을 '**그래프**'와 '**표**'라고 합니다. 이 과일 표에서 다음의 여러 가지를 알 수 있어요.

답 : 귤

🍊	귤	●	●	●	●	●
🍎	사과	●	●	●	●	
🍓	딸기	●	●	●	●	
🍈	멜론	●	●			

표에서 알 수 있는 사실이 뭘까?

① 가장 수가 적은 과일은 무엇일까요?
멜론입니다. 멜론은 2개밖에 없어서 4가지 과일 중에 가장 적은 수라는 것을 곧바로 알 수 있어요.

② 개수가 똑같은 과일은 무엇일까요?
사과와 딸기입니다. 사과도 4개, 딸기도 4개씩 있어요.
●가 같은 개수만큼 있기 때문에 쉽게 알 수 있어요.

③ 각각의 과일의 개수는 어떻게 될까요?
귤은 5개, 사과와 딸기는 귤보다 1개 적어서 4개,
그리고 멜론은 가장 적은 2개예요.

④ 귤은 멜론보다 몇 개 더 많을까요?
귤은 5개, 멜론은 2개예요. 5 − 2 = 3이므로,
귤이 3개 더 많다는 것을 알 수 있어요.
뺄셈을 하지 않아도 귤 칸에 ●가 5개 꽉 차있고,
멜론은 빈칸이 3개 있는 것을 보고도 알 수 있어요.

자료와 가능성

■ 제각각 있는 물건을 같은 종류끼리 분류하면,
각각의 개수를 알 수 있고, 개수의 차이, 많고 적음 등 여러 가지
사실을 한눈에 알 수 있습니다.

표와 그래프

Q. 문제

같은 반 친구 20명에게 가장 좋아하는 색깔을 설문 조사해서 아래 왼쪽과 같은 그래프로 정리했습니다.
이 그래프를 가지고 ①~③의 질문에 답하세요.

① 가장 인기가 있는 색깔은 어떤 것일까요?
② 좋아한다고 대답한 사람 수가 같은 색은 무엇과 무엇인가요?
③ 빨간색과 노란색 중 좋아하는 사람이 더 많은 색은 무엇이고, 얼마나 많은가요?

■ 각각에 해당하는 사람을 ○, ×, / 등을 이용하여 나타내고 쌓아올린 것을 '그래프'라고 합니다. '그래프'로 나타낼 수 있으면 각 항목에 해당하는 사람 수를 숫자로 나타낼 수 있고, 차이를 비교하는 데 편리합니다.

○				
○	○		○	
○	○		○	
○	○	○	○	
○	○	○	○	
○	○	○	○	○
빨간색	파란색	초록색	분홍색	노란색

먼저 왼쪽에 있는 학급에서 조사한 사람 수를 아래 표와 같이 숫자로 나타내봤어!

6	5	3	5	1
빨간색	파란색	초록색	분홍색	노란색

이렇게 하니까 사람 수를 비교하기 쉬워졌어.

6	5	3	5	1
빨간색	파란색	초록색	분홍색	노란색

표를 바탕으로 ①~③의 질문에 답해볼까?

① 가장 인기가 있는 색깔은 어떤 것일까요?
→ 5가지 색깔 중 좋아한다고 대답한 사람이 여섯 명으로 가장 많은 색을 찾아보세요.

② 좋아한다고 대답한 사람 수가 같은 색은 무엇과 무엇인가요?
→ 표를 보면, 좋아한다고 대답한 사람이 5명씩 있는 색깔이 두 가지 있다는 걸 알 수 있어요. 두 색을 찾아보세요.

③ 빨간색과 노란색 중 좋아하는 사람이 더 많은 색은 무엇이고, 얼마나 많은가요?
→ 빨간색은 6명, 노란색은 1명이 좋아합니다. 둘 중 어떤 색을 좋아하는 사람이 더 많은지 생각해 보아요. 얼마나 더 많은지는 6 − 1 = □와 같은 뺄셈식으로 계산한다는 것을 알고 있죠?

자료와 가능성

또 표와 그래프에서 알 수 있는 것을 말해보자!

두 번째로 인기 있는 색은 파란색과 분홍색이야.

가장 인기가 없는 색은 노란색이야.

초록색을 좋아하는 사람은 빨간색을 좋아하는 사람보다 3명 적어.

답 : ①빨간색 ②파란색과 분홍색 ③빨간색을 좋아하는 사람이 5명 더 많다.

Key Point Review 4

1 기준에 따라 같은 종류끼리 모아서 정리하는 것을 (　　　) 라고 합니다.
2 분류할 때는 명확한 (　　　　) 을 정해야 항상 같은 결과가 나옵니다.
3 여러 가지 단추를 아래 그림과 같이 분류 했습니다. 어떤 기준으로 분류한 것인지 쓰세요.

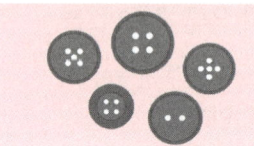 

(　　　　　　)

※ 연수는 같은 반 친구 12 명에게 좋아하는 운동을 물어보았습니다.

소희 – 농구	용희 – 축구	은미 – 야구	다원 – 배구
연주 – 배구	하나 – 농구	희경 – 농구	소영 – 야구
현지 – 축구	은서 – 농구	선아 – 야구	지은 – 축구

4 연수네 반 친구들이 좋아하는 운동을 보고 아래 빈 칸에 이름을 써 보세요.

농구　　　축구　　　야구　　　배구

5 연수네 반 친구들이 좋아하는 운동을 표로 나타낼 때, 빈 칸에 들어갈 숫자를 쓰세요.

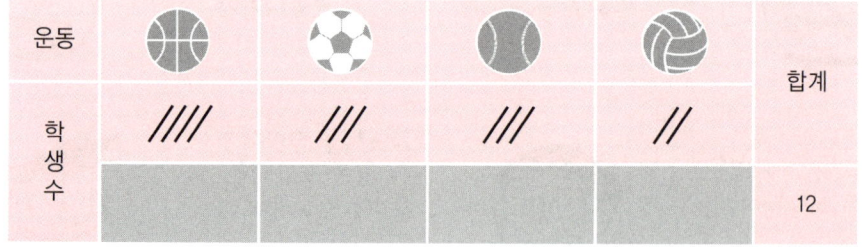

도라에몽의 신비한 수학사전 2

초등 필수개념

초등 3-6학년

수학이 재미있어지는 비법

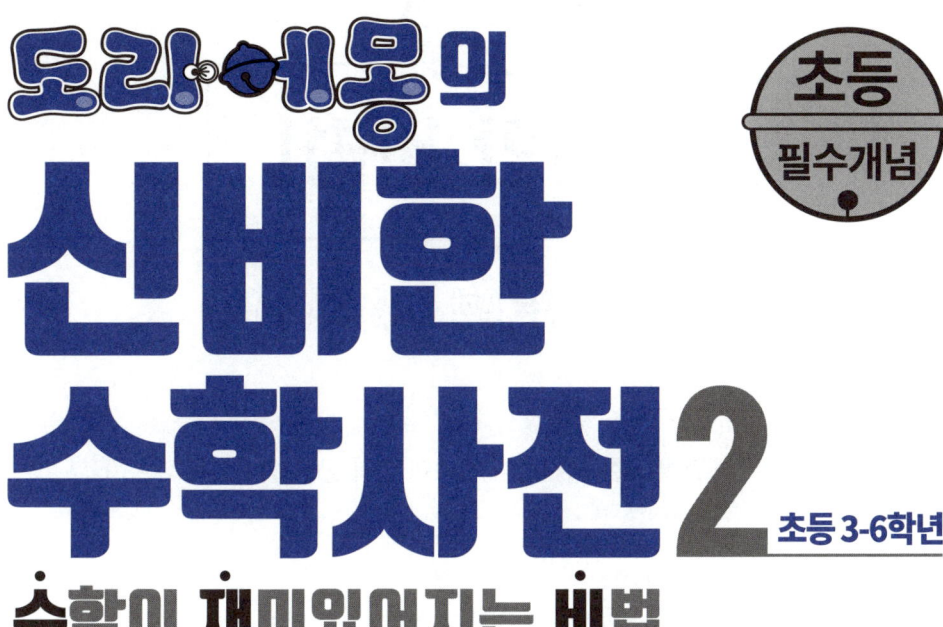

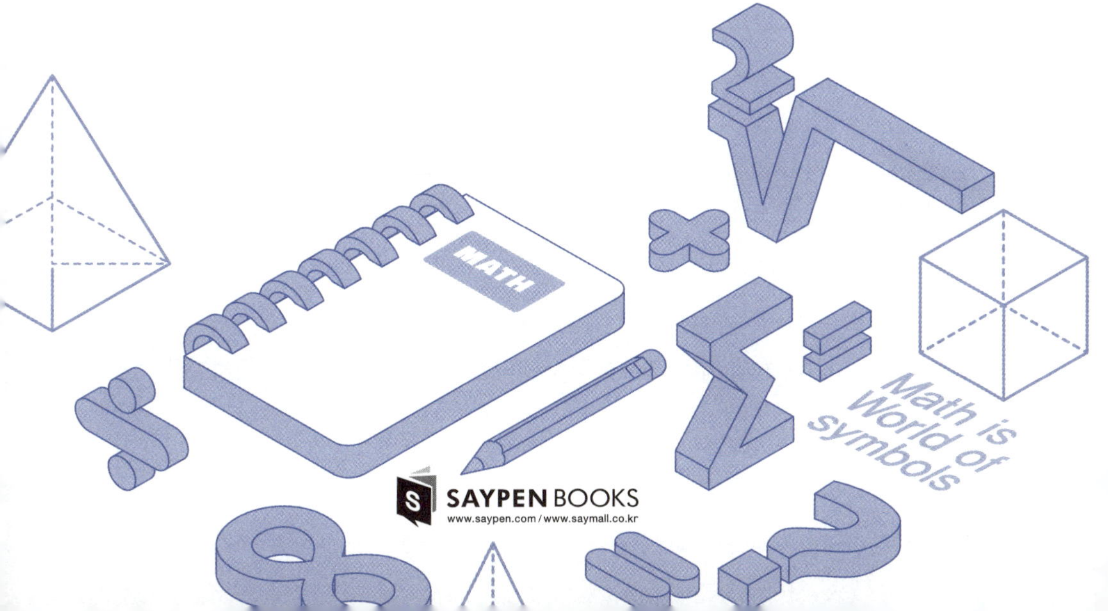

Math is World of Symbols

SAYPEN BOOKS
www.saypen.com / www.saymall.co.kr

신비한 비법!

도라에몽이 알려 주는 수학 잘하는 비법 5가지

1. 매일 일정한 시간을 투자하여 수학 공부하는 습관 기르기

2. 수학책 한 권으로 여러 번 공부하기

3. 아는 것과 모르는 것을 확실하게 구분하여 인지하기

4. 개념이해 → 기본문제 풀이 → 응용문제 풀이 순서로 공부하기

5. 문제 풀이 과정을 다시 찾아볼 수 있게 깔끔하게 쓰면서 풀기

1 수와 연산

- 3학년 연계 ·················· 102~147
- 4학년 연계 ·················· 148~189
- 5학년 연계 ·················· 190~237
- 6학년 연계 ·················· 238~261

세 자리 수, 네 자리 수의 덧셈

Q. 문제

(가)~(라)의 덧셈을 세로셈으로 계산하세요.

(가) 352+274　　(나) 902+98
(다) 3574+1526　(라) 9704+698

(가) 352 + 274

일 → 십 → 백의 자리 순서로 차근차근 계산하니까 그렇게 어렵지는 않아.

잘했어! 받아올림이 있을 때, 바로 윗자리에 1을 꼭 적어서 실수하지 않도록 해야 돼.

(나) 902 + 98

세 자리 수 + 두 자리 수 문제에서 일의 자리, 십의 자리에서 받아올림을 두 번 하니까 답이 네 자리 수가 되기도 하는구나!

■ 세로셈으로 덧셈하는 수가 세 자리 수, 네 자리 수가 될 때도 두 자리 수의 덧셈과 마찬가지로 일의 자리부터 십의 자리, 백의 자리, 천의 자리 순서로 계산합니다.

(다) 3574 + 1526

네 자리 수 덧셈도
일 → 십 → 백 → 천의 자리
즉, 오른쪽에서부터 왼쪽으로
차근차근 계산하면 돼.
받아올림만 주의하면 어렵지
않으니까 큰 수라고 겁먹지 마.

(라) 9704 + 698

마지막 문제는
받아올림을 4번이나
해서 답이 다섯 자리
수가 되네!

세 자리 수, 네 자리 수의 뺄셈

Q. 문제

(가) ~ (라)의 뺄셈을 세로셈으로 계산하세요.

(가) 417 − 273
(나) 205 − 98
(다) 5432 − 1678
(라) 1002 − 979

(가) 417 − 273

세 자리 수의 뺄셈도 각 자리를 맞추어 쓴 다음, 일의 자리부터 순서대로 계산하면 되는구나!

그렇지. 뺄셈에서 받아내림을 할 때 빗금을 긋고 1 작은 수를 위에 적어두어야 해.

(나) 205 − 98

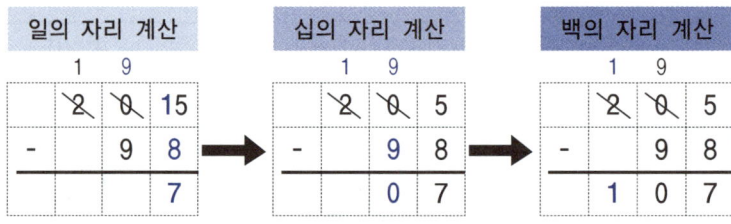

일의 자리 뺄셈을 할 수 없고 십의 자리가 0이어서 받아내림할 수 없으면 백의 자리에서 십의 자리로 9를, 일의 자리로 10을 내려 받으면 되는 거네.

이걸 거듭 받아내림 이라고 부르기도 해.

■ 세로셈으로 뺄셈하는 수가 세 자리 수, 네 자리 수가 될 때도 두 자리 수의 뺄셈과 마찬가지로 일의 자리부터 순서대로 계산합니다.

(다) 5432 - 1678

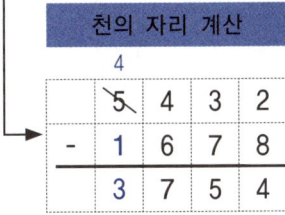

네 자리 수 뺄셈도 일 → 십 → 백 → 천의 자리 순서 즉, 오른쪽에서 왼쪽으로 계산해 나가면 돼. 나중에 6을 0으로, 1을 7로 보는 일이 없도록 숫자를 바르게 쓰는 습관을 기르는 것도 잊지 마.

(라) 1002 - 979

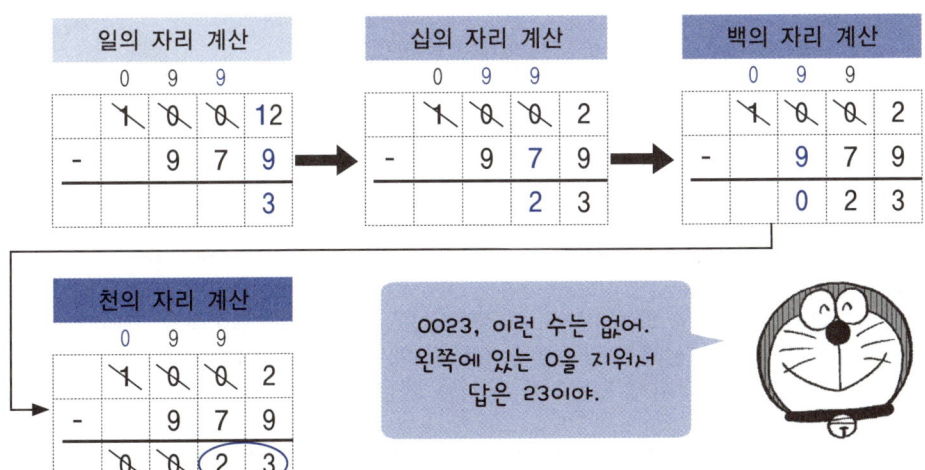

0023, 이런 수는 없어. 왼쪽에 있는 0을 지워서 답은 23이야.

 ## 나눗셈

▶ 나눗셈은 '어떤 수를 똑같은 수만큼씩 나누어주는' 계산입니다.
예를 들어 '붕어빵 12개를 3명에게 똑같이 나누어주려면 1명에게 몇 개씩 돌아갈까요?'와 같은 문제에 사용하는 계산이에요.

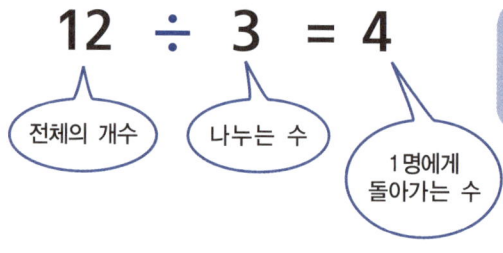

- 12÷3 = 4 또는 8÷4 = 2와 같은 계산을 나눗셈이라고 합니다.
- 붕어빵 계산에서 나눗셈은 전체의 개수를 몇으로 나눌 때, 몇 개씩 가지게 되는지를 구하는 계산입니다.

▶ 나눗셈의 답은 곱셈구구를 활용해서 구할 수 있습니다.
예를 들어 12 ÷ 4 = ■ 의 계산은 4 × ■ = 12를 생각하면 돼요.
이 때, ■ 에 들어가는 수가 나눗셈의 답이 됩니다.

곱셈구구 4단에서 답이 12가 되는 수가 뭔지 생각해야 되는 거네.

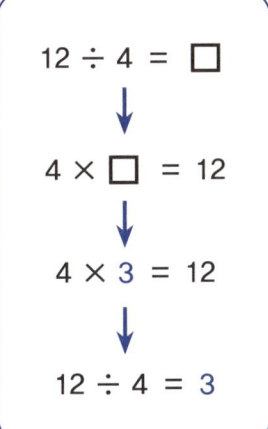

12 ÷ 4 = □

↓

4 × □ = 12

↓

4 × 3 = 12

↓

12 ÷ 4 = 3

'4 × 1은 4', '4 × 2는 8', '4 × 3은 12', 12? 아! 그럼 답은 3이야!

- 한 자리 수 ÷ 한 자리 수 또는 두 자리 수 ÷ 한 자리 수의 답은 곱셈구구로 계산할 수 있습니다.
- 6 ÷ 3 = □ 의 계산은 3 × □ = 6을 활용하면, 3 × 2 = 6이므로 답은 2가 됩니다.
- 24 ÷ 8 = □ 계산은 8 × □ = 24를 활용하면, 8 × 3 = 24이므로 답은 3이 됩니다.

□가 있는 곱셈식

Q. 문제

같은 개수의 요구르트가 들어 있는 주머니 8개가 있습니다. 8개의 주머니에 담긴 요구르트는 모두 24개입니다. 주머니 한 개에 들어 있는 요구르트는 몇 개일까요?
주머니 1개에 들어 있는 요구르트의 개수를 □로 나타낸 식을 세우고 답을 구하세요.

▶ 이번에는 □를 사용하는 곱셈식으로 답을 구하는 문제입니다.
'곱셈식을 만든다'거나 '뺄셈으로'라는 말이 있지 않아도 문제를 잘 읽고 수 사이의 관계를 어떤 식으로 나타내면 좋을지 생각해 보는 습관을 기르는 것이 중요합니다.

□개는 24개를 8부분으로 똑같이 나누었을 때 한 부분이야.

□개는 '24 ÷ 8 = 3'이니까 3개가 되는구나.

- □가 있는 곱셈식에서 □의 값을 구할 때는 나눗셈식을 사용합니다.

  □ × 8 = 24　　　　□ = 24 ÷ 8
  8 × □ = 24　　→　□ = 24 ÷ 8
  □ × A = B　　　　□ = B ÷ A
  A × □ = B　　　　□ = B ÷ A

식 : □ × 8 = 24 (□ = 24 ÷ 8, □ = 3) 답 : 3개

□가 있는 나눗셈식

Q1. 문제

진구네 반 친구들은 30명입니다. 6모둠으로 나누어 연극을 하려면 한 모둠을 몇 명으로 하면 될까요?
한 모둠에 있는 사람 수를 □명이라고 해서 식을 세우고 답을 구하세요.

한 모둠

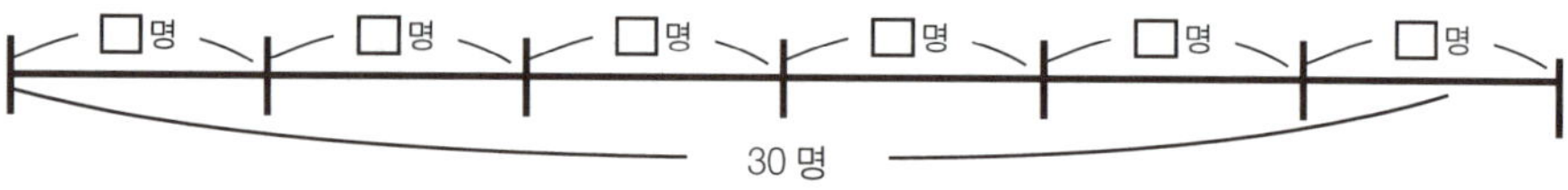

□명 □명 □명 □명 □명 □명
30명

그림으로 그리면 이렇게 돼!

30명을 □명씩으로 나누면 6개 모둠이 되니까… 30 ÷ □ = 6 이라는 거야?

▶ 30명을 6모둠에 한 명씩 차례대로 배정하면 한 모둠의 사람 수가 얼마인지 구할 수 있습니다.

Q1. 식: 30 ÷ □ =6 (□ = 30 ÷ 6, □ = 5) 답: 5명

□는 30을 6묶음으로 나누었을 때, 한 묶음의 수와 같아.

□명은 30 ÷ 6 = 5로 5명이야.

다음과 같은 경우는 □를 곱셈으로 구해.

Q2. 문제

귤을 6명이 똑같은 개수만큼씩 나누어 가지면 5개씩 가지게 됩니다.
귤은 모두 몇 개일까요?
귤의 개수를 □로 놓고 식을 세워 답을 구하세요.

■ □가 있는 나눗셈식에서 □의 값을 구할 때는
  □의 위치에 따라서 나눗셈식 혹은 곱셈식으로 구합니다.

30 ÷ □ = 6	□ = 30 ÷ 6
□ ÷ 6 = 5	□ = 5 × 6
A ÷ □ = B	□ = A ÷ B
□ ÷ A = B	□ = B × A

▶ 귤을 6명에게 5개씩 나눠주려면 모두 몇 개가 필요한지 알기 위해서는
  6 × 5를 계산하면 됩니다.
  필요한 귤의 개수는 (나눠주려는 사람 수) × (나눠주는 개수) 입니다.

Q2. 식 : □ ÷ 6 = 5 (□ = 5 × 6 = 30) 답 : 30개

(두 자리 수) × (한 자리 수) 계산

▶ (한 자리 수) × (한 자리 수) 계산은 곱셈구구를 활용하면 바로 답을 알 수 있어요. 하지만 (두 자리 수) × (한 자리 수) 계산은 곱셈구구를 2번 이용해서 답을 구해야 합니다. (두 자리 수) × (한 자리 수), (세 자리 수 × 한 자리 수) 계산을 세로셈으로 해 봅시다.

● 23 × 2 를 세로셈으로 계산식으로 쓰기

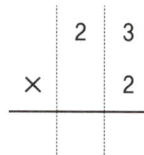

→ 23 의 십의 자리 숫자는 '2', 일의 자리 숫자는 '3'

→ 2 의 십의 자리 숫자는 없고, 일의 자리 숫자는 '2'

● 23 × 2 를 세로셈으로 계산하기

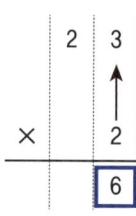

① 일의 자리부터 곱셈을 합니다.
아래에서 위로 곱셈을 하면,
2 × 3 = 6 입니다.

← 6을 아래 일의 자리에 맞추어 반듯하게 씁니다.

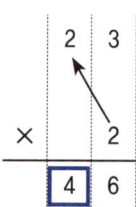

② 아래에서 위로 곱셈을 하면,
2 × 2 = 4 입니다.

← 4를 아래 십의 자리에 맞추어 반듯하게 씁니다.
그래서 답은 46 이 됩니다.

■ 곱셈식을 세로셈으로 계산할 때는
일의 자리를 기준으로 같은 단위의 숫자끼리 줄을 맞추어 씁니다.

버스를 타고 할머니 댁에 다녀오려고 해. 버스요금이 650원이면 할머니 댁까지 갔다 오는 데 돈이 얼마나 필요할까? 곱셈식을 만들고, 세로셈으로 계산해 봐!

▶ 비실이에게 필요한 버스요금은 얼마일까요? 함께 생각해 봅시다.
먼저 다녀온다고 했으니까 버스를 두 번 타야 해요. 한 번 타는 데 요금이 650원, 그럼 두 번 탈 때의 요금은 650 × 2로 계산하면 되겠네요.

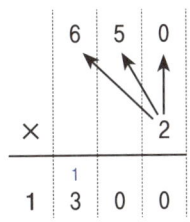

① 일의 자리 → 2 × 0 = 0

② 십의 자리 → 2 × 5 = 10
숫자 5의 아래(십의 자리)에 0을 쓰고,
백의 자리에 1을 받아 올립니다.

③ 백의 자리 → 2 × 6 = 12, 여기에 받아 올린 1을 더하면
13이 됩니다. 숫자 6의 아래(백의 자리)에 3을 쓰고,
천의 자리에 1을 받아 올립니다.

④ 천의 자리 → 받아 올린 1을 씁니다.

곱셈을 세로셈으로 계산할 때는 항상 일의 자리부터 계산을 시작한다는 거 잊지마.

1300원이 되네!

| 1학년 | 2학년 | **3학년** | 4학년 | 5학년 | 6학년 |

 (두 자리 수) × (두 자리 수) 계산

▶ (두 자리 수) × (두 자리 수) 계산의 포인트를 먼저 확인한 후 실제로 받아올림이 있는 문제를 풀어보세요.

- 일의 자리, 십의 자리 순서대로 곱셈구구를 4 번 합니다.
- 받아올림에 주의합니다.

Q. 문제

39 × 12 를 세로셈으로 계산하세요.

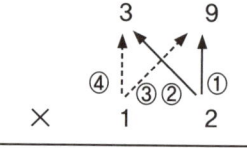

①②③④의 순서대로 곱셈계산을 하면 돼.

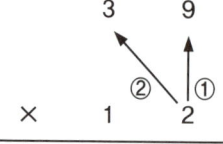

받아 올리는 '1' 을 잊지말고 꼭 써야 돼.

① '2 × 9 =18' 에서 일의 자리에 8 을 씁니다.

② '2 × 3 =6' 과 받아 올린 1 을 더해서 7 이 됩니다.

114

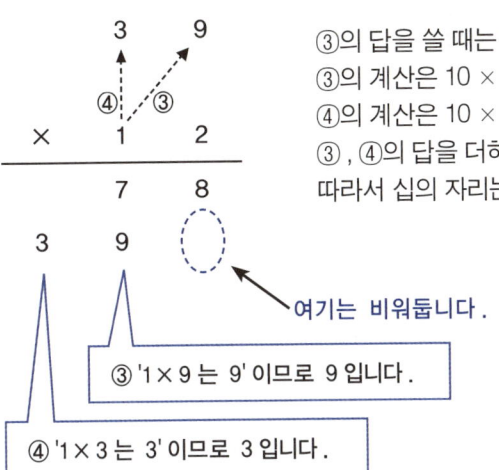

③의 답을 쓸 때는 일의 자리를 비워두는 것에 주의하세요.
③의 계산은 10 × 9 이므로 90 입니다.
④의 계산은 10 × 30 이므로 300 입니다.
③, ④의 답을 더하면 390 이 됩니다.
따라서 십의 자리는 9, 백의 자리는 3 입니다.

▶ (세 자리 수) × (두 자리 수) 계산도 같은 방법으로 합니다.
곱해지는 수의 일의 자리…
① × (일의 자리), ② × (십의 자리), ③ × (백의 자리)
곱해지는 수의 십의 자리…
④ × (일의 자리), ⑤ × (십의 자리), ⑥ × (백의 자리)
와 같이 계산하면 됩니다.

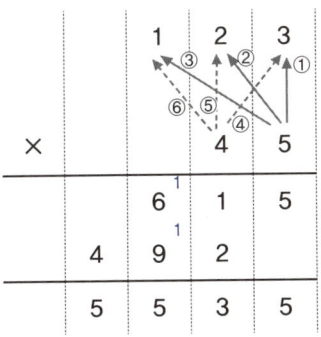

# 큰 수의 나눗셈

> **Q. 문제**
>
> 60원을 3명에게 똑같이 나누어주려고 합니다.
> 1명이 받을 수 있는 돈은 얼마일까요?

▶ 먼저 '60원을 3명에게 똑같이 나누어준다'고 했으므로 나눗셈의 계산이라는 것을 알 수 있어요. 그럼 60 ÷ 3은 어떻게 계산해야 할까요?

6 ÷ 3 = 2

60원은 10원짜리가 6개 있는 거야. 그러니까 6(개) ÷ 3(명) = 2(개)라고 생각하면, 한 사람에 10원짜리 2개씩, 즉 20원씩 갖게 돼.

그러니까 '60 ÷ 3'은 60의 0을 떼고 '6 ÷ 3 = 2'를 계산하고 떼었던 0을 2에 붙여서 20이라는 답을 내면 돼. 그래서 '60 ÷ 3 = 20'이야.

60 ÷ 3 = 20

POINT

■ 몇십 ÷ (한 자리 수)의 계산

몇 십의 0을 떼고 (한 자리 수) ÷ (한 자리 수)를 계산하여 얻은 답에 0을 붙여주면 됩니다.

답 : 한 사람에 20 원씩

그런데, 나누어지는 수가 몇 십이 아닌 이런 경우는 어떻게 해?

먼저 96 을 90 과 6 으로 나누어 생각 하자고.

96 ÷ 3 = ☐

96 ÷ 3 = (32)
┌ 90 ÷ 3 = 30
└ 6 ÷ 3 = 2

30과 2를 더해서 (32)

'96 ÷ 3' 을
① 90 ÷ 3,
② 6 ÷ 3 으로
계산하면 돼.
①의 답은 30,
②의 답은 2 니까,
더해서 답은 32 야.

▶ 몇십 ÷ (한 자리 수)의 계산은 몇십에서 (0을 뗀 수) ÷ (한 자리 수)로 계산하여 얻은 답에 0을 붙여 답을 구합니다.

▶ 몇십 몇 ÷ (한 자리 수)의 계산은 몇십 몇을 십의 자리와 일의 자리로 나누어서 각각 나눗셈하여 얻은 답을 더하면 됩니다.

■ 60 ÷ 3 = 20 의 계산과 같은 방법으로,
600 ÷ 3 = 200, 6000 ÷ 3 = 2000 등 다른 큰 수의 나눗셈도 계산할 수 있습니다.
먼저 0을 떼고 6 ÷ 3 = 2 로 계산한 후,
2 에 떼어 두었던 개수만큼 0을 붙여서 답을 구합니다.

나머지가 있는 나눗셈

$$29 \div 4 = \square$$

얘들아, 무슨 일이야?

이 계산은 답이 없는 거 같아.

'4 × 7 = 28' 이니까 7은 너무 작고, '4 × 8 = 32' 이니까 8은 너무 커.

■ 나눗셈에서 답이 얼마인지 정확하게 모를 때

나누어지는 수보다 작으면서 가장 가까운 수가 되는 곱셈구구를 가지고 나눗셈을 한 후 나머지를 구합니다.
29 ÷ 4 의 계산이라면, 4 × 7 = 28 이어서 몫은 7 입니다.
29 − 28 = 1 이므로, 나머지는 1 입니다.
29 ÷ 4 의 답은 몫이 7, 나머지가 1 이 됩니다.

- 29 ÷ 4 =

- 29 ÷ 4 = 7
  나머지는 1

- 검산
  4 × 7 + 1 = 29

4 × 7 = 28 은 너무 작습니다.
4 × 8 = 32 은 너무 큽니다.
이런 나눗셈을 '나누어떨어지지 않는다'고 합니다.

29 보다 작으면서 29 에 가장 가까운 곱셈구구는
4 × 7 = 28 입니다.
그래서 답은 몫은 7, 나머지는 1 입니다.

나눗셈의 검산은 몫 × 나누는 수 + 나머지 = 나누어지는 수가 되는지 확인해 보면 되겠지?

▶ 곱셈구구로 한 번에 답을 구할 수 있는 나눗셈 문제는 450개입니다.
그 중 나누어떨어지는 나눗셈 문제(나머지가 0인 경우)는 A타입으로 90개이고,
그 외 나머지가 있는 360개의 나눗셈 문제는 아래와 같이 B타입과 C타입,
두 가지로 구분할 수 있습니다.

A타입 나머지가 0으로 나누어떨어지는 나눗셈 계산
(A타입의 나눗셈은 모두 90개)

① 8 ÷ 2 = 4
4×2=8, 8-8=0
나누어떨어지는 나눗셈

② 48 ÷ 6 = 8
6×8=48, 48-48=0
나누어떨어지는 나눗셈

B타입 나머지를 구하는 뺄셈에서 받아내림이 없는 계산
(B타입의 나눗셈은 모두 260개)

① 9 ÷ 2 = 4
4×2=8, 9-8=1
따라서 나머지는 1

② 17 ÷ 3 = 5
5×3=15, 17-15=2
따라서 나머지는 2

①의 나머지는 9 - 8 = 1,
②의 나머지는 17 - 15 = 2 와
같이 나머지를 구할 때에 받아
내림이 없기 때문에 암산으로
나머지를 구할 수 있어.

C타입 나머지를 구하는 뺄셈에서 받아내림이 있는 계산
(C타입의 나눗셈은 모두 100개)

① 31 ÷ 4 = 7
7×4=28, 31-28=3
따라서 나머지는 2

② 32 ÷ 7 = 4
4×7=28, 32-28=4
따라서 나머지는 4

①의 나머지는 31 - 28 = 3,
②의 나머지는 32 - 28 = 4 와
같이 나머지를 구할 때에
받아내림이 있어.
이런 계산을 틀리는 사람이
많기 때문에 주의해야 해!

| 1학년 | 2학년 | **3학년** | 4학년 | 5학년 | 6학년 |

나눗셈…한 자리 수로 나누기

Q. 문제

다음 나눗셈을 세로셈으로 계산하세요.
(가) 93 ÷ 4   (나) 852 ÷ 3

(가) 93 ÷ 4

십의 자리 계산

```
    2
4 ) 9 3
```
① 몫을 쓰기
십의 자리의 9 를
4 로 나눈 몫인 2 를
십의 자리에 씁니다.

```
    2
4 ) 9 3
    8
```
② 곱하기
4 에 몫의 십의 자리에
있는 2 를 곱해서
8 을 씁니다.

```
    2
4 ) 9 3
    8
    1
```
③ 빼기
9 에서 8 을 빼면
1 입니다.

```
    2
4 ) 9 3
    8
    1 3
```
④ 아래에 쓰기
십의 자리 계산이 끝나면
일의 자리에 있는 3 을
아래에 씁니다.

일의 자리 계산

```
      2 3
4 ) 9 3
    8
    1 3
```
① 몫을 쓰기
13 을 4 로 나눈 몫인 3
을 일의 자리에 씁니다.

```
      2 3
4 ) 9 3
    8
    1 3
    1 2
```
② 곱하기
4 에 몫의 일의 자리에 있는
3 을 곱해서 12 를 씁니다.

```
      2 3
4 ) 9 3
    8
    1 3
    1 2
        1
```
③ 빼기
13에서 12를 빼면 1입니다.
이것으로 나눗셈 끝!
93 ÷ 4 = 23
나머지 1

(두 자리 수) ÷ (한 자리 수)의 세로셈은 위와 같은 방법으로 하면 돼.'몫을 쓰기, 곱하기, 빼기, 아래에 쓰기' 를 반복하는 거야. 나눗셈을 세로셈으로 할 때는 덧셈이나 곱셈과는 다르게, 가장 높은 자리부터 차례로 계산하게 돼.

답 : (가) 93 ÷ 4 = 23 나머지 1

(나) 852 ÷ 3

```
      2
3 ) 8 5 2
    6
    2 5
```

① 백의 자리 계산
8 ÷ 3을 계산해서 몫의 백의 자리에 2를 씁니다.
3에 2를 곱하면 6이고, 8에서 6을 빼면 2,
십의 자리 5를 아래로 내려 씁니다.

```
      2 8
3 ) 8 5 2
    6
    2 5
    2 4
      1 2
```

② 십의 자리 계산
25 ÷ 3을 계산해서 몫의 십의 자리에 8을 씁니다.
3에 8을 곱하면 24이고, 25에서 24를 빼면 1,
일의 자리 2를 아래로 내려 씁니다.

```
      2 8 4
3 ) 8 5 2
    6
    2 5
    2 4
      1 2
      1 2
        0
```

③ 일의 자리 계산
12 ÷ 3을 계산해서 몫의 일의 자리에 4를 씁니다.
3에 4를 곱하면 12이고, 12에서 12를 빼면 0.
나누어떨어졌어요!

'60 ÷ 7'과 같이 십의 자리수가
나누어지지 않는 계산이나
'402 ÷ 5'와 같이 백의 자리수가
나누어지지 않는 경우는
다음 자리에서 계산을
시작하는 거야.

(세 자리 수) ÷ (한 자리 수)의
세로셈도 백의 자리, 십의 자리,
일의 자리로 '몫을 쓰기, 곱하기,
빼기, 아래에 쓰기를 반복하는구나.
나눗셈이지만 뺄셈에 주의하지 않으면
실수하기 쉽겠어.

- 세로셈으로 나눗셈을 할 때는
  나누어지는 수를 오른쪽에, 나누는 수를 왼쪽에 쓰고,
  몫을 쓰기, 곱하기, 빼기, 아래에 쓰기를 각 자리마다
  반복합니다.
- 나누어지는 수의 왼쪽 끝 숫자가 나누는 수보다 작은 경우,
  다음 자리에서 계산을 시작합니다.

답: (나) 852 ÷ 3 = 284

곱셈과 나눗셈의 검산

▶ '검산'은 '답을 확인하는' 것입니다. 계산 실수를 했더라도 검산을 통해 실수를 발견하고 옳은 계산을 할 수 있으니 검산 방법을 잘 기억해 두세요.

- 곱셈의 검산에는 나눗셈을 사용합니다.
- 나눗셈의 검산에는 곱셈을 사용합니다.

▶ 곱셈의 검산
12 × 3 을 계산했더니 답이 36 이 되었습니다.
답이 나왔으니 '검산'을 해 봐야겠지요?

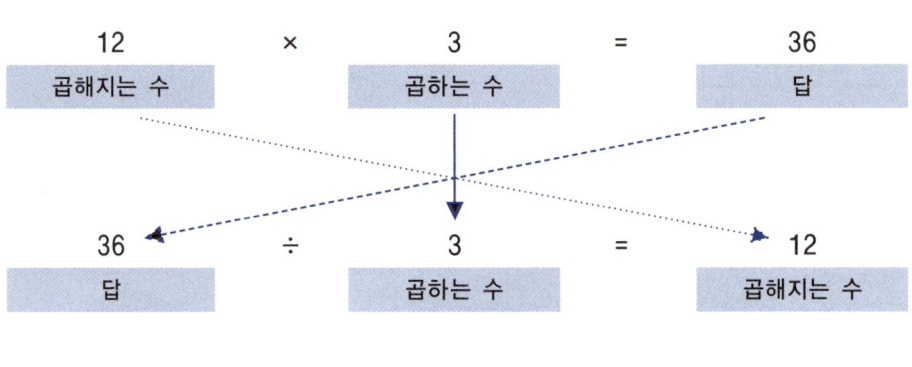

곱셈의 답을 검산할 때는 나눗셈을 사용하는 거야.

▶ 답 ÷ 곱하는 수 = 곱해지는 수가 되면 맞는 답입니다.

▶ 나눗셈의 검산

12 ÷ 3 계산으로 4라는 답을 얻었습니다. 이 계산이 맞았을까요?
답이 맞았는지 확인하려면 '검산'을 해야 합니다.

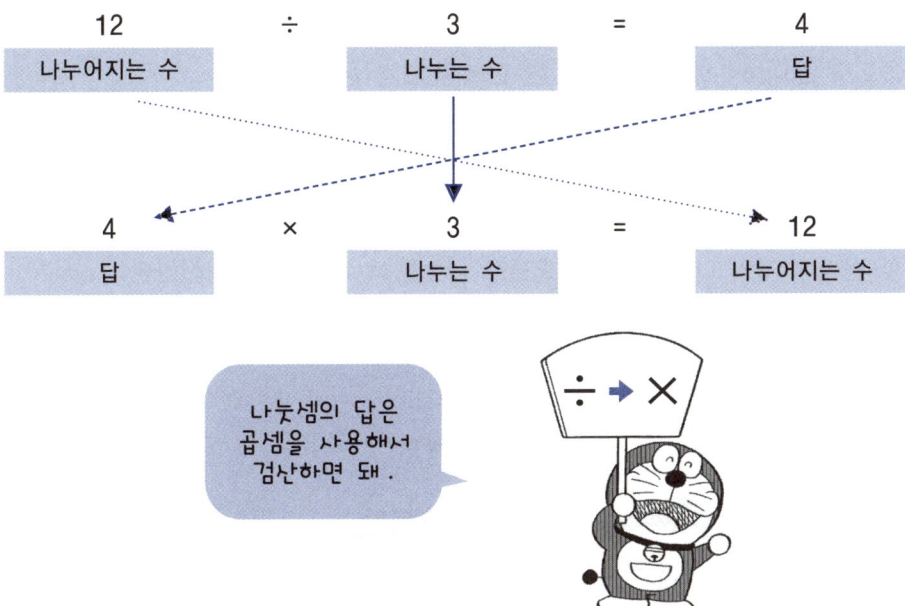

▶ 몫 X 나누는 수 = 나누어지는 수가 되면 맞는 답입니다.

| 1학년 | 2학년 | **3학년** | 4학년 | 5학년 | 6학년 |

 몫에 1을 더하는 나눗셈 문제

Q. 문제

음료수 캔이 14개 있습니다. 한 번에 4개씩 옮긴다면 몇 번을 날라야 전부 나를 수 있을까요?

▶ 나누어떨어지지 않는 나눗셈 문제입니다. '14개의 음료수 캔을 한 번에 4개씩 나른다'고 했으므로 나눗셈식 14 ÷ 4 로 계산하면 몫은 3, 나머지는 2가 됩니다. 어떻게 답해야 할까요?

식 : 14 ÷ 4 = 3 나머지 2   답 :    틀린 답

 맞았지?

 계산은 맞았지만, 답이 틀렸어.

- 묻고 있는 것 → **음료수 캔을** 전부 나르는 데 필요한 횟수
- 진구의 답 → 3번이라고 하면 14개 중 12개를 나를 수 있지만 2개는 나를 수 없어요.

묻고 있는 것에 정확하게 답하는 것이 문장 문제의 기본이야.

 이런!

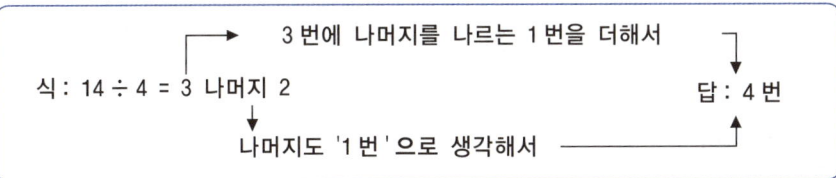

식 : 14 ÷ 4 = 3 나머지 2
3번에 나머지를 나르는 1번을 더해서
나머지도 '1번'으로 생각해서
답 : 4번

1번	2번	3번	4번
🥫🥫🥫🥫	🥫🥫🥫🥫	🥫🥫🥫🥫	🥫🥫

그렇구나.
4개씩 3번 나르고,
4번째는 2개를 마저
날라야 되는거구나.

이 문제의 경우,
나머지가 몇 개인지
답하지 말고, 나머지를
나르기 위해 몫에 '1'이
더해져야 한다는 것을
기억하면 돼.

▶ '몇 명에게 나누어 주면 몇 개가 남을까요 ?'라는 문제는 나머지를 그대로 답하면 되지만, 이 문제처럼 나머지가 얼마이든 횟수 즉, 몫에 1이 더해지는 나눗셈으로 생각하는 경우도 있으니 답할 때 주의하세요.

■ 나머지가 있는 나눗셈을 사용하는 문장형식의 문제는 나머지가 답이 되는 유형과 나머지를 '1'로 생각하여 몫에 더하는 유형으로 나눌 수 있습니다.
문제를 잘 읽고 두 유형을 구분하여 답해야 합니다.

식 : 14 ÷ 4 = 3 나머지 2 답 : 4번

| 1학년 | 2학년 | **3학년** | 4학년 | 5학년 | 6학년 |

간격의 개수를 생각하는 문제

Q. 문제

한쪽 끝에서 반대편 끝까지 거리가 48m 인 도로에 8m 간격으로 은행나무를 심으려고 합니다. 은행나무는 모두 몇 그루가 필요할까요?

▶ 이런 문제를 '나무 심기 문제'라고 합니다.
문제의 내용을 그림으로 그려서 생각하면 쉽게 풀 수 있어요.

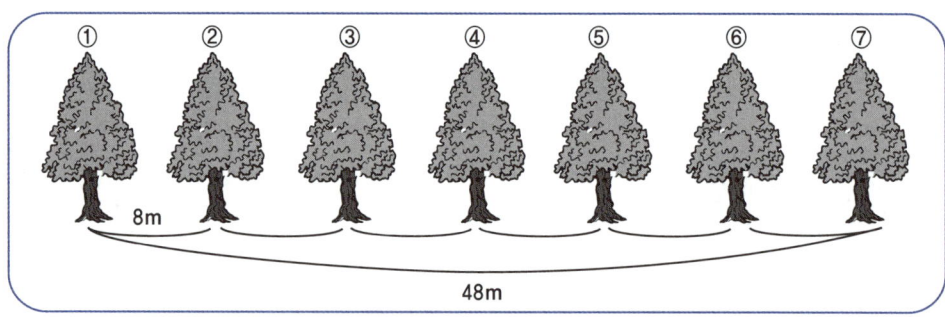

8m 간격이 몇 개 있지?

48 ÷ 8 = 6 이니까 .. 6 개야.

그런데 양쪽 끝에 나무를 심기때문에 나무의 수는 간격의 수보다 1 그루 더 많아. '6 + 1 = 7' 이니까 나무의 수는 7 그루야.

답 : 7 그루

▶ 나무 심기 문제에는 다음과 같은 유형도 있어요.

- 양쪽 끝에 다른 종류의 나무가 심어져 있고 가운데에 심을 나무의 수만 구하는 경우는, 간격의 수보다 1만큼 적어집니다.

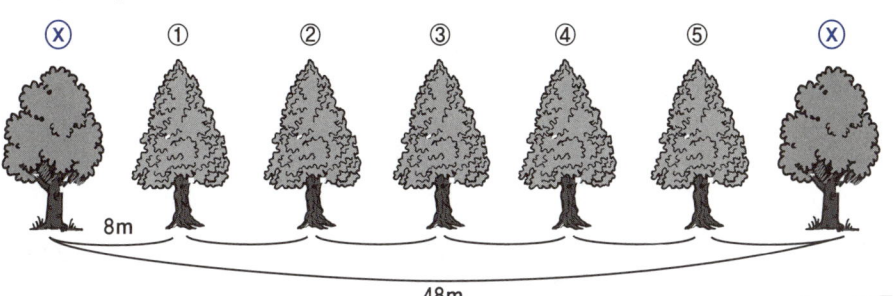

답: 5그루

- 연못 가장자리처럼 끝과 끝이 원모양으로 연결된 곳에 심는다면, 나무의 수는 간격의 수와 같습니다.

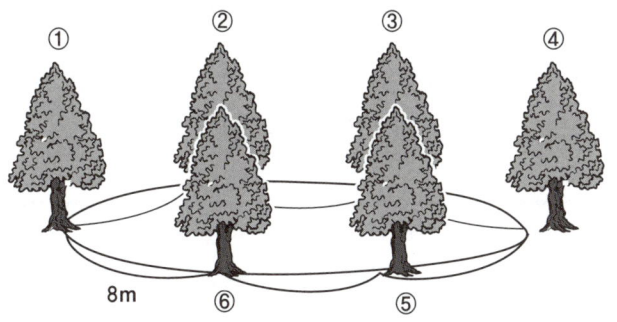

답: 6그루

■ 나무 심기 문제는 똑같은 간격으로 나누어진 조각의 수와 간격의 수 또는 전체 길이 등의 관계를 이용하여 해결합니다.

끝에서 끝까지 심는 경우 → 나무의 수 = 간격의 수 + 1
양쪽 끝에 심지 않는 경우 → 나무의 수 = 간격의 수 − 1
원 모양으로 연결된 곳에 심는 경우 → 나무의 수 = 간격의 수

나눈 크기를 나타내는 방법

▶ 정사각형 색종이를 세로로 절반을 자르면, 똑같은 모양의 직사각형 2개가 됩니다.

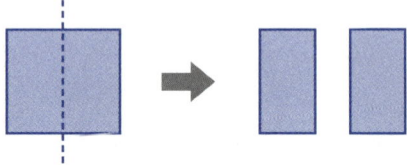

 자른 직사각형 하나는 원래 정사각형 크기의 이분의 일이야.

이분의 일?

- 2개의 똑같은 크기로 나눠진 것 중 하나의 크기를 원래 크기의 이분의 일이라고 합니다. 이분의 일은 $\frac{1}{2}$ 이라고 씁니다.

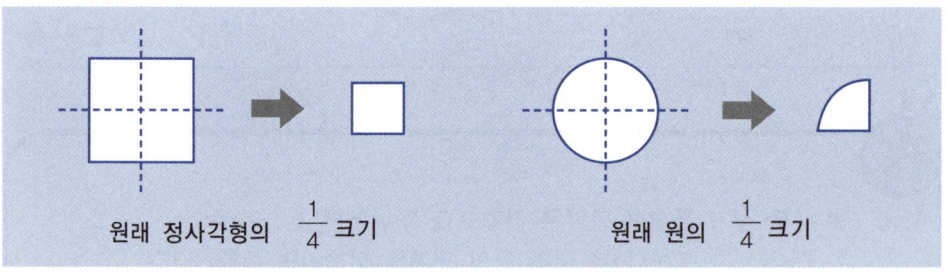

원래 정사각형의 $\frac{1}{4}$ 크기   원래 원의 $\frac{1}{4}$ 크기

 그렇다면 4개의 똑같은 크기로 나눈 것 중 하나는 $\frac{1}{4}$ 이야?

맞아. '사분의 일' 퉁퉁아, 잘했어!

▶ $\frac{1}{2}$ 또는 $\frac{1}{4}$과 같은 수를 분수라고 합니다.
분수에서 가운데 선 아래에 있는 수가
'몇 개의 똑같은 크기로 나누어졌는지'를 나타내고,
분수에서 가운데 선 위에 있는 수가
'나누어진 것 중 〈몇 개〉인지'를 나타내요.

직사각형 모양의 종이를 똑같은 크기 8개로 나눴어. 자른 종이 1장의 크기를 분수로 나타내 봐!

8개의 똑같은 크기로 나누어졌으니까 팔분의….

나누어진 것 중 '1'개니까 일….

그렇다면, 원래 직사각형의 팔분의 일 크기, 즉 $\frac{1}{8}$이네. 맞지? 이제 이해가 돼.

POINT

- 4개의 똑같은 크기로 나눈 것 중 하나의 크기는
  원래 크기의 사분의 일입니다. → $\frac{1}{4}$
- 8개의 똑같은 크기로 나눈 것 중 하나의 크기는
  원래 크기의 팔분의 일입니다. → $\frac{1}{8}$

수와 연산

 # 분수의 뜻

Q. 문제

주스를 1L짜리 그릇에 부었더니
그림과 같이 한 그릇에 가득 차고,
약간 남았습니다. 남은 주스는
몇 L라고 말할 수 있을까요?

1L   □L

▶ 남은 주스의 양은 1L를 똑같이 셋으로 나눈 것 중 한 칸입니다.
이것을 '3분의 1' L라고 합니다. '3분의 1'은 $\frac{1}{3}$이라고 씁니다.

POINT
- '1'을 똑같이 셋으로 나눈 것 중 하나의 크기는 $\frac{1}{3}$입니다.
- '1'을 똑같이 넷으로 나눈 것 중 하나의 크기는 $\frac{1}{4}$입니다.
- $\frac{1}{3}$ 또는 $\frac{1}{4}$과 같은 수를 **분수**라고 합니다.

▶ $\frac{1}{3}$은 똑같이 셋으로 나눈 것 중 하나를 나타내는 수입니다.
몇 부분으로 나누었는지에 해당하는 수를 아래에 쓰고,
나누어진 것 중 몇인지에 해당하는 수를 위에 씁니다.
$\frac{1}{3}$은 똑같이 셋으로 나눈 것 중 하나이므로,
'셋으로 나눈 것'에서 3은 아래에,
'하나'에서 1은 위에 씁니다.   → $\frac{1}{3}$

답: $\frac{1}{3}$ L

- '똑같이 몇으로 나누었는지'에 해당하는 수를 분모,
  '나누어진 것 중 몇인지'에 해당하는 수를 분자라고 합니다.

 → 위에 있는 수가 분자 : 나누어진 것 중 몇인가
 → 아래에 있는 수가 분모 : 몇으로 나누었는가

▶ 분수로 나타내는 수의 예

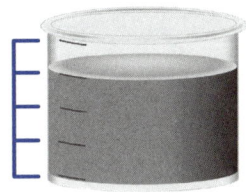

눈금이 똑같이 네 칸으로 나누어진 것 중 세 칸 → $\frac{3}{4}$

사탕이 똑같이 세 묶음으로 나뉘어진 것 중 두 묶음 → $\frac{2}{3}$

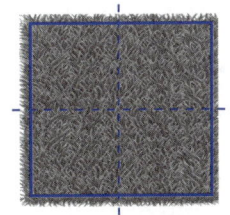

정사각형을 가로로 반, 세로로 반 자르면 처음 크기의 → $\frac{1}{4}$

원을 같은 모양과 크기로, 여섯 조각으로 자르면 처음 크기의 → $\frac{1}{6}$

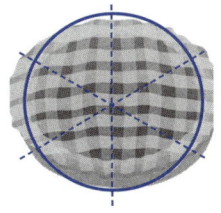

분모와 분자

Q. 문제

1m 의 막대를 똑같이 셋으로 나누었습니다.
나누어진 막대 두 개의 길이는 몇 m 입니까?

▶ 1m짜리 막대를 똑같이 셋으로 나누면 어떻게 되는지 그림으로 그려 보면 좀 더 쉽게 문제를 이해할 수 있어요.

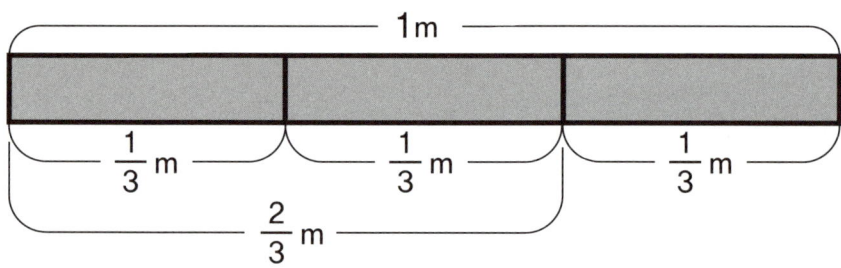

▶ 똑같이 셋으로 나눴다고 했으므로, '몇으로 나누었는지에 해당하는 수'는 3 입니다. '똑같이 셋으로 나눈 것 중 두 개'이므로 $\frac{2}{3}$ 입니다.

POINT

- $\frac{2}{3}$ 는 분모 (몇으로 나누었는지) 가 3 이고,
  분자 (나누어진 것 중 몇인지) 가 2 인 분수입니다.
- $\frac{2}{3}$ 는 $\frac{1}{3}$ 이 2 개 모인 수입니다.

답: $\frac{2}{3}$ m

▶ $\frac{2}{3}$ 가 $\frac{1}{3}$ 이 2개 모인 수라면, $\frac{1}{3}$ 이 3개 모인 수는 얼마일까요?

음... $\frac{1}{3}$ 이 3개니까 $\frac{3}{3}$ m 라고 해야 되나?

$\frac{3}{3}$ 은 1이야.

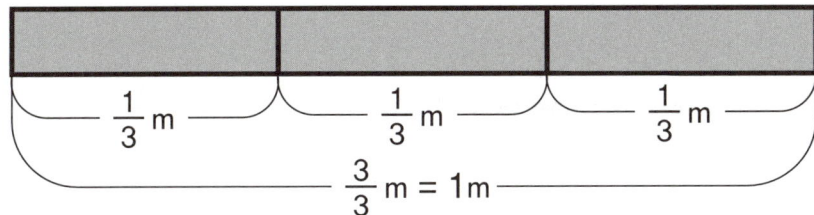

- 분모와 분자가 같은 분수는 1과 같습니다.
- $\frac{3}{3}$, $\frac{5}{5}$, ... $\frac{9}{9}$ 모두 1입니다.

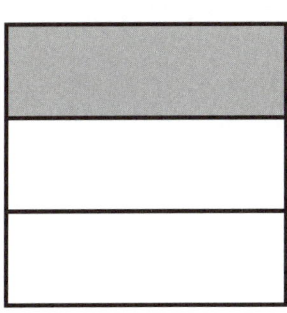

색종이를 똑같은 크기가 되게 세 장으로 자른 다음, 두꺼운 종이에 붙여서 $\frac{1}{3}$ 의 분수 타일을 만들어 봐.

분모가 같은 분수의 크기 비교

> **Q. 문제**
>
> $\frac{2}{5}$m 와 $\frac{3}{5}$m 중 어느 쪽이 길까요?

▶ 1m를 똑같이 다섯 부분으로 나눈 그림을 그려 $\frac{2}{5}$m와 $\frac{3}{5}$m를 비교해 보아요.

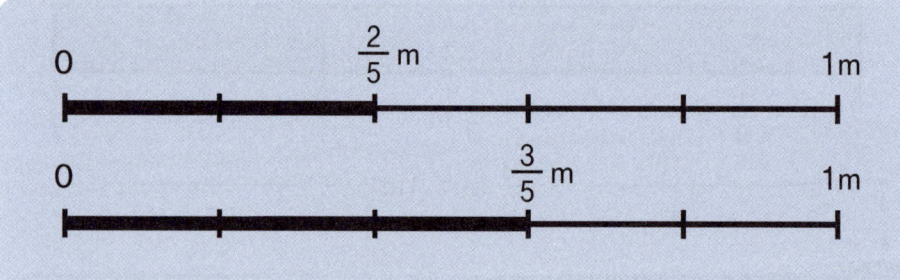

▶ $\frac{2}{5}$m는 $\frac{1}{5}$m씩 2칸 있고, $\frac{3}{5}$m는 $\frac{1}{5}$m씩 3칸 있어요. $\frac{3}{5}$m가 $\frac{1}{5}$m를 1칸 더 가졌으므로 $\frac{3}{5}$m 막대가 더 깁니다.

분모가 같은 분수의 크기를 비교할 때는 수직선으로 그려서 표시해 보면 비교하기 쉽다는 것을 잊지 마.

답: $\frac{3}{5}$m 막대가 길다

▶ 1m를 똑같이 여러 부분으로 나누어 수직선으로 그리는 것을 꼭 연습하세요. 아주 유용하답니다.

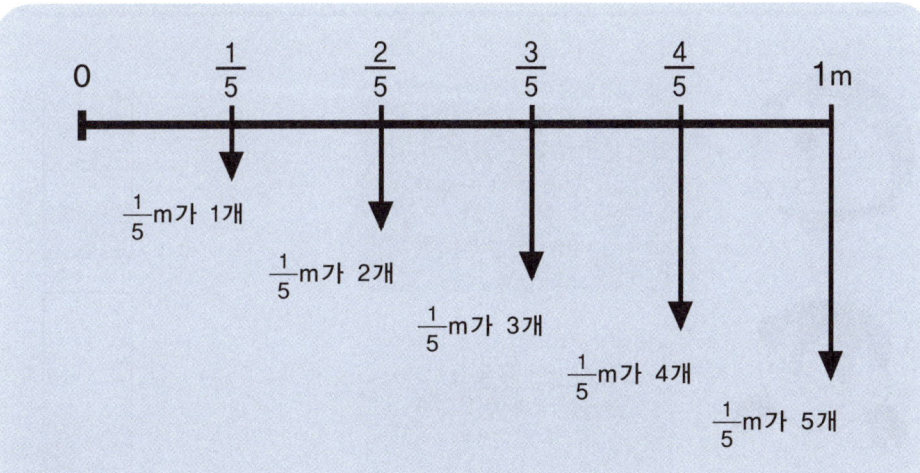

■ 분모가 같은 분수에서는 분자가 큰 쪽이 큰 수입니다.

소수의 뜻

Q. 문제

페트병 한 개에 들어 있는 물을 1L 짜리 통에 부었더니 한 통이 가득 차고 약간의 물이 남았습니다. 처음 페트병에 들어 있던 물의 양은 모두 몇 L 일까요?

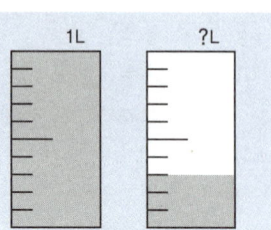

> **POINT**
> - 1L 를 10 등분한 것 중 하나의 양을 0.1L 라고 합니다.
> - 1.3 또는 0.5 와 같은 수를 소수라고 하고, 일의 자리 수 오른쪽 아래에 있는 점을 소수점이라고 합니다.

액체 1L 의 왼쪽 눈금은 0.1L 단위로 그려져 있어. 즉, 눈금 하나는 0.1L, 눈금 2 개는 0.2L,… 를 나타내는 거야.

그럼 약간의 물은 0.1L 의 눈금이 3 개 있으니까 0.3L 인 거네.

1L 와 0.3L 이니까 1.3L 구나.

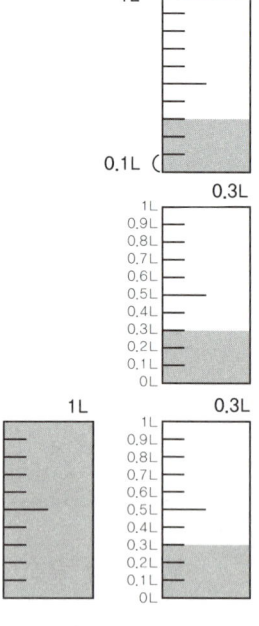

답 : 1.3L

▶ 1, 2, 3…과 같은 수를 자연수라고 하고, 0.1, 0.2, 0.3…과 같은 수를 소수라고 해요. 그럼 1.3은 자연수 1과 소수 0.3을 합한 수가 되겠죠?

- 일의 자리수보다 한 자리 작은 수의 단위를 십분의 일의 자리라고 합니다.

- 1.3은 일의 자리수가 1이고, 십분의 일의 자리가 3인 수입니다.

십의 자리	일의 자리	십분의 일의 자리
	1	3

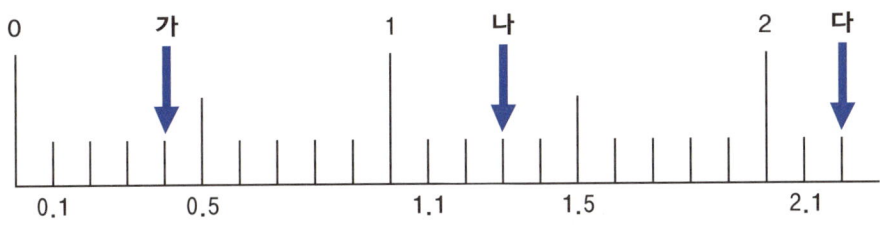

다는 2보다 0.2만큼 크니까 2.2야.

소수를 수직선에 나타내보자. 가, 나, 다의 수를 읽을 수 있니?

나는 자연수 1에서부터 세 번째 눈금에 있어. 1과 0.3 이니까 1.3이지.

가는 0에서부터 네 번째 눈금에 있어. 눈금 하나가 0.1을 나타내는 거니까 0.4야.

▶ 수직선을 보면, [1 > 0.9], [1.5 < 2.1] 라는 사실을 알 수 있어요. 2는 1.9보다 0.1 크고, 2.1 보다는 0.1 작은 수라는 것도 쉽게 이해할 수 있겠지요? 이것이 소수랍니다.

| 1학년 | 2학년 | 3학년 | 4학년 | 5학년 | 6학년 |

 # 분수와 소수

▶ $\frac{3}{10}$과 0.3 중 어느 쪽이 더 큰 수 일까요?

- 0.1은 1을 10개의 똑같은 크기로 나눈 것 중 하나를 나타내는 수입니다.
- $\frac{1}{10}$은 1을 10개의 똑같은 크기로 나눈 것 중 하나를 나타내는 수입니다.

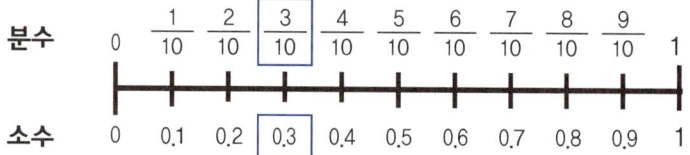

- 0.3은 0.1이 3개인 수입니다.
- $\frac{3}{10}$은 $\frac{1}{10}$이 3개인 수입니다.
- 0.1 = $\frac{1}{10}$이므로 0.3 = $\frac{3}{10}$입니다.

즉, $\frac{3}{10}$과 0.3은 같은 크기의 수라는 말씀!

★ 0.3 = $\frac{3}{10}$이란 관계를 이용해서, 소수를 분모가 10인 분수로 나타낼 수 있어요.
분모는 10, 분자는 십분의 일의 자리 즉, 소수 첫째 자리의 숫자로 쓰면 됩니다.

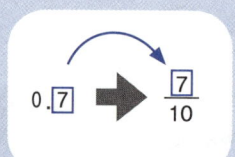

0.2L = $\frac{2}{10}$ L

↑ 똑같은 들이

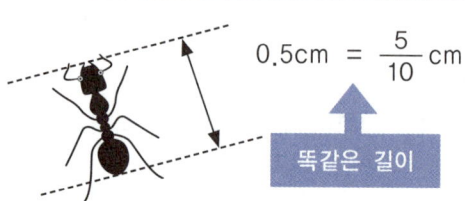

0.5cm = $\frac{5}{10}$ cm

↑ 똑같은 길이

▶ 0.3과 $\frac{3}{10}$, 0.5와 $\frac{5}{10}$는 같은 크기를 나타내는 수라는 것을 알게 되었으니 이제 1보다 큰 소수와 분수에 대해 알아봅시다.

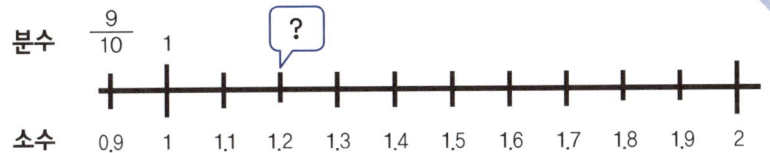

'?' 자리에 있는 분수가 뭔지 생각해 봐.

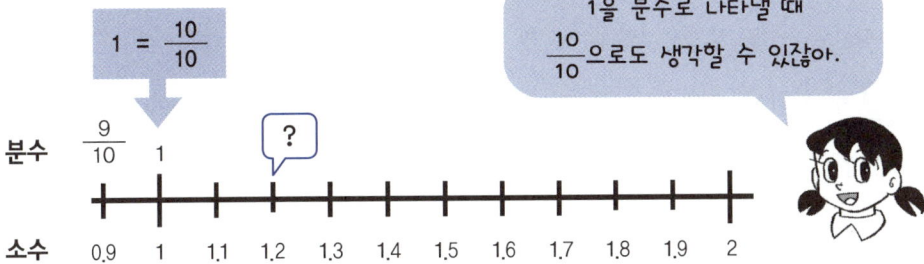

1을 분수로 나타낼 때 $\frac{10}{10}$으로도 생각할 수 있잖아.

그럼 1.2와 크기가 같은 분수는? 그래! $\frac{12}{10}$이야!

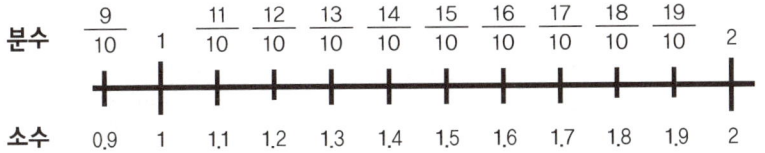

■ 십분의 일의 자리를 소수 첫째 자리라고 합니다.

| 1학년 | 2학년 | **3학년** | 4학년 | 5학년 | 6학년 |

가분수와 대분수 (1)

Q. 문제

아래 수직선의 (가), (나)에 들어갈 분수를 구하세요.

▶ 수직선은 $\frac{1}{4}$ 을 한 개, 두 개, 세 개, 네 개… 모은 수를 나타냅니다.

가 는 $\frac{1}{4}$ 이 넷 모인 자리이므로, 분자에 4를 넣어 $\frac{4}{4}$ 가 됩니다.

그런데 $\frac{4}{4}$ 는 1이네요. 그렇지만 문제에서 분수를 구하라고 했으니 정답을 쓸때는 $\frac{4}{4}$ 로 써야 한답니다.

나 는 $\frac{1}{4}$ 이 5인 자리이므로 분자에 5를 넣어서 $\frac{5}{4}$ 가 됩니다.

$\frac{4}{4}$ 나 $\frac{5}{4}$ 같은 분수를 가분수라고 해.

■ 가분수란?
   분자가 분모와 같거나 분모보다 큰 분수

답 : (가) $\frac{4}{4}$, (나) $\frac{5}{4}$

▶ 수직선을 보면 $\frac{5}{4}$는 1에 $\frac{1}{4}$만큼 더해진 수라는 것을 알 수 있어요.
이 수를 $1\frac{1}{4}$라고 쓰고 '일과 사분의 일'이라고 읽습니다.
$1\frac{1}{4}$처럼 자연수와 진분수의 합으로 이루어진 분수를 **대분수**라고 불러요.

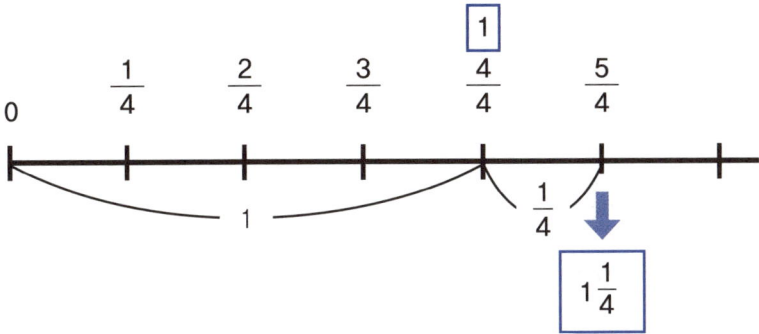

★ 분수의 종류 ★

- 분자가 분모보다 작은 분수
  ➡ 진분수 $\frac{6}{7}$, $\frac{2}{3}$

- 분자가 분모와 같거나 분모보다 큰 분수
  ➡ 가분수 $\frac{7}{7}$, $\frac{4}{3}$

- 자연수와 진분수의 합으로 이루어진 분수
  ➡ 대분수 $1\frac{1}{7}$, $2\frac{2}{3}$

▶ 헛갈리지 않도록 각 분수의 특징과 예를 잘 기억해 두세요.

가분수와 대분수 (2)

Q1. 문제

$\frac{7}{3}$을 대분수로 고치세요.

▶ 가분수와 자연수, 대분수 사이의 관계를 수직선으로 알아봅시다.

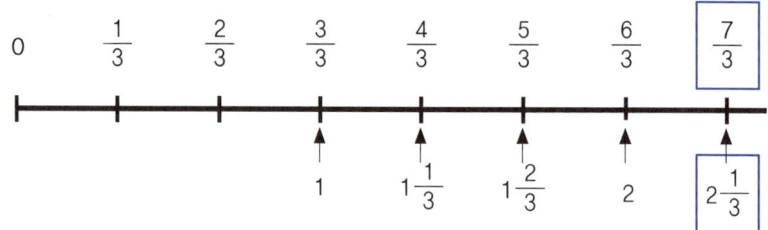

▶ $\frac{7}{3}$은 $2\frac{1}{3}$과 크기가 같다는 것을 잘 이해했다면 이번에는, 가분수를 대분수로 바꾸는 간단한 계산 방법을 배워 봅시다.

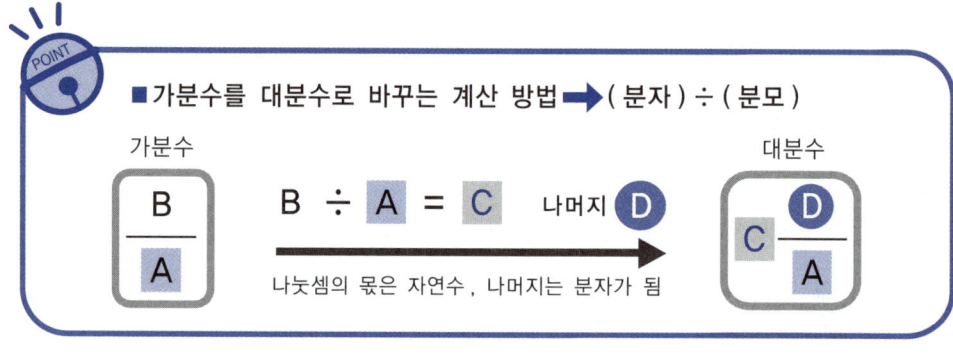

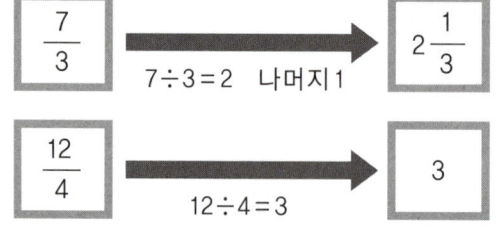

분자÷분모의 계산방법은 매우 중요하므로 많이 연습하세요.

분자÷분모의 계산이 나누어 떨어지면 자연수가 됩니다.

Q2. 문제

$3\frac{1}{2}$를 가분수로 고치세요.

▶ 대분수를 가분수로 바꾸는 간단한 계산 방법을 배워 봅시다.

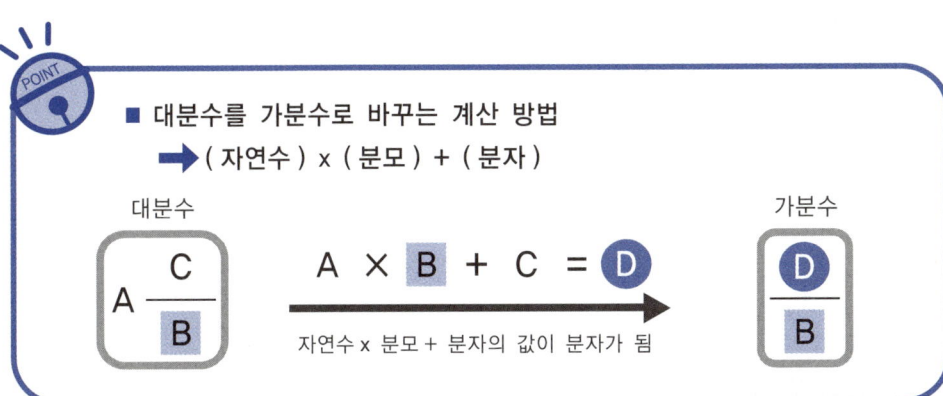

▶ 위의 방법대로 $3\frac{1}{2}$을 가분수로 바꾸는 계산을 해 보세요.

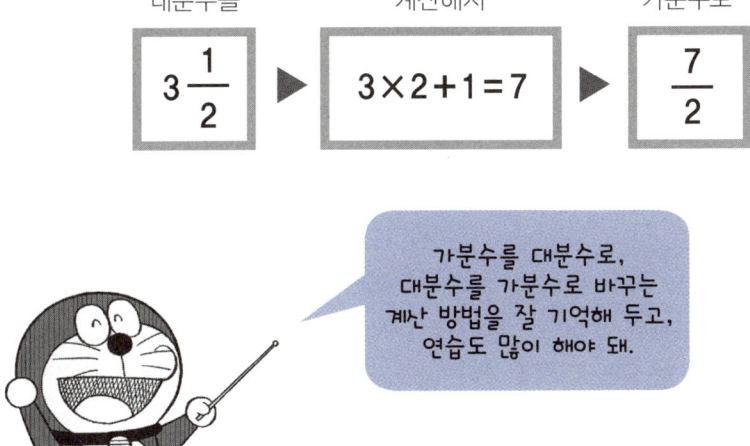

분수의 덧셈 (1)

Q1. 문 제

주스 $\frac{1}{5}$L가 들어 있는 병에 주스 $\frac{2}{5}$L를 더 부었습니다.
지금 병에 담겨 있는 주스의 양은 모두 얼마일까요?
알맞은 식을 세우고 계산해 보세요.

▶ 어떤 식을 세워서 계산해야 할까요?
$\frac{1}{5}$L에 $\frac{2}{5}$L를 더 부었다고 했으므로 덧셈의 계산을 활용해야 합니다.

★ 그림으로 그려서 생각하기 ★

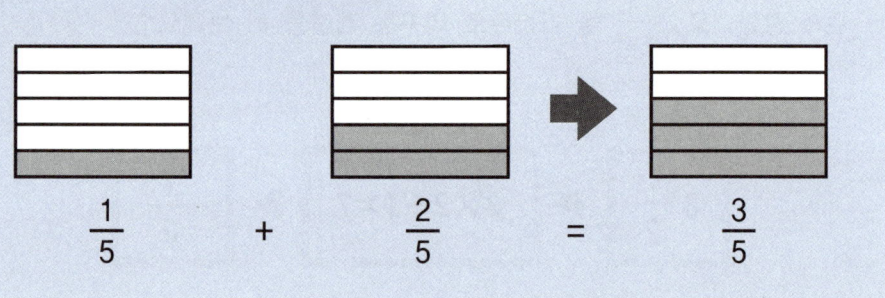

$$\frac{1}{5} + \frac{2}{5} = \frac{3}{5}$$

▶ $\frac{1}{5}$ 한 개와 $\frac{1}{5}$ 두 개를 더하면 $\frac{1}{5}$이 세 개가 되지요?
그래서 분모는 그대로 5이고, 분자만 1 + 2 = 3으로 계산합니다.
분수의 덧셈에서 분모는 더하지 않는다는 것을 꼭 기억하세요.

Q1. 식: $\frac{1}{5} + \frac{2}{5}$, 답: $\frac{3}{5}$ L

Q2. 문제

우유 $\frac{2}{5}$L 와 커피 $\frac{2}{5}$L 를 합하면 몇 L 의 밀크커피가 될까요?

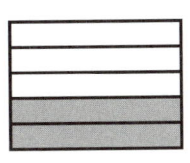 + 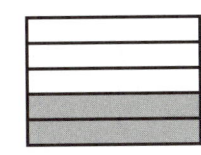 =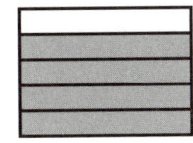

$\frac{2}{5}$ + $\frac{2}{5}$ = ?

▶ 분모는 그대로 두어야하므로 5 입니다. 분자는 2 + 2 의 계산이므로 4 가 되겠네요. 어때요? 간단하죠?

$$\frac{1}{5} + \frac{2}{5} = \frac{3}{5} \qquad \frac{2}{7} + \frac{3}{7} = \frac{5}{7} \qquad \frac{4}{9} + \frac{4}{9} = \frac{8}{9}$$

분모는 그대로 두고 분자만 계산하면 되니까 쉬워. 진구 너도 잘 할 수 있을 거야.

'진구 너도' 라니, 도라에몽 너무해!

■ **분모가 같은 분수의 덧셈**
분모는 그대로 두고 분자끼리의 덧셈으로 계산합니다.

Q2. 답: $\frac{4}{5}$ L

분수의 뺄셈 (1)

Q1. 문제

주스가 $\frac{3}{5}$ L 있습니다. 그 중 $\frac{1}{5}$ L를 마셨습니다.
남은 주스의 양은 얼마일까요?

▶ '남은 것은 얼마'인지를 계산할 때는 뺄셈식을 세워서 계산해요.
따라서, 처음 주스의 양($\frac{3}{5}$) - 마신 주스의 양($\frac{1}{5}$)으로 계산합니다.
이 때, 그림으로 그려서 생각하면 더욱 쉽게 식을 세울 수 있어요.

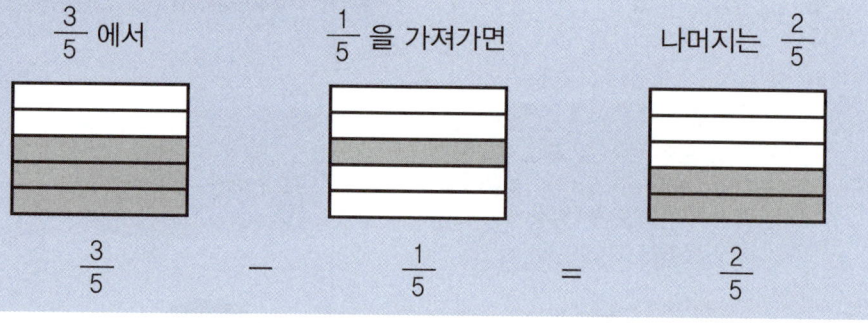

★ 그림으로 그려서 생각하기 ★

▶ 분모는 그대로 5이고, 분자는 '3 - 1 = 2'로 계산하면 답을 쉽게 알 수 있겠지요?

■ 분모가 같은 분수의 뺄셈
분모는 그대로 두고 분자끼리의 뺄셈으로 계산합니다.

Q1. 답: $\frac{2}{5}$ L

Q2. 문제

병에 주스 $\frac{1}{3}$ L가 들어 있습니다. 그 병에서 $\frac{1}{3}$ L의 주스를 마셨습니다. 남은 주스의 양은 얼마일까요?

▶ $\frac{1}{3} - \frac{1}{3}$ 에서 분자끼리 뺄셈으로 계산하면 0이 되네요. 그렇다면 남은 주스는 $\frac{0}{3}$ L 일까요? 뭔가 이상하지요? 분수의 뺄셈에서 분자가 0이 되면, 답은 0이 된다는 것! 꼭 기억해야 한답니다.

$$\frac{1}{3} - \frac{1}{3} = 0 \qquad 답 : 0$$

($\frac{0}{3}$ 이라고 답하면 안됩니다.)

■ 분수의 뺄셈에서 분자가 0이 되면, 답은 0입니다.

| 1학년 | 2학년 | 3학년 | **4학년** | 5학년 | 6학년 |

10000 까지의 수

Q. 문제

오른쪽의 돈은 모두 얼마일까요?

천의 자리	백의 자리	십의 자리	일의 자리
1000 이 2	100 이 3	10 이 4	1 이 6

천의 자리가 2, 백의 자리가 3, 십의 자리가 4, 일의 자리가 6 이니까 얼마인지 생각해 봐!

▶ 5070은 천의 자리가 5, 십의 자리가 7인 수이므로 **오천칠십**이라고 읽습니다.
8008은 1000이 8개, 1이 8개 있는 수이고 **팔천팔**이라고 읽습니다.
자리수가 0일 때는 그 자리를 읽지 않습니다.

■ 천이 2개 있는 수를 <u>2000</u> 이라고 쓰고 <u>이천</u>이라고 읽습니다.
  2000은 1999보다 1 큰 수이고, 2001보다 1 작은 수입니다.

답 : 2346원

 이 3개의 수를 큰 순서대로 늘어 놓으면 어떻게 될까?

 천, 백, 십, 일의 자리 순서대로 각 자리의 수를 비교하면 되는 거지?

6804, 7090, 7900

 부등호를 사용해서 나타내면 이렇게 돼.

 정답! 역시 이슬이야.

7900 > 7090 > 6804

 100이 10개면 1000이 되는구나. 그럼 1000이 10개면 어떤 수가 되는거야?

 좋은 질문이야! 아래 수직선을 봐. 1000이 9개면 9000, 1000이 10개면 10000이 되고, 일만이라고 해.

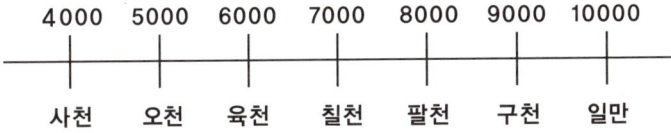

- 1000이 10인 수를 10000이라고 쓰고, **일만 또는 만**이라고 읽습니다.
- 10000은 9999보다 1 큰 수이고, 10001보다 1 작은 수입니다.
- 10000은 1000을 10개 모은 수, 100을 100개 모은 수입니다.

| 1학년 | 2학년 | 3학년 | **4학년** | 5학년 | 6학년 |

# 1 억까지의 수

Q. 문제

초콜릿으로 유명한 벨기에의 인구는 2020 년 통계 기준으로 11589623 명이라고 합니다. 이 수를 어떻게 읽을까요?

만 ~ 천만의 자리				일 ~ 천의 자리			
천만의 자리	백만의 자리	십만의 자리	일만의 자리	천의 자리	백의 자리	십의 자리	일의 자리
1	1	5	8	9	6	2	3

- 일만의 자리보다 큰 자리는 십만, 백만, 천만의 자리로, 왼쪽으로 갈수록 커집니다.

만이 붙은 4 개의 자리에도 '일, 십, 백, 천'의 4 가지가 되풀이하는 것을 주의해서 봐!

천의 자리 다음에는 일만, 십만, 백만, 천만의 자리로 커지는 거야?

일만이 10 개면 십만, 십만이 10 개면 백만, 백만이 10 개면 천만이 된단 뜻이야.

일만은 10000이라고 써. 0이 4개인 수야. 십만은 100000으로 0이 5개야. 자리가 하나씩 올라가면 0이 하나씩 늘어나.

답: 일천백오십팔만 구천육백이십삼 명

그럼... 천만이 10개면 만만? 이상한데!

수는 '일, 십, 백, 천' 4가지 자리가 되풀이되는 거라고 했잖아. 천만을 10개 모으면 일억이라는 수가 돼!

- 천만을 10개 모은 수를 100000000이라고 쓰고, 일억이라고 읽습니다. 일억은 일만의 10000배입니다.

▶ 일본의 인구는 126476461명입니다. (2020년 통계 기준)
이 수를 '**일억 이천육백사십칠만 육천사백육십일**'이라고 읽어요.

일억의 자리	만 ~ 천만의 자리				일 ~ 천의 자리			
	천만의 자리	백만의 자리	십만의 자리	일만의 자리	천의 자리	백의 자리	십의 자리	일의 자리
1	2	6	4	7	6	4	6	1

1의 10배는 자리가 하나 위로 올라가게 돼. 십의 자리의 10배는 백의 자리, 천만의 자리의 10배는 일억의 자리! 이런 방식으로 왼쪽으로 한 자리 올라갈 때마다 10배씩 커지는 거야.

반대로, 10으로 나누면 오른쪽으로 한 자리 내려가게 돼. 일억을 10으로 나누면 일천만이 되지. 자리 값을 10으로 나누면, 오른쪽으로 하나씩 내려가게 돼.

# 큰 수

▶ 0의 개수가 많은 수를 보고 바로 읽어내기 어려울 때가 있어요.
'2019년 우리나라의 연 예산은 약 469600000000000원이다.'
이렇게 큰 수는 어떻게 읽어야 할까요?

조				억				만							
천조	백조	십조	일조	천억	백억	십억	일억	천만	백만	십만	일만	천	백	십	일
	4	6	9	6	0	0	0	0	0	0	0	0	0	0	0

각 자리마다 10배

큰 수는 이런 식으로 돼.
1만 × 1만 = 1억이고,
1억 × 1만 = 1조야.

우리나라 예산은 약
469조 6000억원이야.

- 일, 십, 백, 천, 만, 십만, 백만, 천만 그 다음 수가 '억' 입니다.
- 1억은 1천만의 10배이고, 1만의 10000배입니다.
- 일억, 십억, 백억, 천억. 그 다음 수는 '조' 입니다.

▶ 큰 수를 읽을 때는, 오른쪽 즉, 일의 자리부터 왼쪽으로 가면서
4 자리씩 콤마 (,) 를 찍어 표시하고 끊어 읽으면 쉬워요.

조				억				만							
천조	백조	십조	일조	천억	백억	십억	일억	천만	백만	십만	일만	천	백	십	일

이 사이를 ',' 로 나타내어 끊으면 읽기가 쉽습니다.

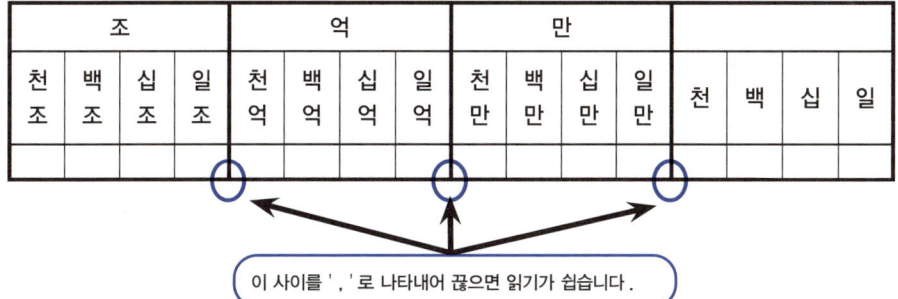

A
520000000
↓
5,2000,0000
(5 억 2 천만)

B
3600000000000
↓
3,6000,0000,0000
(3 조 6 천억)

큰 수를 읽는 경우는, 오른쪽으로부터 4 자리씩 끊어서 만, 억, 조가 되게 하면 알아보기 쉬워.

A 에서 5 와 2 사이에 있는 ',' 는 억과 만의 사이를 구분해 주고 있는거구나! 그럼 5 는 '1 억' 의 자리네.

■ 1만, 1억, 1조로 갈수록 0 이 4 개씩 늘어납니다.

■ | 1 | 1만 | 1억 | 1조 |

10000 배   10000 배   10000 배

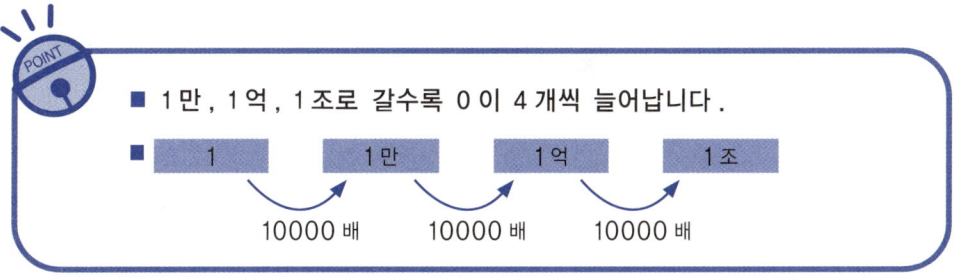

몇 배의 계산

Q. 문제

A역에서 B역까지 자전거로 가는 데 걸리는 시간은 18분입니다. 이 시간은 차로 가는 데 걸리는 시간의 3배입니다. 차로 가는 데 걸리는 시간은 지하철로 가는 데 걸리는 시간의 2배입니다. A역에서 B역까지 지하철로는 몇 분 걸립니까?

▶ 지하철로 가는 데 걸리는 시간을 묻고 있어요.
자전거로 가는 데 걸리는 시간은 지하철로 가는 시간의 몇 배가 되는지를 먼저 생각해 보세요.

▶ 문제에서 주어진 수들 사이의 관계를 알기 위해서는 그림으로 그려 생각하면 좋습니다.

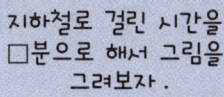

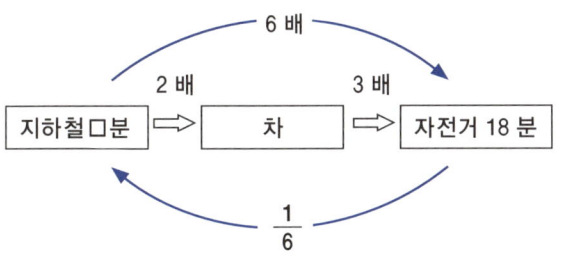

▶ '지하철로 걸린 시간'의 6배(2배 x 3배)가 18분입니다.

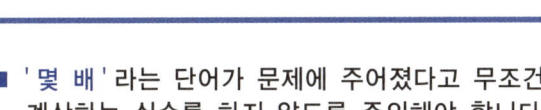

- '몇 배'라는 단어가 문제에 주어졌다고 무조건 곱셈으로 계산하는 실수를 하지 않도록 주의해야 합니다.
  (나눗셈으로 계산하는 경우도 있음)

답: 3분

| 1학년 | 2학년 | 3학년 | **4학년** | 5학년 | 6학년 |

 # (세 자리 수) × (세 자리 수) 계산

▶ (세 자리 수) × (세 자리 수) 계산의 포인트를 먼저 확인한 후 실제로 받아올림이 있는 문제를 풀어보세요.

- 일의 자리, 십의 자리, 백의 자리 순서대로 곱셈구구를 9 번 합니다.
- 받아올림에 주의합니다.

▶ 9 번의 곱셈구구를 순서대로 차근차근 계산하는 것이 중요해요.
그리고 곱셈의 순서와 받아올림에서 실수만 하지 않으면 되겠죠?

(1)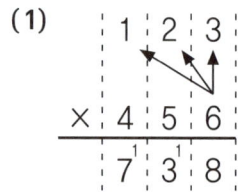

456의 일의 자리인 6과 123의 곱셈(123×6)

① '6 × 3 = 18', 1 받아올림하고 8쓰기
② '6 × 2 = 12', 1 받아올림하고,
받아올린 1을 더해 3쓰기
③ '6 × 1 = 6', 받아올린 1을 더해 7쓰기
● 곱하는 수의 일의 자리 계산 (123×6)은?

(2)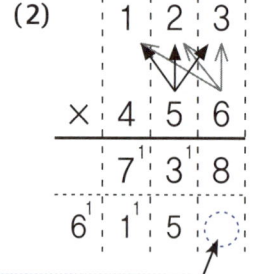

십의 자리 계산이므로 일의 자리 1개는 비워 놓습니다!

456의 십의 자리인 5와 123의 곱셈(123×50)

① '3 × 3 = 15', 1 받아올림하고 5쓰기
(이 때, 5는 십의 자리 아래에 씁니다.)
② '5 × 2 = 10', 1 받아올림,
받아올린 1을 더해 1쓰기
(이 때, 1은 백의 자리 아래에 씁니다.)
③ '5 × 1 = 5', 받아올린 1을 더해 6쓰기
(이 때, 6은 천의 자리 아래에 씁니다.)
● 곱하는 수의 십의 자리 계산 (123×50)은?

(3)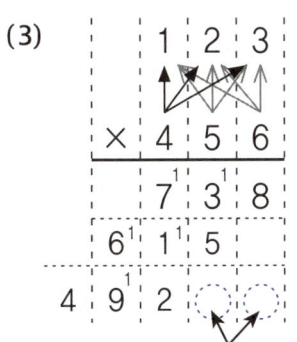

456의 백의 자리인 4와 123의 곱셈(123×400)

① '4 × 3 = 12', 1 받아올림하고 2쓰기
   (이 때, 2는 백의 자리 아래에 씁니다.)
② '4 × 2 = 8', 받아올린 1을 더해 9쓰기
   (이 때, 9는 천의 자리 아래에 씁니다.)
③ '4 × 1 = 4', 4쓰기
   (이 때, 4는 만의 자리가 됩니다.)
● 곱하는 수의 백의 자리 계산 (123×400)은?

백의 자리 계산이므로 일과 십의 자리 2개는 비워 놓습니다.

(4)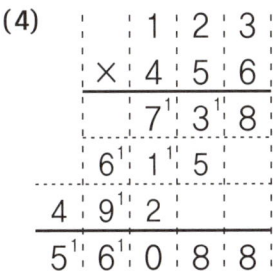

각 자리 곱셈 값의 합(738 + 6150 + 49200)

① 곱하는 수(456)의 각 자리 수와 123의 곱셈을 마쳤다면 자리를 잘 맞추어 썼는지, 받아올림에 실수는 없었는지 확인합니다.
② 각 자리 수들끼리의 합을 구합니다.
● 각 자리 곱셈 값의 합은?

'자리를 잘 맞추고' 받아올림에 주의하면 되는 거네.

와, 드디어 다 됐다. 내가 세 자리 곱셈도 꽤 잘한단 말이지.

■ 곱하는 수의 자리수가 큰 곱셈은 '자리를 잘 맞추는 것' 과 '받아올림에 실수하지 않는 것' 이 두 가지만 잘 기억하면 옳은 계산을 할 수 있습니다.

수와 연산

| 1학년 | 2학년 | 3학년 | **4학년** | 5학년 | 6학년 |

 # 몇십, 몇백의 곱셈과 나눗셈

Q. 문제

다음을 계산하세요.

(가) 60 × 5   (나) 400 × 20   (다) 60 ÷ 3
(라) 300 ÷ 5   (마) 90 ÷ 30   (바) 70 ÷ 20

(가) 60 × 5 … ① 60에서 0을 하나 떼어내고
              6 × 5 = 30
            ② 30에 떼었던 0을 1개 붙이면
              답을 알 수 있습니다.
              60 × 5 = ?

(나) 400 × 20 … ① 400에서 0을 2개, 20에서 0을 1개,
               총 3개의 0을 떼고 계산합니다.
             ② 4 × 2 = 8이므로 8에 떼었던 0을
               3개 붙이면 옳은 답이 됩니다.
               400 × 20 = ?

몇십, 몇백의 곱셈은
0을 떼고 계산하면 간단해.

(다)의 60 ÷ 3은
60에서 0을 하나 떼고,
'6 ÷ 3 = 2'로 계산해.
답을 적을 때는 2에 아까
떼어둔 0 하나를 붙이면 돼.

그런데
(라)300 ÷ 5는
0을 2개 떼어내면
'3 ÷ 5'야.
뭔가 이상해.

(라)의 300 ÷ 5는 300에서 0을 하나만 떼고
'30 ÷ 5'를 계산해야 해. '30 ÷ 5 = 6'이고,
떼었던 0을 하나 붙여서 답을 내면 되는 거야.

■ 몇십, 몇백의 곱셈과 나눗셈은 0을 떼고 계산한 후, 나온 답에
 0을 떼었던 개수만큼 붙여서 정답을 씁니다.

답 : (가) 300, (나) 8000, (다) 20, (라) 60, (마) 3, (바) 몫 3 나머지 10

(마) 90÷30은 나누어지는 수와 나누는 수에 둘 다 0이 하나씩 있는데?

(마) 90 ÷ 30의 계산은 0을 1개씩 떼어 9 ÷ 3으로 계산하면 됩니다.

90원과 30원이라고 생각해보면 10원짜리 9개, 3개잖아. '90 ÷ 30'은 '9 ÷ 3'과 답이 같은 나눗셈이 되는 거야.

■ 몇십÷몇십 또는 몇백÷몇백
나누어지는 수와 나누는 수의 0을 똑같이 떼어낸 식으로 계산해도 됩니다. (이 때, 떼는 0의 개수는 같아야 함)

답이 3이 되는 나눗셈 계산
600 ÷ 200 ━━━━━━━━▶ 6 ÷ 2
0을 2개씩 똑같이 떼어냄

▶ 1200 ÷ 60과 같은 식은 뗄 수 있는 0의 개수를 작은 쪽에 맞춰 1개씩만 떼어 120 ÷ 6으로 계산할 수 있어요.
1200에서는 0을 2개 떼고, 60에서는 0을 1개 떼어 12 ÷ 6으로 생각해서 계산하지 않도록 주의하세요.
120의 0을 하나 떼어 놓고 12 ÷ 6 = 2로 계산한 다음, 나온 값 2에 떼었던 0을 1개 붙이면 120 ÷ 6 = 20이 됩니다.

(바) 70 ÷ 20은 '7 ÷ 2'라고 생각해서 답은 3이고 나머지가 1인거야?

70원과 20원이라고 생각해 보자. 10원짜리 동전 7개를 둘이서 나누어 가질 때, '7 ÷ 2 = 3, 나머지1'이라서 한 명이 3개씩 갖고, 동전 1개가 남아. 10원짜리 동전 1개가 남는 거니까 나머지는 1원이 아니라 10원이지.

■ 몇십, 몇백의 나눗셈에서 나머지가 있는 경우
0을 떼고 간단한 나눗셈으로 계산하더라도 반드시 떼었던 0을 나머지에 붙여서 답을 적습니다(몫은 그대로 씀).

 ## 나눗셈 … 두 자리 수로 나누기

▶ 두 자리 수로 나누는 나눗셈은 나누어지는 수 안에 나누는 수가 **대략 몇 번 들어가는지**를 먼저 생각합니다.

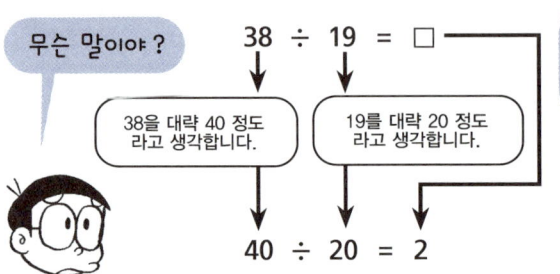

▶ 38 ÷ 19 = ☐ 라는 식을 ☐ × 19 = 38 로 바꾸어 생각하면 쉬워져요.
2 × 19 = 38 이 되므로 38 ÷ 19 = 2 입니다.

- 나누어지는 수에 나누는 수가 대략 몇 번이나 들어가는지 생각하는 것을 '**몫을 어림한다**' 고 합니다.
  (몫은 나눗셈의 답입니다.)
- 만약 어림한 몫이 크다면, 1 작은 수를 몫으로 놓고 나눗셈을 다시 합니다.

▶ 36 ÷ 18 = ☐ 라는 나눗셈에서 몫을 3 으로 어림하여 계산하면,
③ × 18 = 54 가 되므로 어림한 몫이 크다는 것을 알 수 있어요.
이런 경우에는, 어림한 몫 3 보다 1작은 수 즉, 2 를 몫으로 놓고 나눗셈을 다시 합니다. ② × 18 = 36 이므로 이 나눗셈의 정답인 몫은 2 입니다.

▶ 세 자리 수를 두 자리 수로 나누는 세로셈도 해 볼까요?

(세 자리 수) ÷ (두 자리 수)의 계산 방법을 190 ÷ 38 로 배워보자 !

【1】

19 ÷ 38 은 계산할 수 없기 때문에 몫의 십의 자리는 없습니다.

즉, 처음부터 190 ÷ 38 을 계산합니다. 몫의 일의 자리를 어림해서 계산합니다.

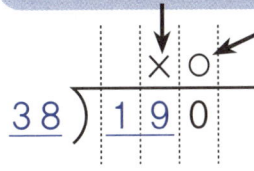

몫의 일의 자리에 들어갈 수를 어림합니다.
190 ÷ 38 → 190 ÷ 40로 생각하면,
다시 19 ÷ 4 = □ → 4 × □ = 19로 바꾸는 것을 어렵지 않게 할 수 있어요.
4×4=16, 4×5=20, 몫을 4나 5 둘 중 하나로 어림해야겠죠?

【2】

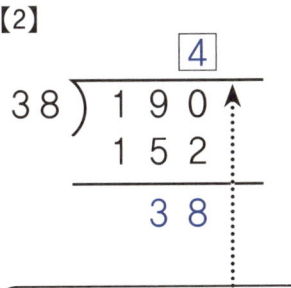

몫의 일의 자리에 들어갈 수를 4로 해 봅시다.
38 × ４ = 152가 됩니다.
그런데 190-152를 계산해 보니 38이 되네요.
그렇다면 190에 38이 한 번 더 들어갈 수 있다는 뜻이 되는 거예요.

몫을 4로 어림하면 작습니다.

어림한 몫을 4보다 1 큰 수 5로 바꾸니 알맞습니다.

아하! 그러니까 몫을 어림해서 생각해 보고 아니면 1큰 수나 1작은 수로 바꾸면 되네.

【3】

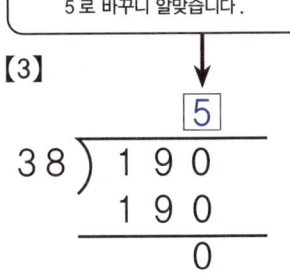

자, 그럼 이번에는 위에서 어림했던 몫 4보다
1 큰 수 5를 넣어 계산해 볼까요?
38 × ５ = 190 어때요?
정답을 찾았네요!
190 ÷ 38 의 답은 5입니다.

나눗셈 … 세 자리 수로 나누기

> **Q. 문제**
>
> 685 ÷ 118 을 몫을 어림하여 세로셈으로 계산하세요.

- (세 자리 수) ÷ (세 자리 수)의 계산은 나누는 수와 나누어지는 수를 '대략 몇 백'으로 생각해서 몫을 어림하고 계산합니다.
- 십의 자리에서 반올림하여 백의 자리까지 나타낸 수로 어림하여 생각하는 것이 좋습니다.
  (예 / 132 → 100, 567 → 600)

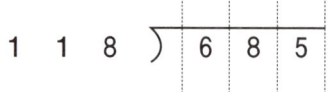

우선 몫이 몇 자리 수일까 부터 생각해보자. '세 자리 수 ÷ 세 자리 수'의 경우는 몫은 반드시 한 자리 수가 돼.

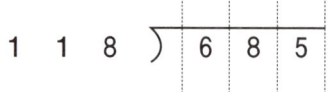

대략 700 ÷ 대략 100 = 대략 7?

118은 대략 100이라고 생각할 수 있어. 685는 대략 700이라고 생각할 수 있고. '700 ÷ 100 = 7'이니까 몫을 7이라고 어림해보자.

```
        7
118 ) 6 8 5
      8 2 6
```

이런, 몫을 7로 했더니 너무 크네. '1 작은 수' 6을 몫으로 해보자.

```
        6
118 ) 6 8 5
      7 0 8
```

몫을 6으로 해도 여전히 크구나. '1 더 작은 수'인 5를 몫으로 해보자.

```
        5
118 ) 6 8 5
      5 9 0
          9 5
```

몫을 5로 했더니 계산할 수 있어.
'118 × 5 = 590'이고,
'685 − 590 = 95'야.
나머지는 나누는 수보다 작기 때문에 이제 계산이 끝난 거야.

▶ 나누는 수가 커지면 이런 방법으로 몫을 어림하고 알맞은 값이 나올 때까지 '1 큰 수'나 '1 작은 수'를 넣으면서 몫을 찾아냅니다.

▶ 나누는 수가 세 자리 수가 되어도 두 자리 수로 나누는 것과 방법은 같습니다.

답 : 685 ÷ 118 = 5   나머지 : 95

 # 몇 배일까요?

Q. 문제

항구에 있는 탑의 높이는 120m입니다. 그런데 이 탑의 높이는 학교 건물 높이의 6배라고 합니다. 그렇다면 학교 건물의 높이는 몇 m입니까?

▶ '몇 배'라는 말이 있지만 이 문제는 곱셈으로 계산하는 문제가 아니에요. 구하고자 하는 것은 학교 건물의 높이인데, 탑이 학교 건물에 비해 6배나 되는 높이라고 했으니 학교 건물 높이는 탑의 높이의 '6 분의 1'이 되어야 한다는 뜻이라는 것을 잘 생각해 내야 합니다. 알맞은 답을 구하기 위해서는 진구처럼 학교 건물 높이가 탑의 높이보다 더 큰 수가 되게 하는 계산실수를 해서는 안 되겠지요?

120 x 6 = 720 (X 틀린 답)

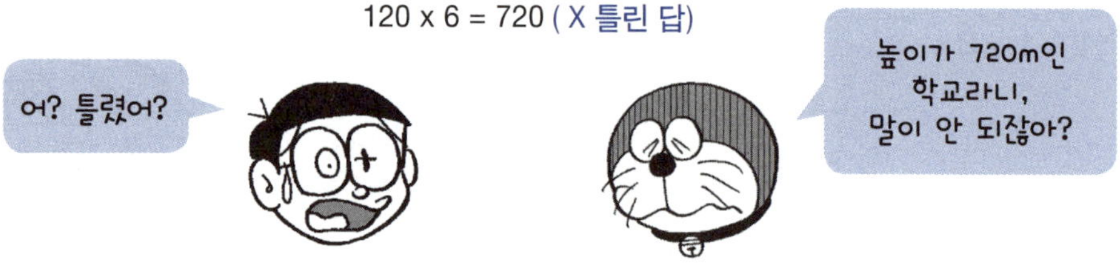

어? 틀렸어?

높이가 720m인 학교라니, 말이 안 되잖아?

학교 건물의 높이   항구의 탑 높이

☐ m × 6 = 120m

학교 건물 높이의 6배가 탑의 높이라고 했잖아. '120x6'을 해버리면 학교 건물 높이가 탑의 높이의 6배가 되는 거야.

아하! 그렇구나!

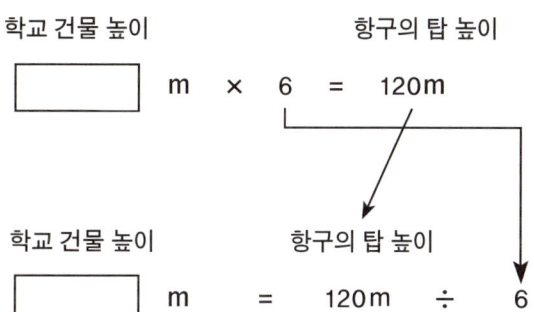

▶ 이 문제에서, 학교 건물 높이는 '**기준값 또는 구하는 수**'가 되고,
 탑의 높이는 '**비교하는 값 또는 주어진 수**'가 됩니다.
 '기준값을 몇 배 하면 비교하는 값이 된다'고 할 때 기준값 □를 구하려면
 '**□ × 몇 배 = 주어진 수**'가 된다는 것을 먼저 생각해 낼 수 있도록
 연습하세요.
 그런 다음 이 식을 나눗셈으로 바꾸어 '**주어진 수 ÷ 몇 배 = □**'를
 계산하여 알맞은 답을 구하면 됩니다.

- **기준값을 몇 배 하면 어떤 수가 된다**는 문제는 곱셈과 나눗셈 중 알맞은 식을 세워 구해야 하므로 문제에서 주어진 조건을 잘 이해하는 것이 중요합니다.

 ● 어떤 수를 구하는 경우 → 기준값 × 몇 배 (곱셈)
 ● 기준값을 구하는 경우 → 어떤 수 ÷ 몇 배 (나눗셈)
 ● 몇 배인지 구하는 경우 → 어떤 수 ÷ 기준값 (나눗셈)

분수의 덧셈 (2)

Q. 문제

다음을 계산하세요. $\frac{1}{3} + \frac{2}{3}$

▶ 144~145 쪽에서 '분모가 같은 분수의 덧셈에서 분모는 그대로 두고, 분자끼리 더한다'는 내용을 배웠어요. 그럼 이제 위 문제와 같은 분수의 계산은 잘 할 수 있지요? 분모는 3이고, 분자는 각각 1과 2이므로 1 + 2 = 3, 답은 $\frac{3}{3}$이다? 뭔가 이상하지요? 중요한 내용을 떠올려 봅시다.

■ 분수의 계산에서 답이 분모와 분자가 같은 분수가 되면 답은 1이 됩니다.

★ 그림으로 그려서 생각하기 ★

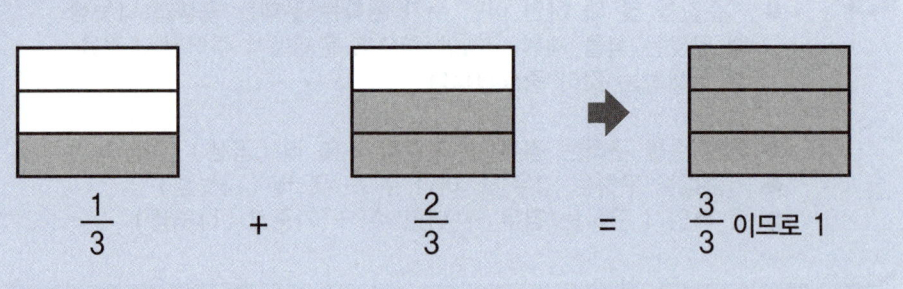

답: $\frac{1}{3} + \frac{2}{3} = 1$

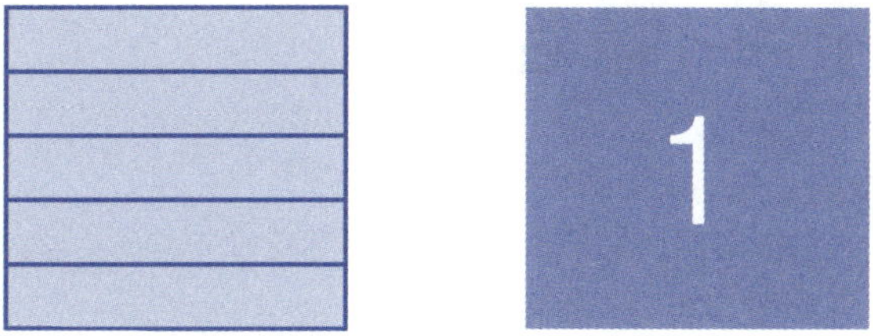

$\frac{5}{5}$ = 1

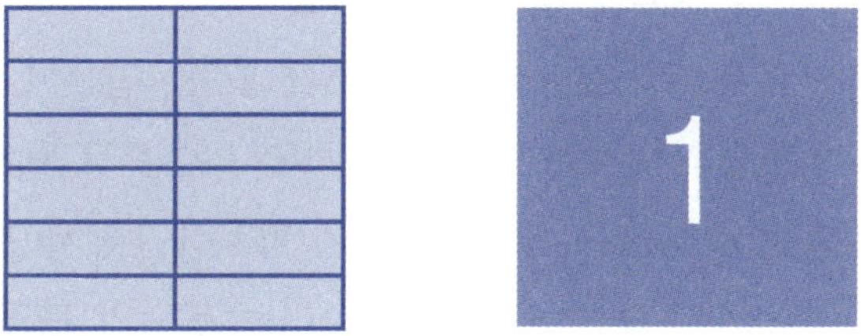

$\frac{12}{12}$ = 1

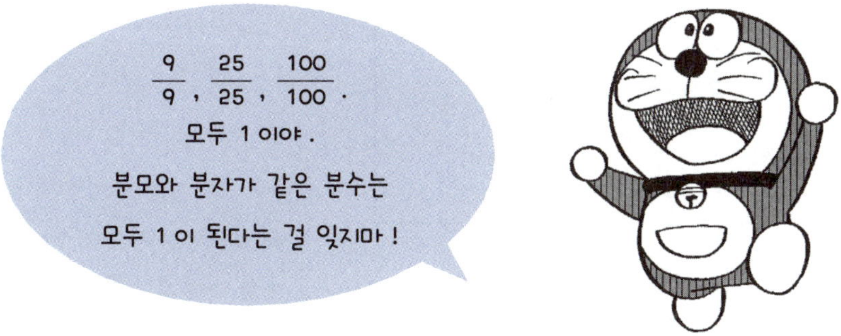

$\frac{9}{9}$, $\frac{25}{25}$, $\frac{100}{100}$ ·
모두 1 이야.
분모와 분자가 같은 분수는
모두 1 이 된다는 걸 잊지마!

▶ 진구, 이슬이, 퉁퉁이 세 명이서 8조각으로 잘라진 피자 한 판을 맛있게 나눠 먹었는데, 진구와 퉁퉁이는 3조각씩 먹었고, 이슬이는 2조각을 먹었어요. 어쨌든 셋이 먹은 피자는 합해서 한 판입니다.

8조각 중 3조각을 먹은 진구와 퉁퉁이는 각각 $\frac{3}{8}$

8조각 중 3조각을 먹은 이슬이는 $\frac{2}{8}$

$\frac{3}{8} + \frac{3}{8} + \frac{2}{8} = \frac{8}{8}$ → 피자 1판 즉, 1입니다.

| 1학년 | 2학년 | 3학년 | **4학년** | 5학년 | 6학년 |

 분수의 뺄셈(2)

Q1. 문제

다음을 계산하세요. $1 - \dfrac{2}{3}$

▶ 어떻게 하면 1에서 분수를 뺄 수 있을까요?

분수의 덧셈에서 '분모와 분자가 같은 수가 되면, 답은 1이 된다'는 내용을 잘 기억하고 있지요? 이것은 바꾸어 말하면 1은 분모와 분자가 같은 분수로 나타낼 수 있다는 뜻이기도 해요. 그렇기 때문에 1에서 분수를 뺄 때는 먼저 1을 $\dfrac{3}{3}$이나 $\dfrac{5}{5}$, 또는 $\dfrac{7}{7}$ 등 계산하려는 분수의 분모와 같은 수로 1이 되는 분수 즉, 분모=분자가 되도록 바꾸어서 계산합니다.

$$\boxed{1} - \dfrac{2}{3} = \boxed{\dfrac{3}{3}} - \dfrac{2}{3}$$

이렇게 계산하면 된다는 얘기야! 어때?

빼는 분수의 분모가 3이니까, 1을 $\dfrac{3}{3}$으로 바꿔서 계산하면 되네! 이제 확실히 알겠어!

Q1. 답: $\dfrac{1}{3}$

▶ $1 - \frac{2}{3}$ 이면, 1을 분모가 3인 분수로 바꿔서 계산하면 됩니다.
암산으로 $1 - \frac{2}{3}$ 을 계산할 수 있다면 더욱 좋겠지요?
아래 그림을 머리에 떠올리면 암산도 더욱 쉬워진답니다.

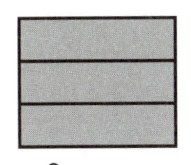 − 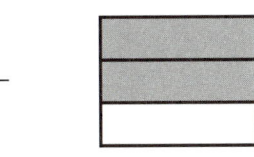 =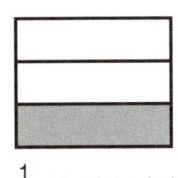

1을 $\frac{3}{3}$ 으로 바꿔서 　　$\frac{3}{3}$ 에서 $\frac{2}{3}$ 을 빼면 　　$\frac{1}{3}$ 이 남습니다.

이 계산을 그림으로 그려보면, 이렇게 돼!

Q2. 문제

다음을 계산하세요.

① $1 - \frac{3}{5}$　　② $1 - \frac{1}{7}$

③ $1 - \frac{5}{6}$　　④ $1 - \frac{4}{9}$

▶ 빼는 분수의 분모가 어떤 수인지를 확인하고 1을 분모와 분자가 같은 분수로 바꿔서 계산하면 됩니다. 빼는 분수가 $\frac{3}{5}$ 이면 $1 = \frac{5}{5}$, $\frac{1}{7}$ 이면 $1 = \frac{7}{7}$ 로 바꾸면 되겠죠? 되도록 암산으로 해 보세요.

■ 1에서 분수를 뺄 때는 1을 빼는 분수의 분모와 똑같은 수를 분모와 분자로 가지는 분수로 바꾸어 계산합니다.

Q2. 답 : ① $\frac{2}{5}$, ② $\frac{6}{7}$, ③ $\frac{1}{6}$, ④ $\frac{5}{9}$

| 1학년 | 2학년 | 3학년 | **4학년** | 5학년 | 6학년 |

 # (진분수) + (진분수) = 가분수 → 대분수

Q. 문제

다음을 계산하세요. $\frac{3}{5} + \frac{3}{5}$

▶ 분모가 같은 분수의 덧셈은 분자는 더하고 분모는 그대로 둡니다.

$$\frac{3}{5} + \frac{3}{5} = \frac{3+3}{5}$$

▶ $\frac{6}{5}$는 가분수이므로 1보다 큰 수입니다. 답을 대분수로 구할 때는 다음과 같이 생각합니다.

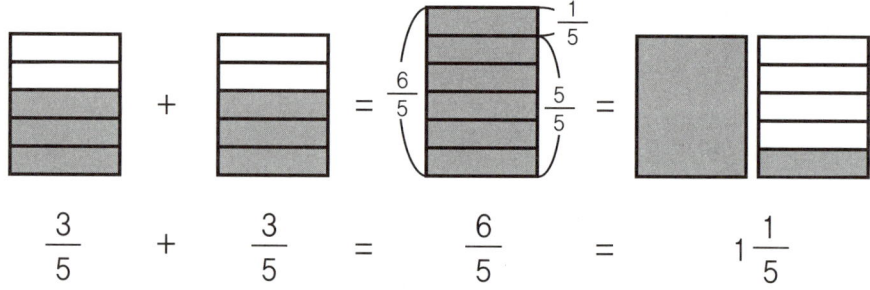

▶ $\frac{6}{5}$은 가분수인데 $\frac{5}{5}$와 $\frac{1}{5}$로 나눌 수 있으므로 가분수입니다. 가분수는 대분수로 바꿔 쓸 수 있습니다.

▶ 이런 문제에서는 답을 $\frac{6}{5}$이 아니라 $1\frac{1}{5}$이라고 써야 합니다. 가분수를 대분수로 바꾸는 방법을 잘 모른다면 142쪽으로 돌아가서 확실하게 익히세요.

답: $1\frac{1}{5}$

- 분수의 계산에서 답이 가분수로 나온 경우
  대분수로 바꾸어서 답을 씁니다.
  (단, 가분수로 쓰라고 한 경우 제외)

▶ 분수의 덧셈에서 답이 자연수가 되는 경우가 있습니다.

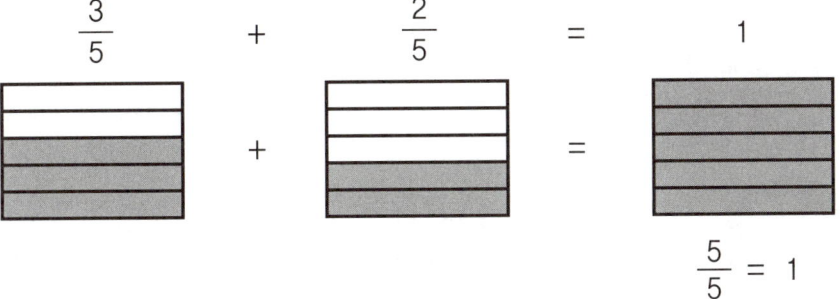

▶ (자연수) + (진분수) 또는 (진분수) + (자연수)의 답은 반드시 대분수가 됩니다.

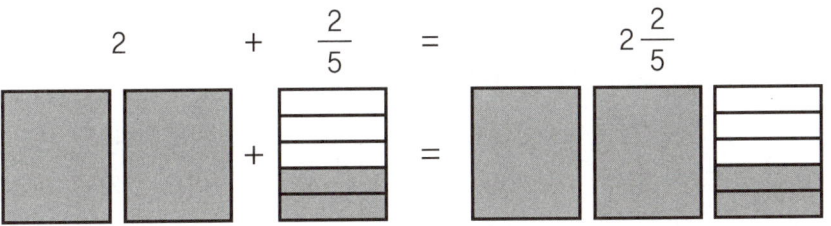

- (자연수) + (진분수) 또는 (진분수) + (자연수)의 계산은
  두 수를 합해서 대분수로 쓰기만 하면 됩니다.

  ※ $1 + \frac{2}{3} = 1\frac{2}{3}$ ※ $\frac{1}{5} + 3 = 3\frac{1}{5}$

(대분수) + (대분수)

Q. 문제

다음을 계산하세요.   ① $2\frac{1}{5} + 1\frac{3}{5}$ ② $2\frac{2}{9} + \frac{5}{9}$

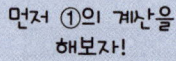

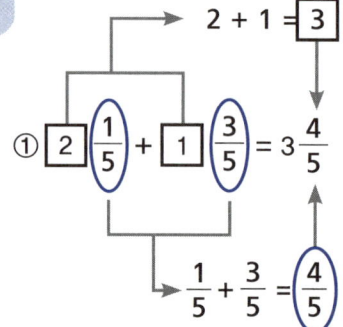

▶ 위의 방법이 대분수끼리의 덧셈의 기본입니다.
$2\frac{1}{5} + \frac{2}{5}$와 같은 '대분수+진분수'의 경우는 더해지는 대분수의 자연수 2는 그대로 두고, 분수 부분끼리 계산하면 $\frac{1}{5} + \frac{2}{5} = \frac{3}{5}$이므로 자연수 2와 분수끼리 계산한 값 $\frac{3}{5}$을 합해서 답을 씁니다.

■ **대분수끼리의 덧셈**은 자연수끼리, 분수끼리 각각 더한 후 자연수와 분수의 덧셈 계산합니다.

② $2\frac{2}{9} + \frac{5}{9} = ?$

② $2\frac{2}{9} + \frac{5}{9} = 2 + \frac{2}{9} + \frac{5}{9} = 2\frac{?}{9}$

▶ $5 + \frac{2}{5} = 5\frac{2}{5}$입니다. 자연수는 1보다 큰 수이고, 진분수는 1보다 작은 수이기 때문에 그냥 붙여 쓰면 되는 거예요. **대분수＋진분수** 또는 **진분수＋대분수**도 같은 방법으로 대분수의 자연수는 그대로 두고 분수 부분끼리 계산한 답을 붙이기만 하면 됩니다.

■ **대분수와 진분수의 덧셈**은 대분수의 자연수에 진분수끼리 더한 값을 붙여 씁니다.

답 : ① $3\frac{4}{7}$, ② $2\frac{7}{9}$

| 1학년 | 2학년 | 3학년 | **4학년** | 5학년 | 6학년 |

(대분수) − (대분수), (가분수) − (진분수)

Q1. 문제

다음을 계산하세요.   ① $5\frac{2}{3} - 2\frac{1}{3}$ ② $1\frac{5}{7} - \frac{2}{7}$

▶ 대분수의 뺄셈도 자연수 부분끼리, 분수 부분끼리 각각 뺄셈을 하는 것이 기본입니다.

이제 겁나지 않아. 이렇게 계산하면 되는 거지?

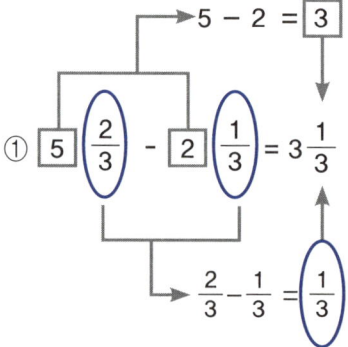

그래, 맞아! 자연수 − 자연수, 분수 − 분수를 각각 계산하면 돼.

② $1\frac{5}{7} - \frac{2}{7} = 1 + (\frac{5}{7} - \frac{2}{7}) = ?$

자연수인 1 뒤에 $\frac{5}{7} - \frac{2}{7}$ 을 계산한 답을 붙여줘. 어때? 간단하지?

이게 '기본'이야. '대분수 + 진분수' 또는 '대분수 − 진분수'에서 받아올림이나 받아내림이 있는 경우에는 계산 방법이 바뀌니까 주의해야 해.

Q1.답: ① $3\frac{1}{3}$ ② $1\frac{3}{7}$

Q2. 문제

다음을 계산하세요. $\dfrac{7}{5} - \dfrac{3}{5}$

▶ 가분수에서 진분수를 빼는 계산은 진분수끼리 뺄셈과 같이 분모는 그대로 두고, 분자끼리 뺄셈을 합니다.

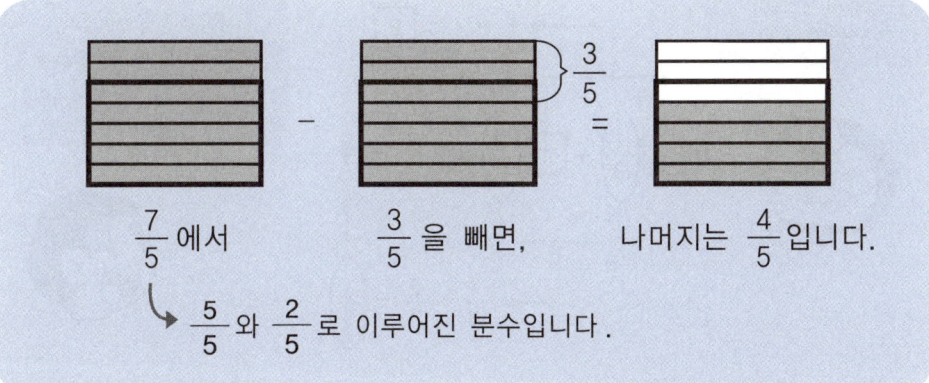

▶ 단, 뺄셈의 결과가 분모와 분자가 같은 분수가 되는 경우에는 답을 '**자연수 1**'로 씁니다.

$$\dfrac{4}{3} - \dfrac{1}{3} = \dfrac{3}{3} = 1$$

분모와 분자가 같은 수인 경우 답은 1입니다.

■ 가분수에서 진분수를 뺄 때, 계산 결과가 분모와 분자가 같은 수가 되면 답은 자연수 '1'이 됩니다.

Q2.답: $\dfrac{4}{5}$

받아올림이 있는 분수의 덧셈

Q. 문제

다음 계산을 하세요.   ① $1\frac{1}{3} + 1\frac{2}{3}$ ② $2\frac{2}{3} + 1\frac{2}{3}$

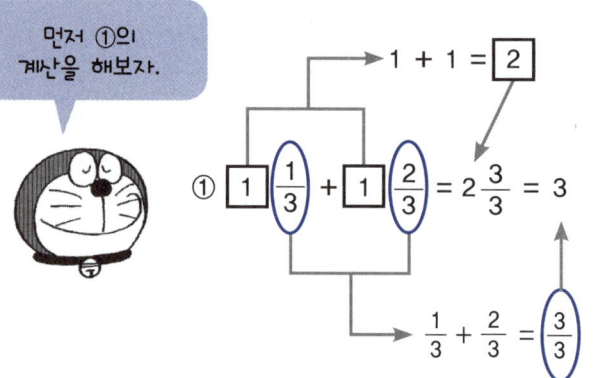

▶ '자연수 1'은 분모와 분자가 같은 분수로 바꿔 쓸 수 있다는 것, 알고 있죠? $1 = \frac{1}{1} = \frac{2}{2} = \frac{3}{3} = \frac{4}{4} \cdots$ 과 같이 바꿔서 계산할 수 있다는 것을 잘 기억해 두면 분수의 계산에서 유용합니다. 분모와 분자가 같은 분수도 가분수입니다. 그래서 분수의 합이 분모와 분자가 같은 분수가 되면 답은 '1'을 받아 올린 자연수가 됩니다.

- 대분수끼리의 덧셈에서 합이 '자연수와 가분수'가 되는 경우에는 가분수를 대분수로 바꿔 받아올림하여 올바른 대분수의 모양(자연수와 진분수)이 되도록 바꾸어 씁니다.
- 대분수끼리의 덧셈에서 합이 자연수가 되기도 합니다.

답: ① 3, ② $4\frac{1}{3}$

▶ ②의 계산을 해 볼까요?
  이번엔 '받아올림이 있는 대분수 + 대분수' 입니다.

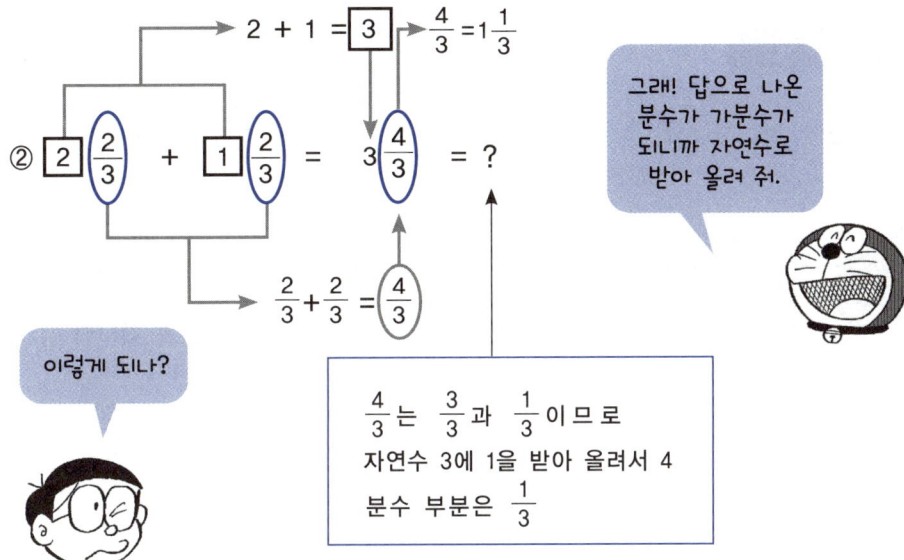

$\frac{4}{3}$는 $\frac{3}{3}$과 $\frac{1}{3}$이므로
자연수 3에 1을 받아 올려서 4
분수 부분은 $\frac{1}{3}$

▶ '받아올림이 있는 대분수＋진분수'의 계산도 방법은 같습니다.
  자연수 2는 그대로 두고, 분수끼리 더하면 $\frac{5}{7} + \frac{4}{7} = \frac{9}{7}$로 가분수가 됩니다. 자연수 2에 가분수를 붙여 $2\frac{9}{7}$라고 쓰면 틀린 답이 됩니다.
  아래 풀이식을 보고 알맞은 답을 써 보세요.

▶ $2\frac{5}{7} + \frac{4}{7} = 2\frac{9}{7} \rightarrow$ 2와 $\frac{7}{7}$과 $\frac{2}{7}$ $\rightarrow$ $2 + 1 + \frac{2}{7}$ = ?

- 답으로 나온 대분수가 '자연수와 가분수'가 되면, 가분수를 자연수와 진분수로 고쳐서 받아올림합니다.
- 대분수는 반드시 '자연수와 진분수'의 꼴이 되어야 합니다.

답: $3\frac{2}{7}$

받아내림이 있는 분수의 뺄셈

Q. 문제

다음을 계산하세요.　① $5 - 2\frac{1}{3}$　② $4\frac{1}{5} - 1\frac{3}{5}$

POINT

- 대분수끼리의 계산은 자연수끼리, 분수끼리 각각 뺄셈을 합니다. 자연수−대분수의 경우는 자연수에서 1을 받아내림하여 '**자연수와 가분수**'의 꼴로 바꾸어 계산합니다.

자연수 5에서 1을 받아내림 해서 분수로 고쳐 봐!

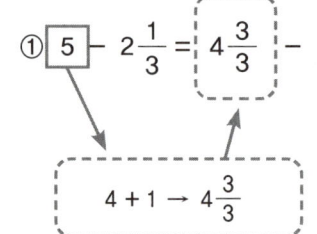

① $\boxed{5} - 2\frac{1}{3} = \boxed{4\frac{3}{3}} - 2\frac{1}{3} = ?$

$4 + 1 \to 4\frac{3}{3}$

빼는 수 분수 부분의 분모가 3이니까, '$1=\frac{3}{3}$'으로 바꾸면 돼.

▶ '자연수 − 분수'의 계산은 자연수에서 '1'을 받아 내려서 '자연수와 가분수'의 꼴로 고쳐서 계산합니다. '받아 내린 1'을 가분수로 고칠 때는 빼는 수의 분모와 같은 수를 분모와 분자로 사용한다는 것! 다시 한 번 기억하세요.

답: ① $2\frac{2}{3}$, ② $2\frac{3}{5}$

▶ ②의 계산은 '받아내림이 있는 대분수 − 대분수'입니다.
자연수에서 분수로 받아내림이 있는 경우는 받아 내리는 대분수의 분모가 5라면 분자로 5를 받아 내립니다. 예를 들어 $4\frac{1}{5}$에서 1을 받아 내리면, $3\frac{5}{5}+\frac{1}{5}$이 되므로 $3\frac{6}{5}$으로 바뀝니다.

이대로는 분수의 뺄셈을 할 수 없으므로, 자연수 4에서 1을 받아 내려서 자연수와 가분수의 꼴로 고칩니다.

대분수를 '자연수와 가분수'의 꼴로 고쳐서 계산을 할 수 있게 되었습니다.

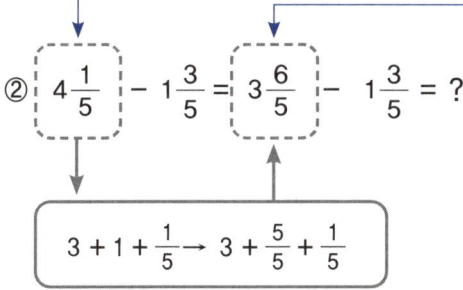

② $4\frac{1}{5} - 1\frac{3}{5} = 3\frac{6}{5} - 1\frac{3}{5} = ?$

$3 + 1 + \frac{1}{5} \rightarrow 3 + \frac{5}{5} + \frac{1}{5}$

▶ 대분수의 받아내림은 자연수를 '1 작은 수'로 만들고, '분자+분모'를 가분수의 분자로 주는 것입니다.

$2\frac{1}{9} - \frac{8}{9} = 1\frac{9+1}{9} - \frac{8}{9} = 1\frac{10}{9} - \frac{8}{9} = 1\frac{2}{9}$

받아내림이 있는 '대분수 − 진분수'는 이렇게 계산하면 돼.

■ 대분수의 자연수에서 받아내림 하는 분수의 뺄셈에서 자연수에서 '1'을 가져오면 분자에 분모의 수만큼 더한 가분수를 만들 수 있습니다.

■ '자연수와 가분수'의 꼴로 고쳐서 뺄셈을 합니다.

소수의 구조

Q. 문제

올림픽 마라톤 경기에서는 42195m 를 달립니다. 이 거리를 km 로 나타내면 몇 km 가 될까요?

- 자연수 1 의 $\frac{1}{10}$, $\frac{1}{100}$, $\frac{1}{1000}$ 의 크기를 소수로 나타내면 각각 0.1, 0.01, 0.001 이 됩니다.

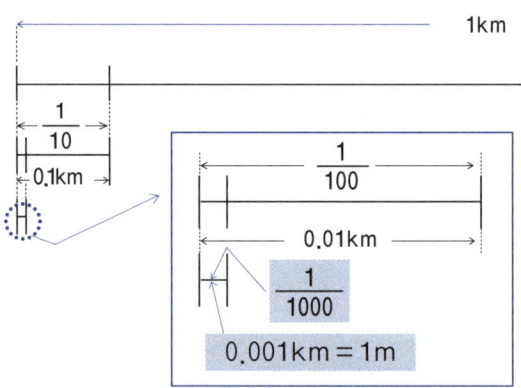

1km = 1000m야.
그래서 1m는 1km의 $\frac{1}{1000}$ 길이야.
1m = 0.001km이므로 42195m를 km로 고치면 42.195km가 되는 거야.

▶ '사십이 점 일구오 킬로미터'라고 읽습니다.
자연수는 몇십, 몇백, 몇천이라고 읽고, 소수점 아래의 숫자는 그대로 읽습니다. '사십이 점 백구십오킬로미터'로 읽지 않도록 주의하세요.

답: 42195m = 42.195km

- 소수도 자연수처럼 10배 또는 $\frac{1}{10}$ 배씩 자리값이 변합니다.
- 42.195에서
  1은 $\frac{1}{10}$ 의 자릿수, 9는 $\frac{1}{100}$ 의 자릿수, 5는 $\frac{1}{1000}$ 의 자릿수입니다.

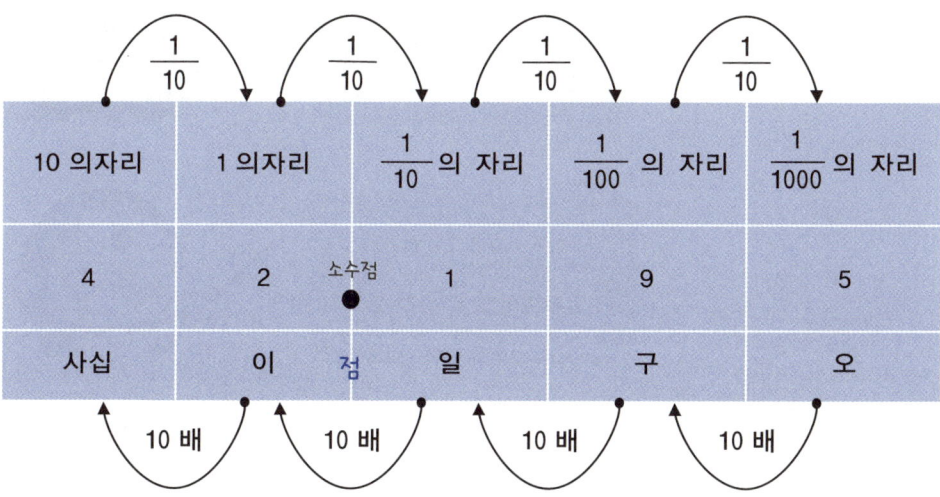

▶ 42.195는 10이 4, 1이 2, 0.1이 1, 0.01이 9, 0.001이 5 모인 수라는 것을 알 수 있습니다.

▶ 위의 표처럼, 소수도 자연수와 같이 10배 하면 한 자리 위로 올라가고 (소수점이 왼쪽으로 한 칸 이동), $\frac{1}{10}$ 배하면 한 자리 아래로 내려갑니다. (소수점이 오른쪽으로 한 칸 이동)

▶ 42.195는 소수점 뒤로 3개의 수가 있으므로 소수 세 자리 수입니다.

# 소수 한 자리 수의 덧셈

▶ 소수의 덧셈은 자연수의 덧셈과 같은 방법으로 계산한 다음 알맞은 자리에 소수점을 찍으면 됩니다. 이것만 잘 기억하세요.

0.7 + 0.8 의 계산

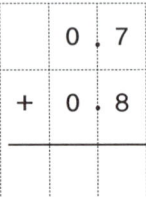

소수의 세로셈을 할 때는 소수점을 기준으로 자리 수를 맞춰 써야 돼.

'0.7 + 0.8'의 계산은 '7 + 8'의 계산과 같은 방법으로 하면 돼.

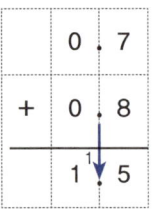

소수점을 같은 자리로 내려서 찍어야 하니까 답은 15가 아니라 1.5가 돼. 간단하지?

0.7 + 0.8 = 1.5

■ 소수의 덧셈
 (1) 계산할 수의 자리 수를 소수점에 맞춰 씁니다.
 (2) 자연수의 덧셈과 같은 방법으로 계산합니다.
 (3) 소수점을 같은 자리에 그대로 내려서 찍습니다.

▶ 1보다 큰 소수의 계산도 방법은 같습니다.
수의 자리를 맞춰 쓰는 것과 소수점을 알맞은 자리에 찍는 것,
그리고 덧셈이니 받아올림도 주의해야 하겠지요?

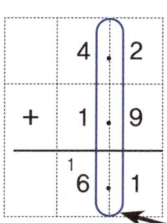

① 4.2 와 1.9 를 소수점 기준으로 자리 맞춰 쓰기
② 42 + 19 로 생각하고 계산하기
③ 소수점을 같은 자리에 그대로 내려서 찍기
→ 4.2 + 1.9 = 6.1

> 반드시 소수점에 자리를 맞춰
> 세로셈을 해야 합니다.

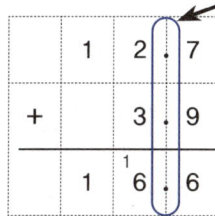

① 12.7 와 3.9 를 소수점 기준으로 자리 맞춰 쓰기
② 127 + 39 로 생각하고 계산하기 (받아올림 주의)
③ 소수점을 같은 자리에 그대로 내려서 찍기
→ 12.7 + 3.9 = 16.6

▶ 소수의 덧셈에서 주의할 점이 두 가지 더 있어요.

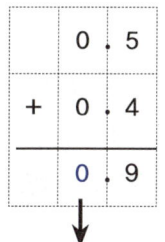   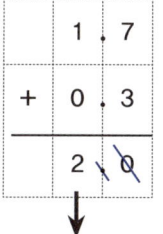

0.5 + 0.4 = 0.9 ← 맞는 답 (○)   1.7 + 0.3 = 2   ← 맞는 답 (○)
0.5 + 0.4 = .9   ← 틀린 답 (×)   1.7 + 0.3 = 2.0 ← 틀린 답 (×)

■ 답이 1보다 작아지는 경우에는 일의 자리에 0을 쓰고 소수점을 찍습니다.
■ 소수의 덧셈에서 계산한 답의 맨 마지막 자리가 0이 되면 0을 지우고 답을 써야 합니다.

소수 한 자리 수의 뺄셈

▶ 소수의 뺄셈은 자연수의 뺄셈과 같은 방법으로 계산한 다음 알맞은 자리에 소수점을 찍으면 됩니다. 덧셈과 같지요?

(0.9 - 0.3 의 계산)

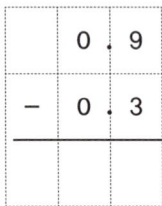

소수의 세로셈을 할 때는 소수점을 기준으로 자리 수를 맞춰 써야지.

'0.9 - 0.3'의 계산은 '9 - 3'의 계산과 같으니까 아주 쉬워.

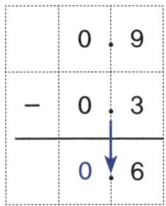

소수점을 같은 자리로 내려 찍으면? .6? 이상하지? 이럴 땐, 1의 자리에 0을 써서 0.6이라고 답해야 돼.

0.9 - 0.3 = 0.6

■ 소수의 뺄셈
(1) 계산할 수의 자리 수를 소수점에 맞춰 씁니다.
(2) 자연수의 뺄셈과 같은 방법으로 계산합니다.
(3) 소수점을 같은 자리에 그대로 내려서 찍습니다.
※ 자연수의 계산으로 답이 한 자리 수가 되면 일의 자리에 '0'을 쓰고 소수점을 찍어 답을 씁니다.

▶ 1보다 큰 소수의 계산도 방법은 같습니다.
수의 자리를 맞춰 쓰는 것과 소수점을 알맞은 자리에 찍는 것,
그리고 뺄셈이니 받아내림도 주의해야 하겠지요?

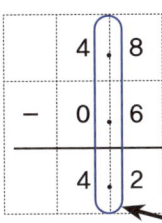

① 4.8과 0.6을 소수점 기준으로 자리 맞춰 쓰기
② 48 − 6으로 생각하고 계산하기
③ 소수점을 같은 자리에 그대로 내려서 찍기
→ 4.8 − 0.6 = 4.2

반드시 소수점에 자리를 맞춰
세로셈을 해야 합니다.

① 3.2와 1.8을 소수점 기준으로 자리 맞춰 쓰기
② 32 − 18로 생각하고 계산하기 (받아내림 주의)
③ 소수점을 같은 자리에 그대로 내려서 찍기
→ 3.2 − 1.8 = 1.4

▶ 소수의 뺄셈에서 주의할 점이 두 가지 더 있어요.

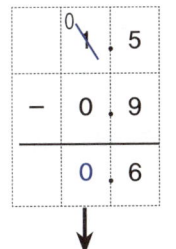   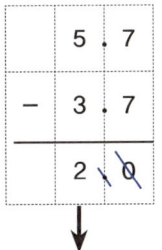

1.5 − 0.9 = 0.6 ← 맞는 답 (○)   5.7 − 3.7 = 2   ← 맞는 답 (○)
1.5 − 0.9 = .6   ← 틀린 답 (×)   5.7 − 3.7 = 2.0 ← 틀린 답 (×)

- 답이 1보다 작아지는 경우에는 일의 자리에 0을 쓰고 소수점을 찍습니다.
- 소수의 뺄셈에서, 계산한 답의 맨 마지막 자리가 0이 되면 0을 지우고 답을 써야 합니다.

 # 자연수와 소수의 덧셈, 뺄셈

▶ 자연수와 소수의 혼합 계산에서는 자연수 뒤에 소수점이 있다고 생각하면 소수점을 기준으로 자리를 맞춰 계산하기 쉬워요. 자연수와 소수의 덧셈부터 해 볼까요?

자연수와 소수의 덧셈 계산 (자연수) + (소수)

맞는 답

```
    5 . 0
+   0 . 8
-----------
    5 . 8
```

5 + 0.8 = 5.8 (○)

틀린 답

```
        5
+   0 . 8
-----------
    1¹. 3
```

5 + 0.8 = 1.3 (×)

자리 수 맞추는 걸 틀리지 않도록 조심해야 되겠구나!

5를 5.0으로 생각하고 자리 수를 맞춰 쓴 다음 세로셈 계산을 하면 돼.

■ (자연수) + (소수) 또는 (자연수) - (소수)의 계산
자연수 뒤에 소수점이 있다고 생각하고 '자연수.0'으로 바꾸어 계산합니다. 자연수는 소수 첫째 자리가 0이므로 3이면 3.0, 10이면 10.0으로 바꿀 수 있습니다.

▶ 자, 이번에는 자연수와 소수의 뺄셈을 해 봅시다.

> 자연수와 소수의 뺄셈 계산 (자연수) − (소수)

3 − 0.6 = 2.4

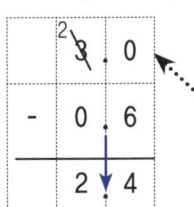

3을 3.0으로 생각해서 '30 − 6'으로 계산하고 마지막에 소수점을 그대로 내려 찍으면 돼.

3을 3.0으로 바꾸고 세로셈으로 계산합니다.

3 − 1.7 = 1.3

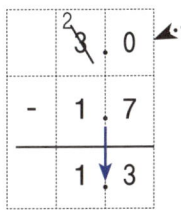

이 계산도 3을 3.0으로 바꾸면 '30 − 17'로 계산할 수 있어. 소수점은 그대로 내려 찍으면 돼.

▶ 이제 소수와 자연수의 덧셈, 뺄셈도 문제없겠지요?
  순서가 바뀌었을 뿐 같은 계산 방법은 같아요.

> (소수) + (자연수)

4.5 + 6 = 10.5

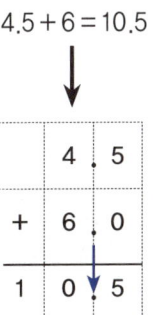

> (소수) − (자연수)

7.3 − 4 = 3.3

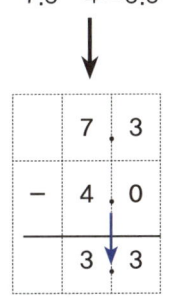

소수와 자연수의 덧셈, 뺄셈도 방법은 똑같구나!

| 1학년 | 2학년 | 3학년 | **4학년** | 5학년 | 6학년 |

소수 두 자리 수의 덧셈, 뺄셈

Q. 문제

① 컵, 종이팩에 들어 있는 우유를 더하면 몇 L가 될까요?
② 종이팩과 유리병에 들어 있는 우유의 들이 차이는 몇 L인가요?

0.15L 컵   0.65L 종이팩   1.2L 유리병

▶ 소수의 덧셈, 뺄셈은 자연수의 덧셈, 뺄셈과 계산 방법이 같아요.
소수 한 자리든, 소수 두 자리든 소수의 계산 방법은 같으므로 184~187쪽에서 익힌 소수 한 자리 수의 덧셈, 뺄셈의 내용을 떠올리면 소수 두 자리 수의 덧셈, 뺄셈도 쉽게 할 수 있답니다.

컵에 들은 우유는 0.15L 니까 0.01L 가 15 개 있는 거야.
종이팩의 우유는 0.65L 니까 0.01 이 65 개 있는 거고.
15 + 65 = 80, 0.01 이 80 개네. 그럼 0.80L 야. 맞지?

아니! 정답이 아니야. 에휴! 아깝다, 진구야!
소수 끝자리에 0 을 그대로 두고 0.80L 라고 쓰면 안 돼.
소수에서 맨 마지막 자리가 0 이 되는 경우에는
주의할 점이 있잖아. 기억이 안 나면 182~185 쪽을 다시 봐.

▶ 컵과 종이팩에 들어있는 우유의 합 → 0.15 + 0.65 = ?

		0 .	¹1	5
+		0 .	6	5
		0 .	8	0̸

나는 세로셈으로 이렇게 계산했어. 도라에몽! 이거 맞지?

▶ 두 자리 소수의 뺄셈도 계산 방법은 같습니다.

진구야! ②번은 어떻게 계산해야 되는 거야?

뺄셈인 건 알겠는데 소수점 아래 자릿수가 달라.

수와 연산

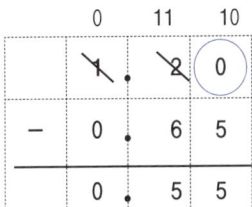

1.2를 1.20이라고 생각하고 세로셈을 계산하면 돼. 자리를 소수점 기준으로 맞추고, 소수점 아래 빈 자리는 0으로 채우는 거야.

▶ 두 자리 소수의 뺄셈에서도 자연수의 뺄셈과 같은 방법으로 받아내림하여 계산합니다. 연속되는 받아내림에 주의하세요.

POINT
- 소수의 맨 마지막 자리 수가 0이 되면, 그 0을 지우고 빈 자리로 둡니다.
- 자릿수가 다른 소수의 덧셈, 뺄셈은 소수점에 자리를 맞춘 후 소수점 아래 빈 자리는 0으로 채워 계산합니다.

자릿수가 다른 소수의 뺄셈

	4	10	9	
	5̸	.	0̸	0
−	2	.	7	4	1
	2	.	3	5	9

(위: 4, 10, 9, 10)

소수 세 자리 수의 계산

	1	1	1	
	0	.	7	8	6
+	0	.	7	1	4
	1	.	5	0̸	0̸

이렇게 하면 돼.

답: ① 0.8L ② 0.55L

혼합 계산

Q1. 문제

다음 계산을 하세요.   4 + 3 × 5 − 5

- 덧셈과 뺄셈에 곱셈과 나눗셈이 섞여 있는 계산에서는 곱셈과 나눗셈부터 먼저 계산합니다.

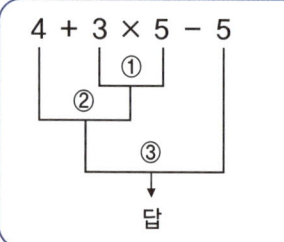

$$\begin{aligned}&4 + 3 \times 5 - 5 \\ &= 4 + 15 - 5 \\ &= 19 - 5 \\ &= 14\end{aligned}$$

위의 ①②③의 순서대로 계산하면 돼.
곱셈을 먼저 계산하고 그 다음에 덧셈과 뺄셈이야.
곱셈 먼저, 다음은 왼쪽으로부터 순서대로 계산!
어렵지 않지? 순서만 잘 기억하면 되는 거야.

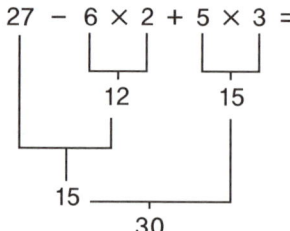

덧셈과 뺄셈, 곱셈이 섞여 있는 문제는 이 그림처럼 계산 순서에 알맞게 선을 그으면서 계산하는 연습을 하면 좋겠어.

Q1. 답 : 14

Q2. 문제

다음 계산을 하세요.   24 × (13 − 9) + 32 ÷ 8

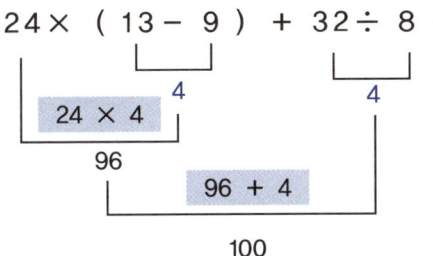

복잡한 식일수록 먼저 계산순서를 확인해야 해. 괄호, 곱셈과 나눗셈, 그 다음 덧셈과 뺄셈 순서로 왼쪽부터! 쉽지? ①부터 ④까지의 순서에 따라 차근차근 계산해 보자.

이렇게 계산하면 되지?

$$24 \times (13 - 9) + 32 \div 8 = ?$$

24 × 4   4
96
96 + 4
100

■ 덧셈, 뺄셈, 곱셈, 나눗셈과 괄호( )가 포함된 식의 계산 규칙
① 왼쪽→오른쪽의 순서로 차례대로 계산하는 것은 기본 규칙
② 덧셈과 뺄셈보다 곱셈, 나눗셈을 먼저 계산
③ 다른 어떤 계산보다도 괄호 안의 계산이 먼저
   (괄호가 여러 개 겹쳐 있는 경우 안쪽→바깥쪽 순서로 계산)
④ 괄호 안에 덧셈, 뺄셈, 곱셈, 나눗셈이 섞여 있을 때에도
   역시 곱셈, 나눗셈 먼저 계산

▶ 이 계산 규칙은 자연수뿐만 아니라 소수, 분수의 계산에도 똑같이 적용되니 꼭 기억해 두세요.

| 1학년 | 2학년 | 3학년 | 4학년 | **5학년** | 6학년 |

 # 괄호가 있는 식

Q1. 문제

문구점에서 55원짜리 연필 1자루와 12원짜리 사탕 1개를 샀습니다. 그리고 38원짜리 초콜릿 1개를 또 샀습니다. 문구점에서 쓴 돈은 모두 얼마인가요?

▶ 이런 문제는 어떻게 생각하면 좋을까요?
처음에 산 물건들의 값을 먼저 더한 후 다음에 산 물건값을 더하거나, 간식 종류의 값을 먼저 계산한 후 연필값을 더할 수 있어요.

- 처음에 산 물건들을 먼저 더하면,
  55 + 12 = 67
  67 + 38 = 105 이므로,
  55 + 12 + 38 = 105

어느 쪽이든 답은 같아.

- 간식 종류를 먼저 계산하면,
  12 + 38 = 50
  55 + 50 = 105 이니까,
  55 + 12 + 38 = 105

덧셈에서는 더하는 순서가 달라져도 답은 같아지지.

▶ 위의 계산식을 괄호 ( )를 사용하여 나타낼 수 있습니다.
괄호는 먼저 계산할 수를 나타내는 데에 사용합니다.
식에 괄호가 있을 때는 괄호 안의 계산을 먼저 하는 것이 규칙입니다.

- 처음에 샀던 물건값 먼저 계산하기
  (55 + 12) + 38 = 105
- 간식 종류의 값 먼저 계산하기
  55 + (12 + 38) = 105

간식 종류를 먼저 계산하는 방법이 간단하네!

Q2. 문제

35 원짜리 연필 1 자루와 50 원짜리 지우개 1 개를 사려고 100 원을 냈습니다. 거스름돈은 얼마일까요?

▶ 괄호가 있는 식으로 쓸 수 있을까요?
  사려는 물건들의 값을 괄호로 묶어 먼저 계산하면 편리합니다.

식 : 100 − (35 + 50) = 15
           ①
       35 + 50 = 85
           ②
       100 − 85 = 15

반드시 괄호 안을 먼저 계산해.

괄호 안을 먼저 계산하지 않고 왼쪽에서부터 순서대로 계산하면, 틀린 답이 나오게 되는구나!

✗ 100 − (35 + 50) = 115
        ①
    100 − 35 = 65
            ②
       65 + 50 = 115

덧셈과 뺄셈이 뒤섞여 있는 경우에 계산 순서를 바꾸면 답이 틀리게 돼.

■ 덧셈은 더하는 순서가 달라져도 답이 같습니다.
  식의 가운데에 괄호가 있을 때는 반드시 괄호 안을 먼저 계산합니다.

약수와 배수, 소수

▶ 약수와 배수에 대해 먼저 알아 봅시다.

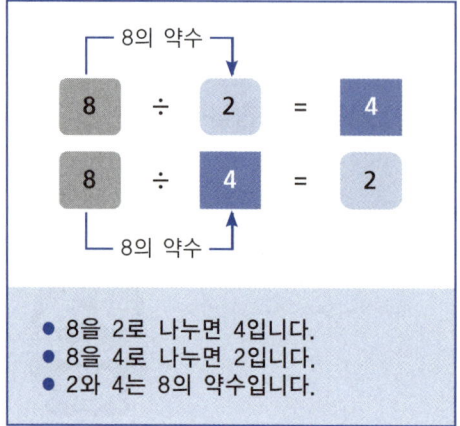

- 8을 2로 나누면 4입니다.
- 8을 4로 나누면 2입니다.
- 2와 4는 8의 약수입니다.

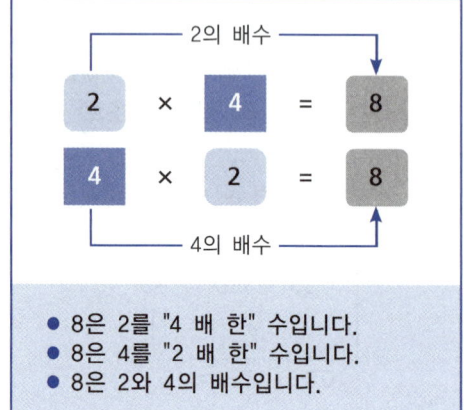

- 8은 2를 "4 배 한" 수입니다.
- 8은 4를 "2 배 한" 수입니다.
- 8은 2와 4의 배수입니다.

- 약수 : 어떤 수를 나누어떨어지게 하는 수
- 배수 : 어떤 수를 1배, 2배, 3배,… 한 수

▶ 12와 30의 약수를 구해 봅시다.
- 12의 약수: 1 , 2 , 3 , 4 , 6 , 12
- 30의 약수: 1 , 2 , 3 , 5 , 6 , 10 , 15 , 30 ,

→12와 30의 공통인 약수는 1, 2, 3, 6이고 그 중에서 가장 큰 약수는 6입니다.

▶ 둘 이상 되는 수의 공통인 약수를 **공약수**라고 하고, 공약수 가운데 가장 큰 수를 **최대공약수**라고 합니다.

12와 30의 공약수 → 1, 2, 3, 6

12와 30의 최대공약수 → 6

▶ 8과 12의 배수를 구해 봅시다.
- 8의 배수: 8 , 16 , 24 , 32 , 40 , 48 …
- 12의 배수: 12 , 24 , 36 , 48 , 60 , 72 …
→ 8과 12의 공통인 배수는 24, 48, … 등 이고, 그 중에서 가장 작은 배수는 24입니다.

▶ 둘 이상 되는 수의 공통인 배수를 **공배수**라고 하고, 공약수 가운데 가장 작은 수를 **최소공배수**라고 합니다.

8과 12의 공배수 → 24, 48, …
8과 12의 최소공배수 → 24

Q. 문제

다음 중 소수에 ○ 표시를 하세요.
1, 2, 3, 4, 5, 6, 7, 8, 9, 10

소수? 소수점 찍힌 수가 없는데 어떻게 어디에 ○표를 해?

여기서 소수는 자연수 중에서 '약수가 1과 자신뿐인 수'를 뜻해.

▶ 0.1, 3.89와 같은 소수점 아래 자리를 가진 수가 아닌 '약수가 1과 자기 자신뿐인 자연수'도 **소수**라고 부른답니다. 1은 소수에 포함되지 않으며, 10 이하의 소수는 2, 3, 5, 7뿐입니다.

■ 소수 : 약수가 1과 자기 자신뿐인 1보다 큰 자연수

답: 1, 2, 3, 4, 5, 6, 7, 8, 9, 10

최대공약수

▶ 최대공약수를 간단하게 구하는 방법이 있습니다.
1을 제외한 **두 수의 공약수로 계속 나누는 방식**입니다.

▶ 12와 18의 최대공약수 구하는 방법을 알아볼까요?

(1) 12와 18을 아래와 같이 나란히 씁니다.

)12 18

(2) 12와 18을 모두 나눌 수 있는 수(공약수)를 왼쪽에 씁니다.

2)12 18   ← 12와 18, 모두 2로 나누어떨어짐

(3) 12와 18을 2로 나누고 몫을 각각 아래에 씁니다.

2)12 18
    6   9   ← 12 ÷ 2 = 6, 18 ÷ 2 = 9

(4) 또 나누어지는지 판단합니다. (더 이상 공약수가 없음)

2)12 18
3) 6   9   ← 6과 9는 3으로 나누어떨어짐
    2   3   6 ÷ 3 = 2, 9 ÷ 3 = 3

(5) 왼쪽의 공약수, 즉 2와 3을 곱합니다.

2)12 18
3) 6   9   ← 2 × 3 = 6
    2   3   12와 18의 최대공약수는 6입니다.

■ 최대공약수 구하는 방법
① 1 이외의 공약수로 계속 나눈다.
② 몫이 서로소가 될 때까지 계속 나눈다.
③ 왼쪽의 나누어 준 공약수를 모두 곱한다.

※ 몫이 서로소가 된다는 것은 두 수의 공약수가 1뿐이라는 의미
  즉, 1 이외의 공약수가 없을 때까지 계속 나눈다는 뜻입니다.

수와연산

곱셈구구 6단에 12, 18, 두 수가 있어서 한 번에 나누어서 구했는데 이렇게 해도 돼?

당연히 되지. 아주 잘 했어. 최대공약수가 한 자리 수일 때는 곱셈구구만 잘 떠올리면 이슬이처럼 한 번에 구할 수도 있는 거야. 약수를 모두 적어서 최대공약수를 찾는 것보다 쉽지?

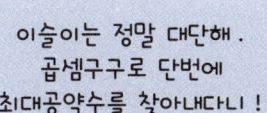

이슬이는 정말 대단해. 곱셈구구로 단번에 최대공약수를 찾아내다니!

난 지금 이슬이가 무슨 말을 하는건지 하나도 모르겠어. 곱셈구구? 한 번에?

 # 최소공배수

▶ 최소공배수도 최대공약수와 같이 공약수로 계속 나누기를 이용해서 간단히 구하는 방법이 있습니다.

▶ 8 과 12 의 최소공배수 구하는 방법을 알아볼까요?

(1) 8 과 12 를 아래와 같이 나란히 씁니다.

$)\ \underline{\ 8\quad 12\ }$

(2) 8 과 12 를 모두 나눌 수 있는 수(공약수)를 왼쪽에 씁니다.

$2)\ \underline{\ 8\quad 12\ }$ ← 8과 12, 모두 2로 나누어 떨어짐

(3) 12 와 18 을 2 로 나누고 몫을 각각 아래에 씁니다.

$2)\ \underline{\ 8\quad 12\ }$
$\quad\ \ 4\quad 6$ ← 8 ÷ 2 = 4, 12 ÷ 2 = 6

(4) 또 나누어지는지 판단합니다. (더 이상 공약수가 없음)

$2)\ \underline{\ 8\quad 12\ }$
$2)\ \underline{\ 4\quad 6\ }$ ← 4와 6은 2으로 나누어 떨어짐
$\quad\ \ 2\quad 3$ 4 ÷ 2 = 2, 6 ÷ 2 = 3

(5) 왼쪽의 공약수와 아래의 몫을 모두 곱합니다.

$2)\ \underline{\ 8\quad 12\ }$
$2)\ \underline{\ 4\quad 6\ }$
$\quad\ \ 2\quad 3$ ← 2 x 2 x 2 x 3 = 24
          8과 12의 최소공배수는 24입니다.

- 최소공배수 구하는 방법
  ① 1 이외의 공약수로 계속 나눈다.
  ② 1 이외의 공약수가 없을 때까지 계속 나눈다.
  ③ 왼쪽의 공약수와 아래의 몫을 모두 곱한다.

※ 최소공배수를 구하려는 두 수와 공약수로 계속 나눠 얻은 몫을 서로 엇갈려 곱해도 최소공배수를 구할 수 있습니다.

수와연산

오잉? 그걸 어떻게 알았지?
맞아! 두 수와 몫을 엇갈려
곱하는 것도 최소공배수를
구하는 또 다른 방법이야.
진구의 수학실력이 점점
좋아지는 것 같단 말이지.
아주 좋아!

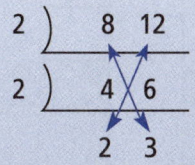

이렇게 엇갈려 곱해도
둘 다 24가 돼. 혹시
이렇게 최소공배수를
구해도 되는거야?

이슬이만 대단한 줄 알았는데,
진구 너까지?
이거 이거 나도 수학공부를
더 열심히 해야겠는걸?

진구야! 정말 멋지다.
어떻게 그런 걸 발견했어?
두 수와 몫을 엇갈려 곱해도
최소공배수가 된다는 것은
네 덕분에 잊지 않겠어.

크기가 같은 분수

Q. 문제

(가), (나), (다) 3개의 1L 들이 물통에 $\frac{1}{2}$L 씩 물을 부었습니다. ☐ 안에 들어갈 수를 구하세요.

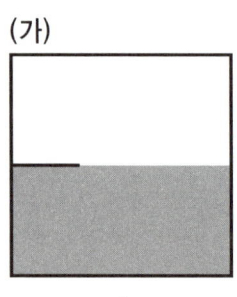

(가)

$\frac{1}{2}$ L

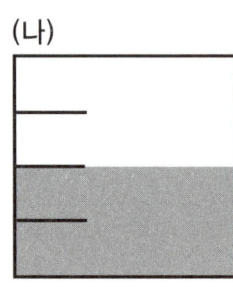

(나)

$\frac{\square}{4}$ L

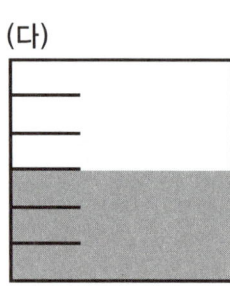

(다)

$\frac{\square}{6}$ L

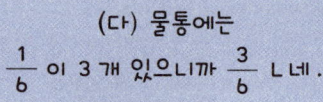

(나) 물통에는 $\frac{1}{4}$ 이 2개 있으니 $\frac{2}{4}$ L야.

(다) 물통에는 $\frac{1}{6}$ 이 3개 있으니까 $\frac{3}{6}$ L네.

잘 했어.

두 개의 물통에 물 $\frac{1}{2}$L를 부었어. 그런데 들어간 물의 양을 눈금에 따라 읽어보면 $\frac{1}{2}$L, $\frac{2}{4}$L, $\frac{3}{6}$L로 달라질 수도 있는 거야.

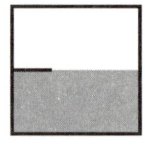 =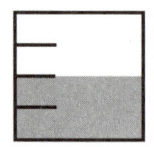

$\frac{1}{2}$ = $\frac{2}{4}$

> 그 말은
> $\frac{1}{2} = \frac{2}{4} = \frac{3}{6}$
> 이라는 거지?

> 바로 그거야!

▶ 같은 크기의 분수는 수직선을 꼭 그려보지 않아도 곱셈 계산으로 간단하게 확인할 수 있습니다.

> 분모를 2배 했으면, 분자도 2배를,
> 분모를 3배 했으면, 분자도 3배를,
> 분모를 4배 했으면, 분자도 4배를 해서
> 크기가 같은 여러 개의 분수를 만들 수 있다는 걸 알겠지?

$$\frac{2}{4} = \frac{2 \div 2}{4 \div 2} = \frac{1}{2}$$

$$\frac{4}{8} = \frac{4 \div 2}{8 \div 2} = \frac{1}{2}$$

> 아하! 그럼 분모와 분자를 똑같이 2로 나눠도 크기가 같은 분수가 된다는 거구나!

- 분모와 분자에 0이 아닌 같은 수를 곱하면 크기가 같은 분수가 됩니다.
- 분모와 분자를 0이 아닌 같은 수로 나누면 크기가 같은 분수가 됩니다.

답: $\frac{2}{3}$, $\frac{4}{6}$, $\frac{1}{7}$

 # 자연수를 분수로 고치는 방법

Q. 문제

자연수 3을 분수로 고치세요.

 ■ 어떤 자연수도 '자연수 ÷ 1 = $\dfrac{\text{자연수}}{1}$ '로 계산하여 1을 분모로 하는 분수로 고칠 수 있습니다.

▶ 자연수 3을 분수로 고치려면 3÷1로 계산해서 $\dfrac{\square}{1}$ 로 나타냅니다.

▶ 이런 방법으로 자연수를 분수로 고칠 수 있습니다. 간단하지요? 그렇다면 1이 아닌 다른 분모를 넣어 분수로 고치려면 어떻게 해야 할까요? 예를 들어, 3을 분모가 2인 분수로 나타내라고 한다면 어떤 방법으로 계산해야 할지 생각해 보세요.

$3 = \dfrac{\square}{2}$

답: $\dfrac{1}{3}$

- ○ ÷ △ = □ → □ = $\frac{○}{△}$ 이라는 식을 이용해 자연수를 여러 분수로 나타낼 수 있습니다.

▶ 6 ÷ 2 는 자연수 3 입니다. 이것은 3 = $\frac{6}{2}$ 으로 나타낼 수 있다는 뜻이기도 하지요. 이 외에도 자연수 3은 9 ÷ 3, 12 ÷ 4, 15 ÷ 5 … 로 계산할 수 있으므로 $\frac{9}{3}$, $\frac{12}{4}$, $\frac{15}{5}$ … 등으로 얼마든지 변형이 가능하다는 것을 꼭 기억하세요.

약분

Q. 문제

$\frac{16}{24}$ 을 약분하세요.

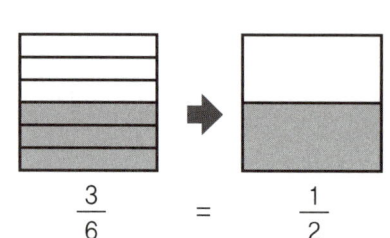

▶ 분모와 분자를 두 수의 공약수로 나누는 것을 '**약분**'이라고 합니다. 분수를 약분하면 크기가 같은 간단한 분수가 됩니다.

▶ $\frac{3}{6}$ 과 $\frac{1}{2}$ 은 크기가 같은 분수입니다. 어느 쪽이 더 간단할까요?
분수를 약분하면 크기는 바뀌지 않고 간단한 분수가 됩니다.
이처럼, 분수를 간단하게 고치는 것을 '**약분한다**'고 합니다.

- **약분이란?**
  분모와 분자를 그 두 수의 공약수로 나누어 간단한 분수로 나타내는 것입니다.

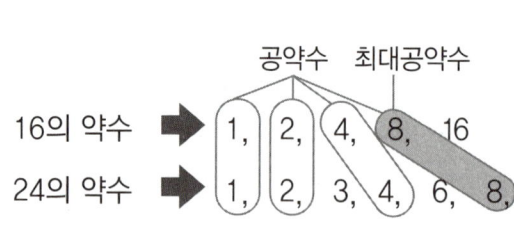

16과 24의 약수를 쭉 써보면, 최대공약수가 '8'이라는 것을 알 수 있지.

$$\frac{16}{24} = \frac{16 \div 8}{24 \div 8}$$

최대공약수 8로, 분모 24와 분자 16을 나누면 되는거야.

$$\frac{16}{24} = \frac{16 \div 8}{24 \div 8} = \frac{2}{3}$$

이게 약분이라는 거야.

$\frac{16}{24}$ 를 크기가 같은 가장 간단한 분수로 나타내면 $\frac{2}{3}$ 가 되는구나.

■ 기약분수란?
① 분모와 분자의 공약수가 1뿐인 분수입니다.
② 최대공약수로 분모와 분자를 나누면 기약분수가 됩니다.
③ 보통 기약분수가 될 때까지 약분합니다.

▶ 분모와 분자의 수가 커서 곧바로 최대공약수를 찾아낼 수 없을 때는 먼저 2나 3으로 나누어 보세요.

$$\frac{70}{84} = \frac{70 \div 2}{84 \div 2} = \frac{35}{42} = \frac{35 \div 7}{42 \div 7} = \frac{5}{6}$$

큰 수입니다. | 우선 2로 나누어 봅니다. | 나누어졌죠. | 아, 또 7로 나눌 수 있네요. | 이제 더 이상 나누어지지 않으니까, 약분 끝!

▶ 보통 공약수가 1뿐일 때까지 약분하여 **기약분수**로 답을 냅니다.

답: $\frac{2}{3}$

통분

Q. 문제

$\frac{1}{3}$ 과 $\frac{1}{4}$ 을 통분하세요.

▶ 둘 이상의 분수의 분모를 같게 만드는 것을 '**통분**'이라고 합니다.
그리고 통분하여 같아진 분모를 '**공통분모**'라고 합니다.
통분을 하면 두 분수의 크기를 간단하게 비교할 수 있고, 분수의 덧셈과 뺄셈을 할 수 있습니다.

- 통분이란?
분모가 다른 둘 이상의 분수에서 분모를 같게 만드는 것입니다.

3의 배수 ➡ 3, 6, 9, ⑫, 15 · · ·
4의 배수 ➡ 4, 8, ⑫, 16, 20 · · ·

3과 4의 최소공배수는 12야. $\frac{1}{3}$ 과 $\frac{1}{4}$ 을 각각 12를 분모로 하는 분수로 만들어 통분할 수 있어.

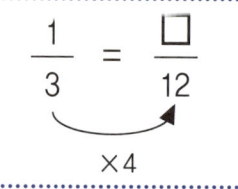

먼저 $\frac{1}{3}$ 부터 고쳐 보자. 분모가 3에서 12가 되어야 하니까 분모 3에 4를 곱하면 돼.

분수의 크기가 같도록 분자에도 4를 곱하니까 $\frac{4}{12}$가 됐어. 보이지?

$$\frac{1}{3} \overset{\times 4}{\underset{\times 4}{=}} \frac{4}{12}$$

$\frac{1}{3}$과 $\frac{4}{12}$는 크기가 같은 분수야.

$\frac{1}{3}$과 $\frac{1}{4}$을 12를 공통분모로 해서 통분하면 $\frac{4}{12}$와 $\frac{3}{12}$이 되네!

$\frac{1}{4}$도 마찬가지로 12를 분모로 하는 분수로 만들어야지.

$$\frac{1}{3} \overset{\times 4}{\underset{\times 4}{=}} \frac{4}{12} \qquad \frac{1}{4} \overset{\times 3}{\underset{\times 3}{=}} \frac{3}{12}$$

- **공통분모란?**
  ① 둘 이상의 분수의 분모를 같게 만들어 통분할 때, 같아진 분모를 말합니다.
  ② 공통분모로 최소공배수를 사용합니다.

답: $\frac{4}{12}$, $\frac{3}{12}$

분모가 다른 분수의 크기 비교

Q. 문제

다음 중 $\frac{1}{2}$과 크기가 같은 분수는 어느 것입니까? ($\frac{1}{3}$, $\frac{2}{4}$, $\frac{3}{5}$)

▶ 분모가 같은 분수끼리 비교할 때는 '**분자가 큰 쪽이 큰 분수**'입니다.
그런데 이 문제에 나온 분수는 분모가 모두 다릅니다.
이런 경우는 수직선을 이용해서 비교해 보면 좋겠지요?

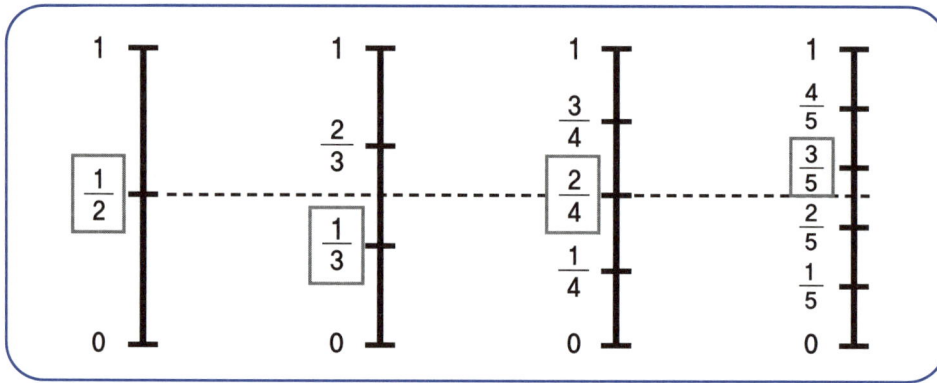

▶ 위의 수직선을 보면서 크기를 비교해 봅시다.

$\frac{1}{3}$ 은 $\frac{1}{2}$ 보다 작습니다

$\frac{2}{4}$ 는 $\frac{1}{2}$ 과 크기가 같습니다.

$\frac{3}{5}$ 은 $\frac{1}{2}$ 보다 큽니다.

즉, $\frac{1}{2}$ 은 $\frac{2}{4}$ 와 크기가 같은 분수입니다.

답: $\frac{2}{4}$

그럼 이 문제는 어때? 풀 수 있겠어?

$\frac{2}{3}$, $\frac{2}{5}$, $\frac{2}{4}$ 를 크기가 작은 것부터 순서대로 써 보세요.

왼쪽에 있는 수직선을 사용하면 금방 알 수 있어.

작은 것부터 써 보면, $\frac{2}{5}$, $\frac{2}{4}$, $\frac{2}{3}$ 이야.

정답! 분자가 똑같은 분수는 분모가 큰 쪽이 더 작은 수가 되는 거야.

- 분모가 같은 분수끼리 비교하면, 분자가 큰 쪽이 큰 분수
- 분자가 같은 분수끼리 비교하면, 분모가 큰 쪽이 작은 분수

▶ 케이크를 8조각으로 잘라서 나눠 먹을 때, 1조각, 2조각, 3조각 이렇게 조각 수가 늘어 날수록 먹는 양이 많아집니다.

그래서 $\frac{1}{8} < \frac{2}{8} < \frac{3}{8}$, 즉 **분자가 큰 쪽이 큰 분수입니다.**

▶ 크기가 같은 케이크 3개를 각각 4조각, 6조각, 8조각으로 잘라서 그 중 2조각씩을 먹을 때, 자른 조각수가 작을수록 먹는 양이 많아집니다.

그래서 $\frac{2}{8} < \frac{2}{6} < \frac{2}{4}$, 즉 **분모가 작은 쪽이 큰 분수입니다.**

| 1학년 | 2학년 | 3학년 | 4학년 | 5학년 | 6학년 |

통분이 있는 (진분수) + (진분수)

Q. 문 제

다음을 계산하세요. $\frac{1}{3} + \frac{1}{2}$

▶ 통분이 있는 분수의 덧셈을 해 봅시다.

(1) 먼저 통분을 합니다.

$$\frac{1}{3} + \frac{1}{2}$$

3과 2의 최소공배수는 6이니까 통분을 해서 두 분수를 6을 분모로 하는 분수로 고치면…

(2) 통분을 하면 다음과 같습니다.

$$\frac{1}{3} \xrightarrow{\times 2} + \frac{1}{2} \xrightarrow{\times 3} = \frac{2}{6} + \frac{3}{6}$$

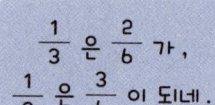

$\frac{1}{3}$ 은 $\frac{2}{6}$ 가, $\frac{1}{2}$ 은 $\frac{3}{6}$ 이 되네.

(3) 덧셈을 해서 답을 구합니다.

$$\frac{1}{3} + \frac{1}{2} = \frac{2}{6} + \frac{3}{6}$$

$$= \frac{5}{6}$$

분모가 같은 분수끼리의 덧셈은 분자만 더하고 분모는 그대로 두면 되는 거 알지?

- 분모가 다른 분수의 덧셈은 통분 즉, 분모를 같게 만들어 분수의 덧셈 계산을 합니다.

- 통분이 있는 덧셈을 할 때, 다음 두 가지에 유의하세요.

● 체크포인트 1 : 답이 가분수가 될 때 대분수로 고쳐 답 구하기

$$\frac{3}{4} + \frac{5}{6} = \frac{9}{12} + \frac{10}{12} = \boxed{\frac{19}{12}} = \boxed{1\frac{7}{12}}$$

앗, 가분수다! ➡ 대분수로 고쳐 답을 구합니다.

● 체크포인트 2 : 약분할 수 있는 답은 약분하여 기약분수로 만들기

$$\frac{1}{2} + \frac{3}{10} = \frac{5}{10} + \frac{3}{10} = \boxed{\frac{8}{10}} = \boxed{\frac{4}{5}}$$

앗, 2로 약분할 수 있다! ➡ 분모와 분자를 2로 나누면...

통분이 있는 덧셈에 대해 잘 알겠어? 혹시 통분하는 방법을 모르면 206쪽을, 가분수를 대분수로 고치는 방법을 모르면 142쪽을, 약분해서 기약분수로 만드는 방법을 모르면 204쪽을 다시 공부하도록 해. 잘 모르는 내용은 꼭 복습하기! 알지?

답 : $\frac{1}{3} + \frac{1}{2} = \frac{5}{6}$

| 1학년 | 2학년 | 3학년 | 4학년 | 5학년 | 6학년 |

 통분이 있는 (진분수) - (진분수)

Q. 문제

다음 계산을 하세요. $\dfrac{1}{2} - \dfrac{1}{3}$

▶ 통분이 있는 분수의 뺄셈을 해 봅시다.

(1) 먼저 통분을 합니다.

$$\dfrac{1}{2} - \dfrac{1}{3}$$

2와 3의 최소공배수는 6이니까, 통분을 해서 두 분수를 6을 분모로 하는 분수로 고치면…

(2) 통분을 하면 다음과 같습니다.

$$\underset{\times 3}{\overset{\times 3}{\dfrac{1}{2}}} - \underset{\times 2}{\overset{\times 2}{\dfrac{1}{3}}} = \dfrac{3}{6} - \dfrac{2}{6}$$

$\dfrac{1}{2}$은 $\dfrac{3}{6}$이, $\dfrac{1}{3}$은 $\dfrac{2}{6}$가 되지

(3) 뺄셈을 해서 답을 구합니다.

$$\dfrac{1}{2} - \dfrac{1}{3} = \dfrac{3}{6} - \dfrac{2}{6} = \dfrac{1}{6}$$

분모가 같은 분수끼리의 뺄셈은 분자만 빼고, 분모는 그대로 두는 거야. 통분만 알면 별 거 아니지.

- 분모가 다른 분수의 뺄셈은 통분 즉, 분모를 같게 만들어 분수의 뺄셈 계산을 합니다.

- 통분이 있는 뺄셈을 할 때, 다음 두 가지에 유의하세요.

● 체크포인트1 : 약분할 수 있는 답은 약분하여 기약분수로 만들기

$$\frac{9}{20} - \frac{1}{5} = \frac{9}{20} - \frac{4}{20} = \frac{5}{20} = \frac{1}{4}$$

5로 약분이 됩니다.

$$\frac{2}{3} - \frac{1}{15} = \frac{10}{15} - \frac{1}{15} = \frac{9}{15} = \frac{3}{5}$$

3으로 약분이 됩니다.

● 체크포인트2 : (진분수) − (진분수)의 계산에서는 답이 가분수가 되지 않으니, 대분수가 나왔다면 다시 계산합니다.

통분이 있는 뺄셈에 대해 잘 이해했지?
혹시 통분하는 방법을 모르면 206쪽을,
약분해서 기약분수로 만드는 방법을 모르면
204쪽을 다시 공부하도록 해.
진분수끼리의 뺄셈에서는 절대 가분수 답이
나올 수 없다는 것도 꼭 기억해 두자!

답 : $\frac{1}{3} - \frac{1}{2} = \frac{1}{6}$

통분이 있는 대분수의 덧셈, 뺄셈

Q1. 문 제

다음을 계산하세요. $2\frac{5}{12} + 1\frac{3}{4}$

■ 대분수를 통분할 때는 자연수 부분은 그대로 두고, 진분수 부분만 통분합니다. 그런 다음, 자연수 부분과 분수 부분을 각각 계산합니다.

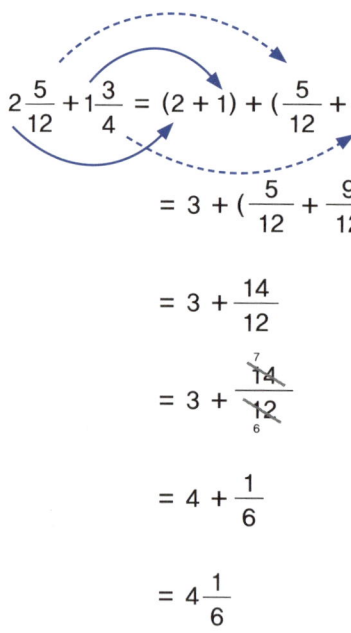

12와 4의 최소공배수는 12야. $\frac{5}{12}$는 그대로 두고, $\frac{3}{4}$은 $\frac{9}{12}$로 고치는 거야.

합은 $3\frac{14}{12}$가 되네. $\frac{14}{12}$는 2로 약분하면 $\frac{7}{6}$이야.

가분수를 자연수로 받아 올리면 3이 4가 되고 '7-6'을 해서 분자는 1이야. 이렇게 해서 계산 끝!

Q1. 답 : $4\frac{1}{6}$

Q2. 문제

다음을 계산하세요. $5\dfrac{2}{3} - 2\dfrac{20}{21}$

■ 통분이 있는 대분수의 뺄셈도 덧셈과 마찬가지로 자연수 부분끼리, 분수 부분끼리 각각 계산합니다.

$$5\dfrac{2}{3} - 2\dfrac{20}{21} = (5-2) + \dfrac{2}{3} - \dfrac{20}{21}$$

$$= 3 + \left(\dfrac{14}{21} - \dfrac{20}{21}\right)$$

$$= 2 + \left(\dfrac{35}{21} - \dfrac{20}{21}\right)$$

$$= 2\dfrac{15}{21}$$

$$= 2\dfrac{5}{7}$$

21은 3의 배수니까, 통분하기가 쉽네. $\dfrac{2}{3}$의 분모와 분자에 7을 곱하면 $\dfrac{14}{21}$야. $\dfrac{20}{21}$은 그대로 둬.

'14 - 20'은 계산할 수 없으니까 받아내림을 해야겠네. 자연수 부분을 계산하면 '5 - 2 = 3'이고 여기서 1을 분수 부분으로 받아 내리자.

뺄셈 계산을 하면 $2\dfrac{15}{21}$가 돼. 15와 21, 모두 3으로 나누어지니까 분모는 '21 ÷ 3 = 7', 분자는 '15 ÷ 3 = 5'야.

Q2. 답 : $2\dfrac{5}{7}$

(진분수) × (자연수)

Q. 문제

다음을 계산하세요. $\frac{1}{5} \times 4$

진구야, 답은 얼마지?

분수의 곱셈은 아직 배우지 않아서 몰라.

답만 구하는 거라면 알지. $\frac{4}{5}$ 야.

어떻게 알았어?

$$\frac{1}{5} \times 4 = \frac{1}{5} + \frac{1}{5} + \frac{1}{5} + \frac{1}{5} = \frac{4}{5}$$

$\frac{1}{5}$ 이 4개 있으니까 이렇게 되지 않아?

분모는 그대로 두고 분자에 자연수를 곱하면 되지 않을까?

$$\frac{1}{5} \times 4 = \frac{1 \times 4}{5} = \frac{4}{5}$$

바로 그거야. 진분수와 자연수의 곱셈은 이렇게 하면 돼.

■ 진분수와 자연수의 곱셈
① 분모는 그대로 두고 분자에 자연수를 곱하면 됩니다.
② 1보다 작은 분수를 곱하면 곱은 처음 수보다 작아집니다.

$$4 \times \frac{1}{5} = \frac{4 \times 1}{5} = \frac{4}{5}$$

'곱셈은 자리를 바꿔서 곱해도 답은 같다.' 배운 기억이 나.

(자연수)×(진분수)의 계산 방법도 똑같아.

답: $\frac{1}{5} \times 4 = \frac{4}{5}$

(대분수) × (자연수)

Q. 문제

다음을 계산하세요.　　$2\frac{5}{8} \times 4$

- 대분수와 자연수의 곱셈
  ① 대분수의 자연수 부분과 진분수 부분에 각각 자연수를 곱합니다.
  ② 대분수를 가분수로 바꾼 분모에 자연수를 곱합니다.

난 ①의 방법이 더 좋다고 생각해!

그럼, 해보자구!

① $2\frac{5}{8} \times 4 = 2 \times 4 + \frac{5}{8} \times 4$

$\phantom{2\frac{5}{8} \times 4} = 8 + \frac{20}{8}$

$\phantom{2\frac{5}{8} \times 4} = 8 + 2 + \frac{4}{8}$

$\phantom{2\frac{5}{8} \times 4} = 10 + \frac{1}{2}$

$\phantom{2\frac{5}{8} \times 4} = 10\frac{1}{2}$

우선 자연수 2와 분수 $\frac{5}{8}$에 각각 4를 곱하면, '2 × 4 = 8'이고, $\frac{5}{8} \times 4$는 $\frac{5 \times 4}{8}$니까, $\frac{20}{8}$이야.

20÷8=2...나머지 4
자연수에 2를 받아 올리고, 분수는 $\frac{4}{8}$가 되니까...

아, $\frac{4}{8}$는 약분할 수 있구나. 그러면 $\frac{1}{2}$이야. 이제 답만 쓰면 되겠다.

나는 ②의 방법이 더 좋아. 한 번에 계산을 끝낼 수 있어. 여길 봐!

$2\frac{5}{8}$ 의 분자는 '2 × 8 + 5'니까 $\frac{21}{8}$ 과 같아. 4는 $\frac{4}{1}$ 야.

② $2\frac{5}{8} \times 4 = \dfrac{21 \times 4}{8 \times 1}$

$= \dfrac{21 \times \cancel{4}^{1}}{\cancel{8}_{2} \times 1}$

$= \dfrac{21}{2}$

$= 10\dfrac{1}{2}$

약분도 해버리자. 4로 나누면 4는 1, 8은 2가 되네.

분모가 2, 분자는 '21 × 1 = 21'이라 가분수가 되는구나.

'21 ÷ 2 = 10'이고 나머지 1이니까 답이 나왔네!

어때? 이 계산이 더 간단하지?

음... 왠지 도라에몽에게 감쪽같이 속은 것 같아.

▶ 중간에 약분할 수 있으면 도라에몽이 계산한 ②의 방법을 쓰는 경우가 많습니다. (대분수)×(진분수) 또는 (대분수)×(대분수)의 계산에서 ②의 방법을 많이 쓰니까 확실하게 익혀두세요.
여러분은 어떤가요? 두 가지 방법으로 계산해 본 후 자신에게 더 잘 맞는 방법을 선택하세요.

| 1학년 | 2학년 | 3학년 | 4학년 | **5학년** | 6학년 |

 # (진분수) × (진분수)

Q. 문제

다음 계산을 하세요.　　$\dfrac{1}{2} \times \dfrac{1}{3}$

▶ 분수끼리의 곱셈 방법은 매우 간단합니다.

POINT
- (분수) × (분수)의 계산은 분모끼리, 분자끼리 각각 곱셈을 합니다.

봐! 이렇게 하면 돼.

분자끼리 곱셈 ↓

$$\dfrac{1}{2} \times \dfrac{1}{3} = \dfrac{1 \times 1}{2 \times 3} = \dfrac{1}{6}$$

↑ 분모끼리 곱셈

색종이로 $\dfrac{1}{2} \times \dfrac{1}{3} = \dfrac{1}{6}$ 을 나타내면 이렇게 되는 거야.

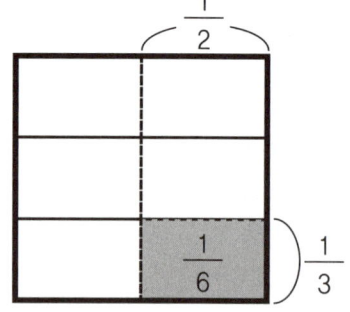

답: $\dfrac{1}{2} \times \dfrac{1}{3} = \dfrac{1}{6}$

▶ 분모끼리, 분자끼리 곱셈을 하는 것은 가분수의 곱셈도 마찬가지입니다. 분수의 덧셈과 뺄셈은 답을 구한 다음 약분을 따로 해야 하지만, 분수의 곱셈에서는 계산 중에 약분할 수 있습니다.

■ 분수의 곱셈에서는 계산 중에 약분할 수 있는지 확인하고 약분하면서 계산합니다.

수와연산

$$\frac{1}{4} \times \frac{2}{3} = \frac{1 \times 2}{4 \times 3} = \frac{1 \times \cancel{2}^{1}}{\cancel{4}_{2} \times 3} = \frac{1}{6}$$

답은 $\frac{1}{6}$ 입니다.

↑ 2로 약분할 수 있습니다.

↑ 2로 약분하면 분자는 1×1, 분모는 2×3이 됩니다.

계산 중에 공약수를 찾아서 약분하면, 계산이 간단해져.

$$\frac{3}{4} \times \frac{8}{9} = \frac{\cancel{3}^{1} \times \cancel{8}^{2}}{\cancel{4}_{1} \times \cancel{9}_{3}} = \frac{2}{3}$$

계산 도중 약분할 땐 비스듬히 줄을 그어 표시하도록 해.

분수를 소수로, 소수를 분수로 바꾸기

Q1. 문 제

$\frac{2}{5}$를 소수로 고치세요.

■ 분수를 소수로 고칠 때는, '분자 ÷ 분모'를 계산하면 됩니다.

▶ 대분수나 가분수를 소수로 나타낼 수 있습니다.

대분수를 소수로 고치기

$1\frac{2}{5} = 1 + \frac{2}{5} = 1 + 2 \div 5 = 1 + 0.4 = 1.4$

자연수 부분은 그대로 두고, 진분수만 계산하면 돼.

진분수를 소수로 고치고, 자연수에 더해주면 되는 거네.

가분수를 소수로 고치기

$\frac{8}{5} = 8 \div 5 = 1.6$

가분수를 소수로 고칠 때도 (분자) ÷ (분모)로 계산하면 돼.

▶ 그런데, 끝없이 계속되는 소수가 되는 분수도 있답니다.

$\frac{2}{7} = 2 \div 7 = 0.2857142\cdots$

Q1. 답 : 0.4 (식 : 2 ÷ 5 = 0.4)

Q2. 문 제

0.9를 분수로 고치세요.

▶ 소수를 분수로 고칠 때는 $\frac{1}{10}$ 또는 $\frac{1}{100}$ 을 기준으로 생각합니다.

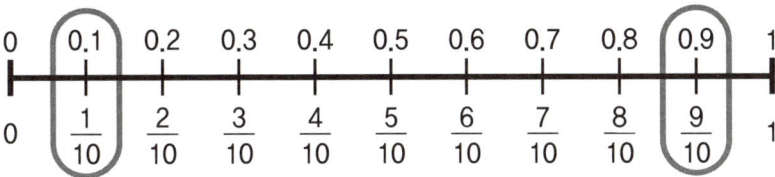

▶ 이렇게, 소수를 분수로 고칠 때는 $0.1 = \frac{1}{10}$, $0.01 = \frac{1}{100}$ 의 관계를 이용하면 됩니다.

● $0.13 = \frac{13}{100}$ 을 생각해내는 방법

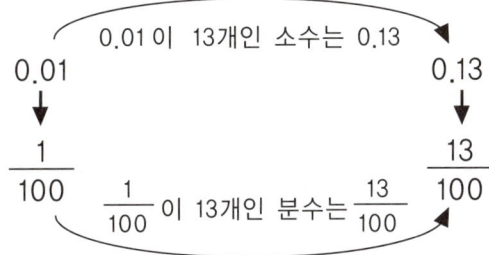

분수와 소수의 관계를 이해하면 이 정도는 쉽게 할 수 있을 거야. 확실히 알고 가자.

● $1.3 = 1\frac{3}{10}$ 을 생각해내는 방법

$1.3 = 1 + \boxed{0.3} = 1 + \boxed{\frac{3}{10}} = 1\frac{3}{10}$

Q2. 답 : $0.9 = \frac{9}{10}$

분수와 소수의 크기 비교

Q. 문제

다음 세 수를 작은 순서대로 차례대로 쓰세요.

0.75 , $\dfrac{3}{5}$, $\dfrac{1}{2}$

■ 자연수, 분수, 소수의 크기 비교
① 비교하는 수를 모두 소수로 고쳐서 비교합니다.
② 비교하는 수를 모두 분모가 같은 분수로 고쳐서 비교합니다.

▶ 이 문제는 0에서 1까지 나타낸 수직선 위에 세 수를 표시해 보면 쉽게 알 수 있습니다.

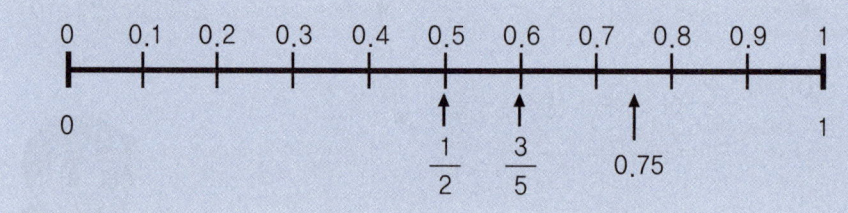

▶ 0.75는 수직선 위 0.7과 0.8 사이에 있는 수입니다.

▶ $\dfrac{3}{5}$ 는 $\dfrac{6}{10}$ 이니까 $\dfrac{6}{10}$ (0.6) 눈금 위에 있는 수입니다.

▶ $\dfrac{1}{2}$ 은 $\dfrac{5}{10}$ 이니까, $\dfrac{5}{10}$ (0.5) 눈금 위에 있는 수입니다.

답: $\dfrac{1}{2}$, $\dfrac{3}{5}$, 0.75

▶ 분수와 소수의 크기 비교 문제는 분수를 소수로 고치면
바로 비교할 수 있어 편리합니다.

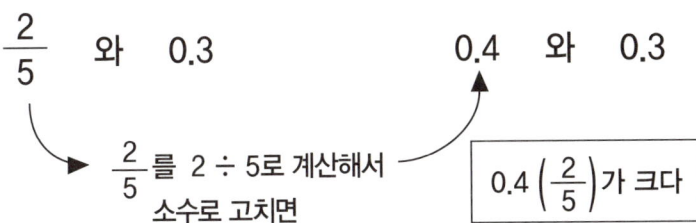

$\dfrac{2}{5}$ 와 0.3   0.4 와 0.3

$\dfrac{2}{5}$를 2 ÷ 5로 계산해서 소수로 고치면

0.4 $\left(\dfrac{2}{5}\right)$가 크다

▶ 소수로 고칠 수 없는 분수의 경우, 비교하는 소수와 같은 자리까지만
계산하여 비교할 수 있습니다.

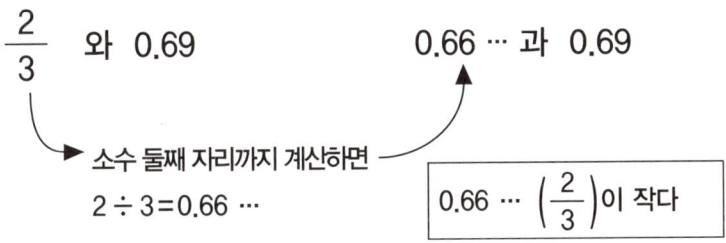

$\dfrac{2}{3}$ 와 0.69   0.66 … 과 0.69

소수 둘째 자리까지 계산하면
2 ÷ 3 = 0.66 …

0.66 … $\left(\dfrac{2}{3}\right)$이 작다

$\dfrac{1}{10} = 0.1$ $\dfrac{1}{4} = 0.25$

$0.9 = \dfrac{9}{10}$ $0.11 = \dfrac{11}{100}$

분수를 소수로 고치는 방법과
소수를 분수로 고치는 방법을
222~223쪽에서 설명했어!

222~223쪽에서
공부한 내용이네.
그래도 한 번 더
확실히 복습하면
좋겠다.

수의 구조

Q. 문제

12.345의 ①10배인 수 ②100배인 수 ③ $\frac{1}{10}$ 인 수 ④ $\frac{1}{100}$ 인 수를 답하세요.

```
12.345
  ↓
12.3450
```

```
12⏝3.45
  ↓
123.450
```

10 배라는 것은 끝에 0 을 1 개 붙이는 거니까... 어? 12.345 의 10 배는 12.3450 인가?

아니... 소수와 자연수를 똑같이 생각하면 안 돼.

소수를 10배할 때는 소수점을 1칸 오른쪽으로 움직이면 돼.

$\frac{1}{10}$ 배를 할 때는 반대로 소수점을 1칸 왼쪽으로 움직이면 되겠네!

▶ 소수점을 오른쪽으로 한 칸 씩 움직이면
10배, 100배, 1000배… 씩 커지고,
소수점을 왼쪽으로 한 칸 씩 움직이면
$\frac{1}{10}$ 배, $\frac{1}{100}$ 배, $\frac{1}{1000}$ 배… 씩 작아집니다.

소수점을 움직이면 10배나 $\frac{1}{10}$ 배의 수가 돼.

천의 자리	백의 자리	십의 자리	일의 자리	0.1의 자리	0.01의 자리	0.001의 자리	0.0001의 자리	0.00001의 자리
1	2	3	4	5				
	1	2	3	4	5			
		1	2	3	4	5		
			1	2	3	4	5	
			0	1	2	3	4	5

100배 { 10배, 10배
$\frac{1}{100}$ { $\frac{1}{10}$, $\frac{1}{10}$

▶ 12.345의 구조는 다음과 같습니다.

12.345	=	10	× 1 ……	10
	+	1	× 2 ……	2
	+	0.1	× 3 ……	0.3
	+	0.01	× 4 ……	0.04
	+	0.001	× 5 ……	0.005
				12.345

12.345 = 10 × 1 + 1 × 2 + 0.1 × 3 + 0.01 × 4 + 0.001 × 5

- 수의 구조를 다음과 같이 정리할 수 있습니다.
  ① 자연수를 10배, 100배…할 때, 일의 자리 오른쪽에 0을 1개, 2개…붙입니다.
  ② 자연수를 $\frac{1}{10}$ 배, $\frac{1}{100}$ 배… 할 때, 일의 자리 왼쪽부터 소수점을 붙이고 왼쪽으로 1칸씩 옮깁니다.
  ③ 소수를 10배, 100배…할 때, 소수점을 오른쪽으로 1칸씩 옮깁니다.
  ④ 자연수를 $\frac{1}{10}$ 배, $\frac{1}{100}$ 배…할 때, 소수점을 왼쪽으로 1칸씩 옮깁니다.

```
 12  ⎫ 1/10
           ⎫ 1
1.2  ⎬      ⎬ 1/100
     ⎭ 1/10 ⎭
0.12
```

〈포인트〉의 ②번을 그림으로 설명 한거야.

답 : ① 123.45 ② 1234.5 ③ 12.345 ④ 0.12345

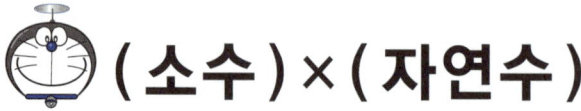

(소수) × (자연수)

▶ 소수의 곱셈은 자연수의 곱셈과 똑같이 계산한 다음 알맞은 자리에 소수점을 찍어서 답을 구합니다. 소수의 곱셈에서 소수점의 자리를 정하는 규칙을 꼭 기억해 두세요.

● 1.2 × 3 = 의 계산이라면 … (소수) × (자연수)의 계산

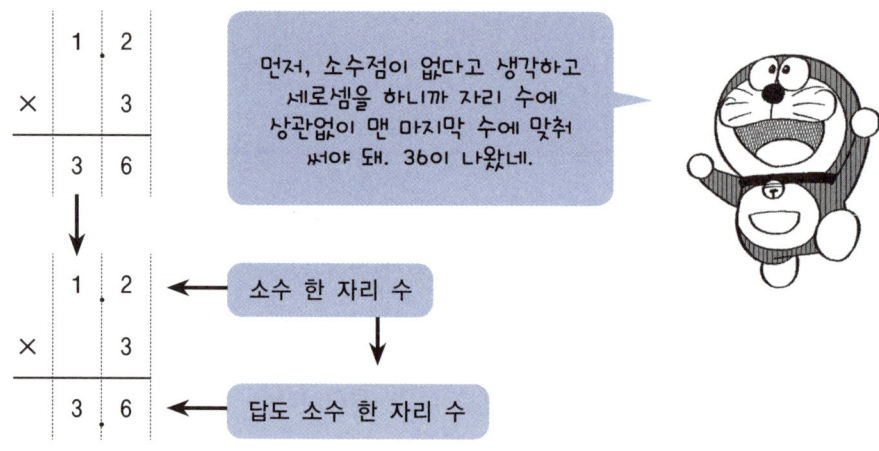

1.2 × 3 = 3.6

▶ 소수의 곱셈은 소수의 덧셈과 달리 소수점의 자리를 맞춰 쓰고 세로셈을 하지 않습니다. 자연수의 곱셈처럼 끝자리에 맞추고 곱셈을 한 후 곱하는 또는 곱해지는 소수의 소수점 자리를 그대로 사용합니다.

■ (소수) × (자연수) 또는 (자연수) × (소수)의 곱셈
① 자연수의 곱셈과 똑같은 방법으로 계산합니다.
② 곱하는 소수 또는 곱해지는 소수의 소수점 자리와 같은 자리에 소수점을 찍습니다.

● 0.6 × 5 = 를 계산하면 ... (0 을 지우는 계산)

```
      0 . 6
  ×     5
  ─────────
      3 . 0
```

소수의 맨 마지막 자리 수가 0인 경우는, 0을 지워줍니다.

'0.6×5 =3.0'이 돼. 이 계산처럼 소수의 맨 마지막 자리 수가 0이 되는 경우에는 0을 지우고 답을 쓰면 돼. 답은 3.0이 아니라 3이라고 써야 되는 거야.

● 0.04 × 25 = 를 계산하면 ... (0 을 지우는 계산)

```
      0 . 0 4
  ×       2 5
  ───────────
          2 0
        8
  ───────────
      1 . 0 0
```

이와 같은 경우에는 $\frac{1}{100}$의 자리 수인 0과 $\frac{1}{10}$의 자리 수인 0, 둘 다 지워줍니다.

이런 경우에는 소수점은 뒤에서부터 2번째 수의 왼쪽에 찍어주는 거야. 백분의 일의 자리 수 0을 지우고, 십분의 일의 자리 수 0도 지워줘.

| 1학년 | 2학년 | 3학년 | 4학년 | **5학년** | 6학년 |

(자연수) × (소수), (소수) × (소수)

Q. 문제

1m의 길이에 무게가 125g 나가는 밧줄이 있습니다.
① 밧줄 2.8m의 무게는 얼마일까요?
② 밧줄 1m의 무게가 0.125kg이라면 8.4m일 때의 무게는 얼마일까요? kg으로 나타내세요.

▶ 문제 ①은 (자연수) × (소수)의 계산입니다.
식은 125(g) × 2.8(m)입니다. 이것을 세로셈으로 어떻게 계산할까요?

```
      1 2 5
   ×    2.8
   1 0 0 0
   2 5 0
   3 5 0.0̸
```

① 125×28의 세로셈 계산을 합니다. 합은 3500이 됩니다.
② 곱하는 수가 소수 한 자리 수이므로 답도 소수 한 자리 수가 되도록 소수점을 찍습니다.
③ 350.0이 되므로 답은 350g입니다.

(자연수) × (소수)의 계산 방법이야.

▶ 자연수에 소수를 곱하는 세로셈은 (자연수) × (자연수)와 같은 방법으로 계산해서 얻은 값에 곱하는 소수와 똑같은 위치에 소수점을 찍어주면 됩니다. (자연수) × (소수 한 자리 수)라면, 답도 소수 한 자리 수입니다. 문제 ①의 경우, 소수의 마지막 자리가 0이므로 0을 지우고 답을 구한다는 것도 잊지 마세요.

■ (자연수) × (소수 한 자리 수)의 답
 → 소수 한 자리 수
■ (자연수) × (소수 두 자리 수)의 답
 → 소수 두 자리 수
■ (자연수) × (소수 세 자리 수)의 답
 → 소수 세 자리 수

답: ① 350g

▶ 문제 ②는 (소수) × (소수) 의 계산입니다.
식은 0.125(kg) × 8.4(m) 입니다. 이것을 세로셈으로 어떻게 계산할까요?

②와 같이
(소수) × (소수)의
계산은 어떻게 해야
하는 거야?

곱해지는 소수와 곱하는 소수의
소수점 아래에 있는 자리 수가
몇 개인지 합한 다음,
소수점을 찍어주면 돼.

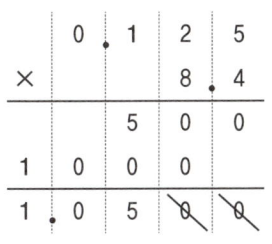

① 125×84를 세로셈으로 계산합니다.
   곱은 10500이 됩니다.
② 곱해지는 수는 소수 세 자리 수이고,
   곱하는 수는 소수 한 자리 수입니다.
   3과 1을 더해 4, 즉 소수 네 자리
   수가 되므로 오른쪽 끝에서 왼쪽으로
   4칸 옮겨 소수점을 찍어줍니다.
③ 1.05000이 되는데, 맨 끝에 있는
   0을 2개 지워, 답은 1.05kg입니다.

1.0500 이 되니까,
맨 뒤의 0을 2개
지워야 하는 거지?
답은 1.05 야.

②의 계산은 소수 세 자리 수에
소수 한 자리 수를 곱했어. 먼저 (자연수)×(자연수)로
계산을 해서 곱을 구해. 다음엔 두 소수의 자리 수를
더해. 곱해지는 수는 소수 세 자리 수, 곱하는 수는
소수 한 자리 수니까 3 + 1 = 4야. 즉, 곱의 오른쪽
끝에서 네 자리만큼 왼쪽으로 와서 소수점을 찍어서
소수 네 자리 수가 되는 거야.

POINT

- (소수)×(소수) 계산은 먼저 (자연수)×(자연수)와 똑같이
  계산한 후 두 소수의 자리 수를 합하여 소수점을 찍습니다.
- (소수 두 자리 수) × (소수 한 자리 수)의 답
  → 2 + 1 = 3이므로 답의 오른쪽 끝에서 왼쪽으로 3칸
  옮겨 소수점을 찍습니다.

시간과 분수

Q. 문제

25분은 몇 시간이라고 할 수 있을까요? 분수로 나타내 보세요.

▶ 분수를 사용해서 분을 시간으로 고치는 방법을 생각해 봅시다.
  시계를 보면서 생각하면 좀 더 이해하기 쉽겠죠?

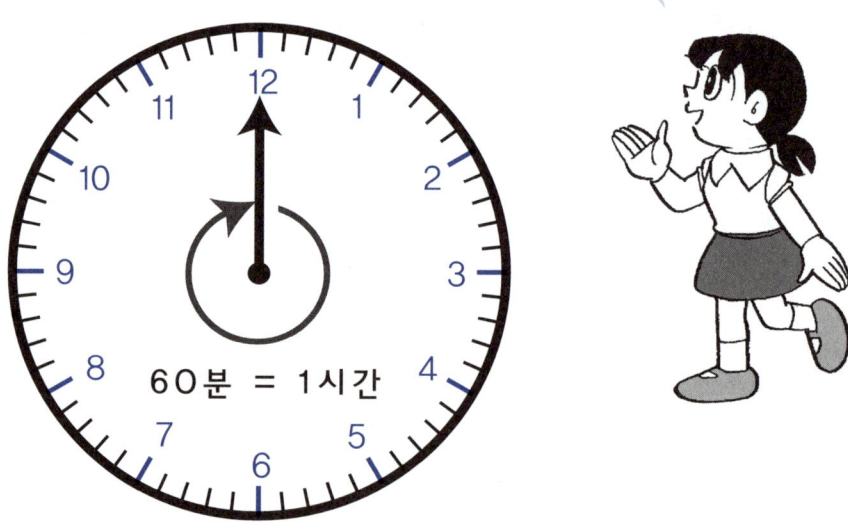

한 바퀴를 도는 동안 1분을 나타내는 눈금을 60개 지나니까 1시간은 60분이야. 그러니까 25분은 $\frac{25}{60}$ 시간이 되는 거지. $\frac{25}{60}$ 를 5로 약분해 보면 답을 알 수 있어.

60분 = 1시간

답: 25분 = $\frac{5}{12}$ 시간

▶ 초를 분으로 고치는 경우에도 1분 = 60초이기 때문에, 똑같이 생각하면 됩니다. 초침이 한 바퀴 도는 동안 1초를 나타내는 눈금을 60개 지날 때, 분침은 1분짜리 눈금 한 칸 옮겨가니까 1분은 60초가 되죠. 25초를 분으로 나타내면 아래의 식과 같습니다.

$$25초 = \frac{25}{60}분 = \frac{5}{12}분$$

- 분을 시간으로 바꾸는 경우 → $\frac{분}{60}$ (시간)

- 초를 분으로 바꾸는 경우 → $\frac{초}{60}$ (분)

수와 연산

길이와 분수

> **Q. 문제**
>
> □ 안에 들어갈 알맞은 분수를 쓰세요.
> 30cm = □ m

▶ 길이의 단위 사이의 관계를 기억하고 있나요?

100cm = 1m, 1cm = $\frac{1}{100}$ m (0.01m) 입니다.

1cm가 100개 있으면 1m가 돼.
1m는 1cm의 100배라는 뜻이지.
즉, 1cm는 $\frac{1}{100}$ m로 나타낼 수 있어.

▶ 그래서 cm를 m로 나타낼 때는, 분수를 사용해서 아래와 같이 합니다.

□ cm = $\frac{□}{100}$ m

▶ 30cm를 위 식에 넣어 보면 $\frac{30}{100}$, 10으로 약분하면 되겠죠?

1m가 100cm이므로 30cm는 100cm 중에 30cm가 됩니다.

왜 $\frac{30}{100}$ m 라고 나타내는지 이해했나요?

답 : $\frac{3}{10}$

▶ 수직선으로 그려보면 30cm = $\frac{3}{10}$ m라는 것을 쉽게 알 수 있어요.

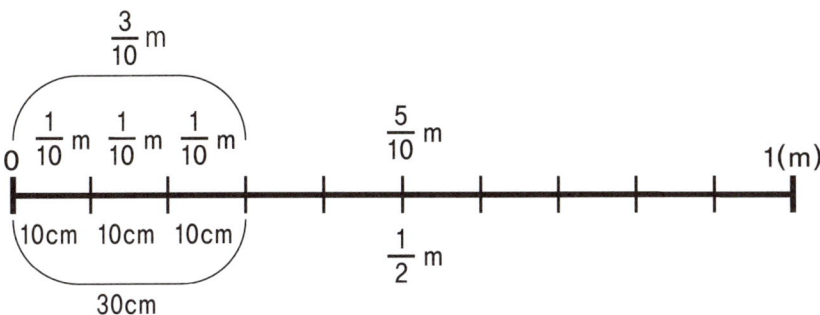

■ 분수를 사용해서 길이의 단위를 바꾸는 방법

$$mm를\ cm로 \rightarrow \Box\ mm = \frac{\Box}{10}\ cm$$

$$cm를\ m로 \rightarrow \Box\ cm = \frac{\Box}{100}\ m$$

$$m를\ km로 \rightarrow \Box\ m = \frac{\Box}{1000}\ km$$

▶ 부피의 단위를 분수로 나타내는 방법

$$mL를\ L로 \rightarrow \Box\ mL = \frac{\Box}{1000}\ L \quad (1000mL\ 중에\ 1mL이므로)$$

▶ 무게의 단위를 분수로 나타내는 방법

$$g을\ kg으로 \rightarrow \Box\ g = \frac{\Box}{1000}\ kg \quad (1000g\ 중에\ 1g이므로)$$

| 1학년 | 2학년 | 3학년 | 4학년 | 5학년 | 6학년 |

분수와 소수의 계산

Q. 문제

다음 덧셈을 분수와 소수로 각각 계산하여 답을 구하세요.
$0.3 + \dfrac{6}{10}$

▶ 소수를 분수로 고쳐서 계산해 봅시다.

$$0.3 + \dfrac{6}{10} = \dfrac{3}{10} + \dfrac{6}{10} = \dfrac{9}{10}$$

소수를 분수로 고칩니다.

▶ 분수를 소수로 고쳐서 계산해 봅시다.

$$0.3 + \dfrac{6}{10} = 0.3 + 0.6 = 0.9$$

분수를 소수로 고칩니다.

■ 분수와 소수의 혼합 계산

소수를 분수로 고쳐 분수의 계산으로 답을 냅니다.
→답이 분수가 됩니다.
분수를 소수로 고쳐 소수의 계산으로 답을 냅니다.
→답이 소수가 됩니다.

▶ 뺄셈의 경우도 덧셈과 똑같이 모두 분수로 고치거나 소수로 고쳐서 계산합니다.

문제에 주어진 조건이 '분수로 답을 구하라' 든가 '소수로 답을 구하라' 고 쓰인 경우는 그 방법으로 답을 구해야 해.

$$\boxed{\frac{2}{3}} - 0.3 = \frac{2}{3} - \frac{3}{10} = \frac{20}{30} - \frac{9}{30} = \frac{11}{30}$$

소수로 고치면 0.6666…이 되어서 정확하게 나타낼 수 없습니다.

그렇구나! 잘 기억할게.

단, 소수로 정확하게 나타낼 수 없는 분수가 있을 때는 모두 분수로 고쳐서 계산을 해야 해.

※ 위 문제의 $\frac{2}{3}$ 와 $\frac{3}{10}$ 과 같이 분모가 다를 때, 분모가 같은 분수로 만드는 것을 통분이라고 합니다. (206~207쪽)

(진분수) ÷ (자연수)

Q. 문제

다음 계산을 하시오. $\frac{1}{3} \div 2$

할 수 있어.
자신 있다고!

불안해...
아직 아무 것도
설명 안 했는데.

$$\frac{1}{3} \div 2 = \frac{\frac{1}{3}}{2}$$

어때?

이게 뭐야?
이런 분수는 없어!

그래도 ○÷□= $\frac{○}{□}$
라고 하지 않았어?

그건,
(자연수) ÷ (자연수)의
계산일 때 얘기지.
분수의 나눗셈은 곱셈으로
계산해야 돼.

분수의 나눗셈을 곱셈으로
계산한다고? 어떻게 하는
건데?

자, 색종이를 줄 테니
말하는 대로 접어 봐.

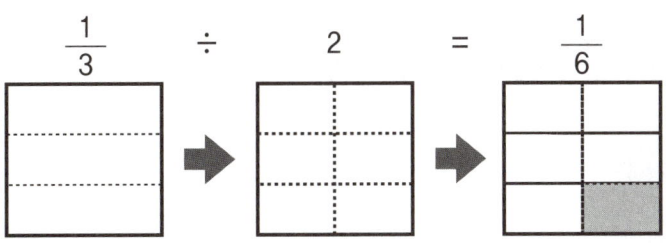

$\dfrac{1}{3} \div 2$ 크기 즉, 3등분한 색종이를 또 반으로 접어 둘로 나누면 $\dfrac{1}{6}$ 크기가 된다는 걸 알 수 있지?

응! 그래서 $\dfrac{1}{3} \div 2 = \dfrac{1}{6}$ 이구나.

$$\dfrac{1}{3} \div 2 = \dfrac{1}{3 \times 2} = \dfrac{1}{6}$$

(진분수) ÷ (자연수) 는 $\dfrac{(분자)}{(분모) \times (자연수)}$ 의 계산을 하면 답이 나오는 거야.

그래서 분수의 나눗셈은 곱셈으로 계산하는 것이라는 말씀이지!

- 진분수와 가분수를 자연수로 나눌 때, 분자는 그대로 두고 분모에 자연수를 곱합니다.

$$\dfrac{\bigcirc}{\square} \div \triangle = \dfrac{\bigcirc}{\square \times \triangle}$$

답: $\dfrac{1}{3} \div 2 = \dfrac{1}{6}$

| 1학년 | 2학년 | 3학년 | 4학년 | 5학년 | 6학년 |

 (대분수) ÷ (자연수)

Q. 문제

다음을 계산하세요.　　$1\frac{5}{7} \div 3$

 음... 1÷3은 나누어 떨어지지 않으니까...

 이 계산은 진구가 좋아하는 '자연수끼리', '분수끼리'하는 계산이 아니야.

 그럼, 양쪽 수에 $\frac{1}{3}$을 곱하면 되지 않을까?

$(1\frac{5}{7} \times \frac{1}{3}) \div (3 \times \frac{1}{3})$

 응, 네 방법도 맞아. 그런데 훨씬 간단한 방법이 있단 말이지.

$$1\frac{5}{7} \div 3 = \frac{12 \times 1}{7 \times 3}$$

$$= \frac{\overset{4}{\cancel{12}} \times 1}{7 \times \underset{1}{\cancel{3}}}$$

$$= \frac{4}{7}$$

 대분수 $1\frac{5}{7}$은 가분수로 고치면 $\frac{12}{7}$이야. 이 수를 3으로 나누니까, 분모에 3을 곱해서 나눗셈의 답을 내면 돼.

POINT

■ 대분수와 자연수의 나눗셈

대분수를 가분수로 고친 다음, 자연수로 나누는 계산식을 만든 후 (÷자연수)를 ($\times \frac{1}{\text{자연수}}$)로 바꾸어 계산합니다.

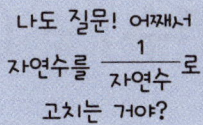

질문이 있어!
왜 갑자기 나눗셈을 곱셈으로 바꿔서 계산을 하는 거야?

나도 질문! 어째서 자연수를 $\dfrac{1}{\text{자연수}}$로 고치는 거야?

알았어, 알았다고! 이슬아, 네가 설명 좀 해 줄래?

대분수 → 가분수

$$1\dfrac{5}{7} \div 3 = \dfrac{12 \times 3}{7 \times 3} \div 3$$

$$= \dfrac{12 \times \cancel{3}\overset{1}{\div 3}}{7 \times 3}$$

$$= \dfrac{12 \times 1}{7 \times 3}$$

$$= \dfrac{12}{7 \times 3}$$

분수는 분모, 분자에 똑같은 수를 곱하면 그 크기가 변하지 않아. 분자, 분모 각각에 3을 먼저 곱하고 ÷3을 해 보면, $\dfrac{12 \times 1}{7 \times 3}$이 되잖아? 이렇게 해 보면, 처음부터 분모에 나누는 수 3을 곱해도 결과가 같다는 걸 알 수 있어.

- 3과 $\dfrac{1}{3}$처럼 두 수의 곱이 1이 될 때,
  '3은 $\dfrac{1}{3}$의 역수' 또는 '$\dfrac{1}{3}$은 3의 역수'라고 합니다.
- 분수의 나눗셈은 곱셈으로 바꾸고, 나누는 수를 역수로 고쳐 계산합니다.

답: $1\dfrac{5}{7} \div 3 = \dfrac{4}{7}$

| 1학년 | 2학년 | 3학년 | 4학년 | 5학년 | 6학년 |

 **(자연수) ÷ (소수), (소수) ÷ (소수)**

▶ 소수로 나누는 나눗셈은, 나누는 소수를 자연수로 만든 다음 계산합니다.

▶ 36 ÷ 1.2 = 의 계산은 (자연수) ÷ (소수)의 계산입니다.

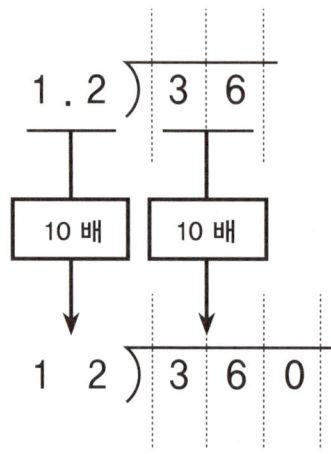

나누는 소수가 소수 첫째 자리 수이므로 10배 즉, (×10)을 하면 자연수가 됩니다.
1.2 × 10 = 12
나누어지는 수 36도 똑같이 10배를 합니다.
36 × 10 = 360

360 ÷ 12의 나눗셈이 됩니다.

답은 30이 돼. 나누어지는 수와 나누는 수, 양쪽에 모두 같은 수를 곱한 다음 나눗셈 계산을 해도 답은 똑같다는 걸 알아 둬.

$36 ÷ 1.2 = 360 ÷ 12$

360 ÷ 12 = 30
36 ÷ 1.2 = 30

▶ 나눗셈 계산에서 나누어지는 수과 나누는 수, 양쪽에 같은 수를 곱한 후 계산하면 항상 같은 답이 나온다는 것을 기억하세요.

▶ (소수) ÷ (소수) 의 계산도 방법이 같습니다 .

▶ 9.1 ÷ 1.3 = 의 계산은 (소수) ÷ (소수)의 계산입니다.

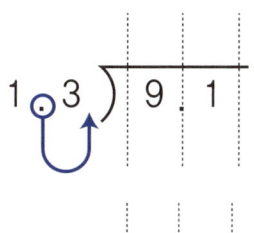

나누는 소수를 10 배하면,
자연수 13 이 됩니다 .
즉, 소수점을 오른쪽으로 한 칸 옮깁니다 .

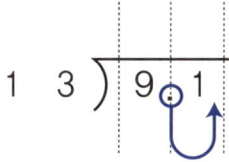

나누는 소수를 10 배 했으므로
나누어지는 소수도 10 배 합니다.
역시 소수점을 오른쪽으로 한 칸 옮깁니다 .
이렇게 하면, 9.1÷1.3 은 91÷13 으로
계산할 수 있습니다 .

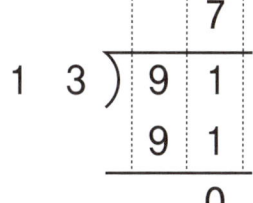

91÷13 = 7이므로
9.1÷1.3 = 7이 됩니다.

$$91 \div 13 = 7$$
$$9.1 \div 1.3 = 7$$

소수를 소수로 나누는 경우는 양쪽 수 모두를 자연수로 만든 다음 계산하는 거야.

■ 소수로 나누는 나눗셈
나누는 소수가 소수 첫째 자리 수일 때 10배(×10),
소수 둘째 자리 수일 때 100배(×100)를 하여 자연수로
만듭니다. 이 때, 나누어지는 수도 똑같이 10배(×10),
100배(×100)를 하여 (자연수)÷(자연수)로 계산합니다.
이렇게 해야 나눗셈의 결과가 달라지지 않습니다.

(소수) ÷ (자연수)

▶ 소수의 나눗셈은 먼저 몫(나눗셈의 답)의 소수점 위치를 정한 다음 자연수의 나눗셈과 같은 방법으로 계산합니다.

5.1 ÷ 3 의 계산 → (소수) ÷ (자연수) 의 계산

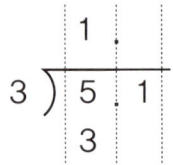

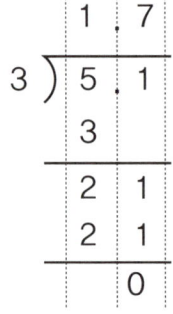

나누어지는 소수의 소수점을 그대로 같은 자리로 몫에 옮겨 찍습니다.

51 ÷ 3 으로 생각하고 나눗셈을 합니다. 몫의 일의 자리에는 1이 옵니다.

몫의 소수점 아래 첫 번째 자리에는 7이 옵니다. 그래서 답은 1.7 입니다.

■ (소수) ÷ (자연수) 의 나눗셈
나누어지는 소수의 소수점을 그대로 옮겨 몫의 소수점을 찍은 다음, 자연수의 나눗셈과 같은 방법으로 계산합니다.

▶ 몫이 1 보다 작을 때는 몫의 일의 자리에 0 이 옵니다. 이것을 꼭 기억해야 계산실수를 하지 않습니다.

● 몫이 1 보다 작아지는 나눗셈

```
      0.6
   ───────
 7)  4.2
     4 2
   ───────
       0
```

몫을 쓸 때, 일의 자리에 0을 쓰는 것을 잊어버리지 않도록 잘 기억해야겠다.

▶ 나누어지는 수보다 나누는 수가 커도 나눗셈을 할 수 있습니다.
4 ÷ 5 의 계산을 해 봅시다.

● (자연수) ÷ (자연수) 의 몫이 1 보다 작아지는 나눗셈

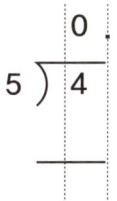

4 에는 5 가 들어가지 않으므로 몫에 0 이 옵니다. 0 의 뒤에 소수점을 찍습니다.

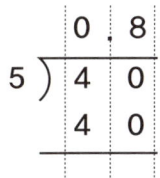

나누어지는 수 4 의 뒤에 0 을 써서, 40 ÷ 5 로 생각하고 계산하면, 몫의 소수점 아래 첫 번째 자리에 8 이 옵니다.

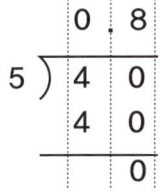

그래서 4 ÷ 5 는 0.8 입니다.

이렇게 나누어떨어지지 않는 (자연수) ÷ (자연수) 의 계산은 나누어지는 수의 일의 자리 뒤에 계속 0 이 있다고 생각하고 계산하는 거야.

분수와 나눗셈

Q. 문제

설탕 2kg 을 봉지 3 개에 똑같이 나누어 담으려고 합니다.
봉지 1 개에 들어가는 설탕의 무게는 몇 kg 일까요?

▶ 분수를 공부하다 보면 '분수는 어디에 사용되는 거지?'라는 생각이 들 때가 있을 거예요. 이와 같은 문제에서 답을 소수를 사용해서 나타낸다면, $2 \div 3 = 0.6666\cdots$이 되어서 정확하게 나타낼 수가 없습니다.
그런데 분수를 사용하면, 나누어떨어지지 않는 수도 정확하게 나타낼 수 있으니 분수의 쓰임이 이해가 되지요?

● 먼저, 2kg 중에 1kg만 셋으로 똑같이 나누면 한 봉지에 설탕 $\frac{1}{3}$kg이 들어갑니다.

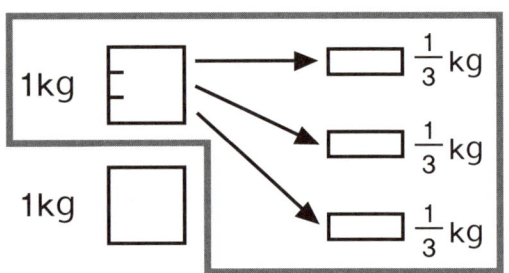

● 나머지 1kg 도 똑같이 $\frac{1}{3}$ kg 씩 셋으로 나눕니다. 이렇게 하면, $\frac{1}{3}$ kg 과 $\frac{1}{3}$ kg 이 더해져 한 봉지에 설탕 $\frac{2}{3}$ kg이 들어갑니다.

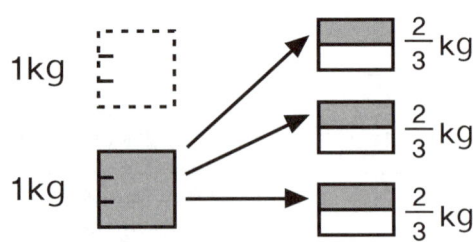

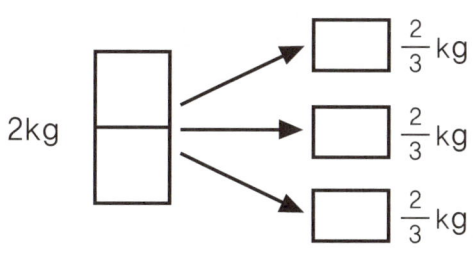

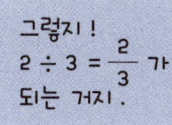

- (자연수) ÷ (자연수)를 분수로 나타내면 다음과 같습니다.

  (나누어지는 자연수) ÷ (나누는 자연수)

  $= \dfrac{(\text{나누어지는 자연수})}{(\text{나누는 자연수})} = \bigcirc \div \square = \dfrac{\bigcirc}{\square}$

▶ 3m 짜리 색 테이프를 다섯 사람이 똑같이 나누어 가지면 $3 \div 5 = \dfrac{3}{5}$이므로, 한 사람이 가질 테이프의 길이는 $\dfrac{3}{5}$m가 됩니다. 나눗셈의 몫을 소수로 구하면 $3 \div 5 = 0.6$이므로 한 사람이 가질 테이프의 길이는 0.6m가 됩니다. 즉, $\dfrac{3}{5}$과 0.6은 같은 크기를 나타냅니다. 이렇게 분수의 계산으로도, 소수의 계산으로도 답을 정확하게 낼 수 있는 경우에는 문제에서 답하라는 조건에 맞춰서 답을 써야 합니다.

답: $2 \div 3 = \dfrac{2}{3}$ 또는 $\dfrac{2}{3}$ kg

 # (자연수) ÷ (진분수)

Q. 문제

다음 계산을 하세요. $7 \div \frac{2}{3}$

▶ 분수를 자연수로 나누는 계산은 $\frac{(분자)}{(분모) \times (자연수)}$ 로 계산한다는 것을 기억하고 있나요? 그렇다면 자연수를 분수로 나누는 계산은 어떻게 하면 좋을까요?

먼저 역수라는 것을 알아야 해.

역수? 뭐지? 알아두면 좋은 거야?

▶ 두 수를 곱한 값이 1이 될 때 두 수는 서로 역수가 됩니다.

$$\frac{B}{A} \times \frac{A}{B} = 1$$

역수의 관계

알아두면 굉장히 크게 도움이 돼.

4의 역수는 → $\frac{2}{3}$ 의 역수는 →

$4 \times \square = 1$ $4 \times \boxed{\frac{1}{4}} = 1$ $\frac{2}{3} \times \square = 1$ $\frac{2}{3} \times \boxed{\frac{3}{2}} = 1$

예를 들어, 4에 $\frac{1}{4}$ 을 곱하면 1이 되지. $\frac{2}{3}$ 에 어떤 수를 곱해서 1이 되게 하려면? 맞아! 바로 $\frac{3}{2}$ 를 곱하면 되잖아!

- 자연수 A의 역수는
  분모와 분자의 자리를 바꾸어 ➡ $\frac{1}{A}$
- 분수 $\frac{A}{B}$의 역수는
  분모와 분자의 자리를 바꾸어 ➡ $\frac{B}{A}$

 역수를 만드는 방법을 알아두면 어디에 도움이 되는 거야?

분수로 나누는 계산을 곱셈으로 바꿀 때 역수를 알고 있으면 편리하거든.

- 분수로 나누는 계산은 나누는 분수를 역수로 바꿔 곱셈으로 계산합니다.

$$○ \div \frac{△}{□} = ○ \times \frac{□}{△}$$

(역수 / 곱셈으로 계산)

분수로 나누는 계산은 나누는 수를 역수로 바꾸어 곱합니다.

$$7 \div \frac{2}{3} = 7 \times \frac{3}{2} = \frac{7 \times 3}{2} = \frac{21}{2} = 10\frac{1}{2}$$

역수는 분모와 분자의 자리를 바꾸기만 하면 OK!

어때? 역수가 도움이 되지?

 분수의 곱셈을 할 수 있으면 분수의 나눗셈도 쉽게 할 수 있겠어!

답: $7 \div \frac{2}{3} = 10\frac{1}{2}$

 (진분수) ÷ (진분수)

Q. 문제

다음 계산을 하세요. $\frac{2}{5} \div \frac{2}{3}$

▶ 분수끼리의 나눗셈도 곱셈으로 바꾸어 계산할 수 있습니다.
나누는 분수를 역수로 바꾸는 것도 잊어선 안되겠죠?

- 분수끼리의 나눗셈은 나누는 수를 역수로 고치고 곱셈 계산으로 할 수 있습니다.

$$\frac{\square}{\bigcirc} \div \frac{\star}{\triangle} = \frac{\square \times \triangle}{\bigcirc \times \star} \quad 즉, \quad \frac{분자}{분모} \div \frac{분자}{분모} \quad \frac{분자 \times 분모}{분모 \times 분자}$$

▶ 계산을 해봅시다.

(1) 나누는 수를 역수로 고치고 곱셈식으로 씁니다.

$$\frac{2}{5} \div \frac{2}{3} = \frac{2}{5} \times \frac{3}{2}$$

(2) 곱셈식에서 약분이 되면 기약분수가 될 때까지 약분합니다.

$$\frac{2}{5} \div \frac{2}{3} = \frac{2 \times 3}{5 \times 2} = \frac{\cancel{2}^1 \times 3}{5 \times \cancel{2}_1}$$

(3) 계산해서 답을 구합니다.

$$\frac{2}{5} \div \frac{2}{3} = \frac{2 \times 3}{5 \times 2} = \frac{\cancel{2}^1 \times 3}{5 \times \cancel{2}_1} = \frac{3}{5}$$

$$\frac{1}{3} \div \frac{7}{6} = \frac{1}{3} \times \frac{6}{7} = \frac{1 \times \overset{2}{\cancel{6}}}{\cancel{3} \times 7} = \frac{2}{7}$$

역수로 / ÷ → ×
← 기약분수로
약분하기

(진분수) ÷ (가분수)의 계산도 나누는 수(가분수)를 역수로 바꿔 곱셈을 하는 거야.

$$\frac{2}{3} \div \frac{2}{9} = \frac{2}{3} \times \frac{9}{2} = \frac{\overset{1}{\cancel{2}} \times \overset{3}{\cancel{9}}}{\underset{1}{\cancel{3}} \times \underset{1}{\cancel{2}}} = \frac{3}{1} = 3$$

역수로 / ÷ → ×
← 답이 자연수
약분하기

(진분수) × (진분수)의 문제에서는 답은 반드시 분수가 된다고 배웠던 거 기억하지? 그런데 (진분수) ÷ (진분수) 문제에서는 답이 자연수가 되는 경우도 있어.

답: $\frac{2}{3} \div \frac{2}{5} = \frac{5}{3}$

세 분수의 곱셈, 나눗셈

Q1. 문제

다음을 계산하세요.   ① $\dfrac{8}{15} \times \dfrac{5}{6} \times \dfrac{3}{4}$ ② $\dfrac{4}{9} \div \dfrac{4}{3} \div \dfrac{1}{6}$

POINT
- 세 분수를 곱할 때는 분모 3개, 분자 3개를 모아서 한꺼번에 곱셈을 할 수 있습니다.
- 계산 중에 약분을 할 수 있습니다.

① $\dfrac{8}{15} \times \dfrac{5}{6} \times \dfrac{3}{4} = \dfrac{\cancel{8} \times \cancel{5} \times \cancel{3}}{\cancel{15} \times \cancel{6} \times \cancel{4}} = ?$

▶ 수를 3개씩 모아서 곱하면 약분을 한꺼번에 할 수 있고, 비교적 간단하게 계산할 수 있습니다.

POINT
- 몇 개의 분수와 자연수를 나누는 계산을 할 때 나누는 수를 모두 역수로 바꾸고 곱셈 계산합니다.

② $\dfrac{4}{9} \div \dfrac{4}{3} \div \dfrac{1}{6} = \dfrac{\cancel{4} \times \cancel{3} \times \cancel{6}}{\cancel{9} \times \cancel{4} \times 1} = 2$

역수로 바꾸기

Q1. 답: ① $\dfrac{1}{3}$, ② 2

Q2. 문제

다음을 계산하세요. $2\dfrac{2}{3} \div 1\dfrac{3}{7} \times 2\dfrac{1}{2}$

- **세 분수의 혼합 계산**
  ① 모든 대분수를 가분수로 고친다.
  ② 나눗셈을 곱셈으로 바꾼다. (나누는 수 → 역수)
  ③ 세 분수의 곱셈과 같은 방법으로 계산한다.

▶ 위 순서대로 차근차근 계산해 봅시다.

$2\dfrac{2}{3} \div 1\dfrac{3}{7} \times 2\dfrac{1}{2} =$

이 계산에서는 두 번째에 나눗셈이 있구나.

두 번째 나오는 수를 역수로 바꿔 줘야 해.

$\dfrac{8}{3} \times \boxed{\dfrac{7}{10}} \times \dfrac{5}{2} = \dfrac{8 \times 7 \times 5}{3 \times 10 \times 2} = \dfrac{14}{3} = ?$

↑ 가분수로 고치고, 역수로 바꾸기

▶ 대분수를 가분수로 고치는 경우, 분모는 그대로 두고, 분자는 '자연수 × 분모 + 원래 있던 분자' 로 바꿉니다.

Q2. 답: $4\dfrac{2}{3}$

소수의 나눗셈
… 나머지가 있을 때 / 나누어떨어지는 경우

> **Q1. 문제**
>
> 물 5.4L를 1.2L들이 물통에 나누어 담으면 몇 개의 물통을 채우고, 몇 L의 물이 남을까요?

▶ 소수의 나눗셈에서 나머지가 있는 경우에 나머지의 소수점을 어느 자리로 정해야 할까요? 다음 계산을 보며 알아봅시다.

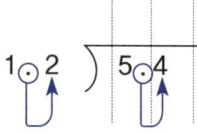

5.4 ÷ 1.2 의 계산을 합니다.

나누는 소수도, 나누어지는 소수도 모두 소수 한 자리 수 이므로 양쪽 모두 10배(×10)합니다.
즉, 소수점을 각각 한 칸씩 오른쪽으로 옮깁니다.

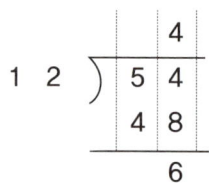

54 ÷ 12 의 계산이 됩니다.
몫은 일의 자리에 4가 오고
나머지가 60이 됩니다.
나머지는 5.4에 맞춰
소수점을 찍어 0.6입니다.

여기에서
5.4 ÷ 1.2 = 4
나머지 60이라고
하면 틀리게 돼.

■ 소수의 나눗셈에서 나머지의 소수점은 나누어지는 수의 원래 소수점에 맞추어 찍어줍니다.

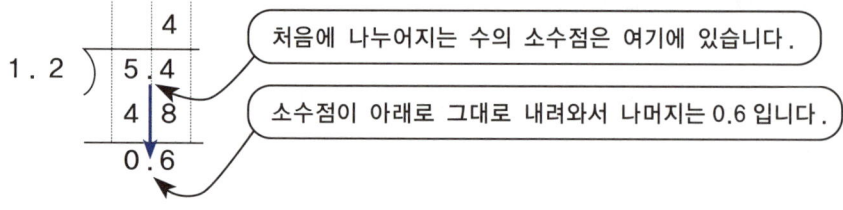

처음에 나누어지는 수의 소수점은 여기에 있습니다.

소수점이 아래로 그대로 내려와서 나머지는 0.6 입니다.

Q1. 답 : 4개의 물통을 채우고 0.6L가 남습니다.

Q2. 문제

5.4L의 생수를 12개의 물통에 똑같이 나누어 담았습니다.
물통 1개에 담긴 생수는 몇 L일까요? 나누어떨어질 때까지 계산하세요.

▶ Q1. 나눗셈 계산에서는 '몫과 나머지'를 구했습니다. 그런데
'나누어떨어질 때까지 계산하시오'와 같은 문제는 나누어지는 수의 오른쪽에
0을 붙여서 나머지가 0이 될 때까지 나눗셈을 계속하여 답을 구합니다.

```
        0.
  12 ) 5.4
```
소수 ÷ 자연수이므로, 소수점을 몫의 위치에 찍습니다.
5 ÷ 12는 계산할 수 없으므로, 몫의 자리에 0을 씁니다.

```
        0.4
  12 ) 5.4
        4 8
          6
```
5.4를 54로 생각해서 54 ÷ 12를 왼쪽처럼 계산합니다.
$\frac{1}{10}$ 자리의 몫이 4니까 나머지는 6 (실제로는 0.6)입니다.

```
        0.4 5
  12 ) 5.4 0
        4 8
          6 0
          6 0
            0
```
나누어떨어질 때까지 계산할 때는,
나누어지는 수의 오른쪽에 0을 붙여서 계속 나눗셈을
할 수 있습니다. 5.4를 5.40으로 생각하는 거에요.

계산은 60 ÷ 12 = 5가 되고 나머지가 없으므로
나누어떨어질 때까지 계산을 마쳤습니다.

계속해서 나누는 경우에는
$\frac{1}{10}$의 자리, $\frac{1}{100}$의 자리,
$\frac{1}{1000}$의 자리 등 계속해서
나누어지는 수의 오른쪽에 0을
붙일 수 있어.

(자연수) ÷ (자연수) 에서도
같은 방법으로 계산하는 거
잘 알고 있지?

Q2. 식 : 5.4 ÷ 12 = 0.45 답 : 0.45L

소수의 나눗셈···반올림하여 몫 구하기

▶ 계속해서 나누어도 나누어떨어지지 않을 때는 몫을 반올림하여 나타낼 수 있습니다.

● 2.3 ÷ 1.6 의 몫을 반올림하여 소수 첫째 자리까지 구하세요.

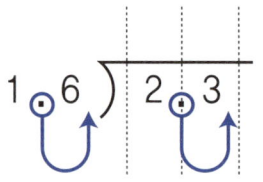

① 2.3도 1.6도 모두 소수 한 자리 수이기 때문에, 23 ÷ 16이라고 생각하여 계산합니다.

② 몫에 1이 오지만 나누어떨어지지 않으므로, 나머지 7에 0을 붙여서 70 ÷ 16으로…

몫 1의 뒤에 소수점 찍는 것을 잊으면 안 돼!

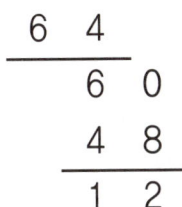

③ 아직 나누어떨어지지 않네요.
자, 이번엔 나머지인 12에 ...

그만!
거기까지!

3은 반올림하면, 버려집니다.

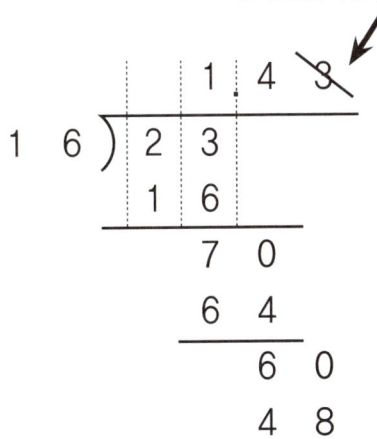

④ 몫을 반올림해서 소수점 아래 첫째 자리까지 구할 때는 소수점 아래 둘째 자리까지 몫을 구한 다음, 소수 둘째 자리의 수를 반올림합니다.

3은 반올림하면 버려지기 때문에, 답은 약 1.4야.

- 나누어떨어지지 않거나, 몫의 자리수가 많아지면, 반올림하여 몫을 나타낼 수 있습니다.
- 반올림하여 구하는 몫은 구하려고 하는 자리의 바로 아래 자리에서 반올림하여 나타냅니다.
  (예를 들어, 반올림하여 소수 둘째 자리까지 나타내려면
  → 소수 셋째 자리에서 반올림하여 구합니다.)

수와연산

소수의 사칙연산

▶ 소수의 덧셈, 뺄셈, 곱셈, 나눗셈과 괄호가 있는 식을 계산할 때는 자연수의 혼합 계산과 같은 방법으로 합니다.

- 소수의 혼합 계산(덧셈, 뺄셈, 곱셈, 나눗셈이 섞여 있는 계산)과 괄호가 있는 식의 계산은 자연수의 혼합 계산 규칙을 따릅니다.
  ① 곱셈과 나눗셈을 먼저, 덧셈과 뺄셈은 나중에 계산합니다.
  ② 괄호가 있을 때는 괄호 안을 먼저 계산합니다.

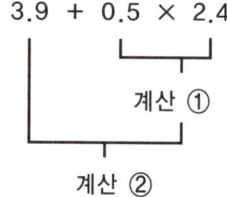

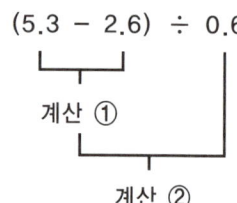

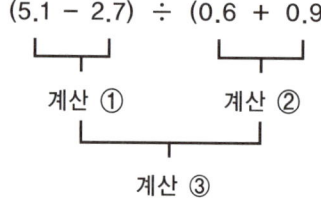

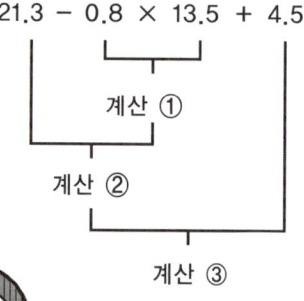

혼합계산을 할 때는 계산식 아래에 이렇게 계산 순서를 표시하면 실수를 막을 수 있어.

▶ 왼쪽 네 문제를 풀 때는 아래와 같이 차례대로 계산해서 □안에 답을 써 넣으면 됩니다.

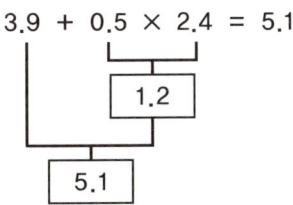

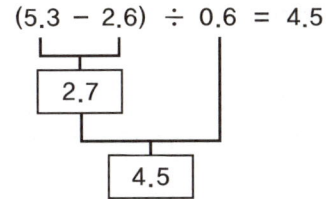

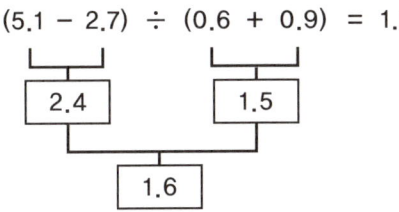

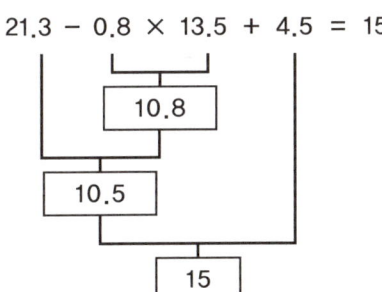

▶ 소수와 분수의 혼합 계산을 할 때도 이 방법으로 할 수 있습니다.
덧셈, 뺄셈, 곱셈, 나눗셈 기호가 많이 있으면 계산이 어려운 것처럼 보이지만, 이렇게 계산 순서를 표시하고 차례대로 차근차근 계산하면 실수 없이 올바른 답을 구할 수 있습니다.

교환 법칙, 결합 법칙, 분배 법칙

Q1. 문제

아래 주어진 계산을 하고, (가)~(다) 중 8과 5의 순서를 바꾸어 넣어도 답이 같은 계산의 기호를 답하세요.

(가) 8 + 5　　**(나)** 8 - 5　　**(다)** 8 × 5

▶ 주어진 계산을 먼저 해 보고, 8과 5의 순서를 바꾸어서 다시 계산해 봅시다.
(가) 8 + 5 = 13, 5 + 8 = 13으로 답이 같습니다.
(나) 8 - 5 = 3, 5 - 8은 계산을 할 수 없으므로 순서를 바꾸어 계산할 수 없는 식입니다. (다) 8 × 5 = 40, 5 × 8 = 40으로 답이 같습니다.

■ 덧셈과 곱셈에서는 계산하는 수의 순서를 바꾸어도 답이 같습니다. 이것을 '교환법칙'이라고 합니다.

● + ▲ = ▲ + ●,　● × ▲ = ▲ × ●

▶ 덧셈과 곱셈에 관계된 계산 규칙, 교환법칙과 결합법칙을 꼭 기억하세요.

■ 덧셈만 있는 식이나 곱셈만 있는 식은 어떤 수끼리 먼저 계산해도 답이 같습니다. 이것을 '결합법칙'이라고 합니다.

● + ◆ + ▲ = (● + ◆) + ▲ = ● + (◆ + ▲)
● × ◆ × ▲ = (● × ◆) × ▲ = ● × (◆ × ▲)

▶ '결합법칙'은 이렇게 사용할 수 있습니다.
① 17 + 16 + 14 = 17 + (16 + 14) = 17 + 30 = 47
② 7 × 2 × 5 = 7 × (2 × 5) = 7 × 10 = 70

▶ 이렇게 계산법칙을 활용하면 좀 더 간단한 계산식으로 만들거나 암산으로 계산하기 쉬운 식으로 만들 수 있습니다.

계산하기 쉬운 수를 발견하고 암산하면 빨리 할 수 있어.

Q2. 문제

다음을 암산으로 계산하세요.　　　　(9 + 7) × 5

▶ 괄호가 있는 계산식에서 곱셈이나 나눗셈이 붙어 있을 때, 다음과 같이 괄호 안의 수를 각각 계산할 수 있습니다.
(9 + 7) × 5 = 9 × 5 + 7 × 5 = 45 + 35 = 80

■ 괄호가 있는 계산식에서 곱셈이나 나눗셈이 괄호 밖에 있을 때, 괄호 안의 수와 각각 곱셈이나 나눗셈을 한 다음 더하거나 빼도 답이 같습니다. 이것을 '분배법칙'이라고 합니다.

(● + ◆) × ▲ = ● × ▲ + ◆ × ▲
(● − ◆) × ▲ = ● × ▲ − ◆ × ▲

Key Point Review 5

1 (한 자리 수) ÷ (한 자리 수) 또는 (두 자리 수) ÷ (한 자리 수) 의 답은 (   ) 로 구할 수 있습니다 .

2 □가 있는 곱셈식에서 □의 값을 구할 때는 (   ) 식을 사용합니다 .

3 몇십 ÷ 한 자리 수의 계산은 몇 십의 (   ) 을 떼고 한 자리 수 ÷ 한 자리 수를 계산하여 얻은 답에 (   ) 을 붙여주면 됩니다 .

4 곱셈의 검산에는 (   ) 을 사용합니다 .

5 나눗셈의 검산에는 (   ) 을 사용합니다 .

6 분수로 나타낼 때 ' 똑같이 몇으로 나누었는지 ' 에 해당하는 수를 (①   ) ,
' 나누어진 것 중 몇인지 ' 에 해당하는 수를 (②   ) 라고 합니다 .

△ ⟶ 위에 있는 수가 (①) →나누어진 것 중 몇인가
□ ⟶ 아래에 있는 수가 (②) →몇으로 나누었는가

7 '1' 을 똑같이 셋으로 나눈 것 중 하나의 크기는 (①   ) ,
'1' 을 똑같이 넷으로 나눈 것 중 하나의 크기는 (②   ) 입니다 .

8 1999 보다 1 큰 수이고 , 2001 보다 1 작은 수는 (   ) 입니다 .

9 나누어지는 수에 나누는 수가 대략 몇 번이나 들어가는지 생각하는 것을 (   ) 고 합니다 .

10 덧셈과 뺄셈에 곱셈과 나눗셈이 섞여 있는 계산에서는 (   ) 과 (   ) 부터 먼저 계산합니다 .

11 분수의 계산에서 답이 분모와 분자가 같은 분수가 되면 답은 (   ) 이 됩니다 .

12 어떤 수를 나누어떨어지게 하는 수를 (   ) 라고 합니다 .

13 어떤 수를 1 배 , 2 배 , 3 배 ,… 한 수를 (   ) 라고 합니다 .

14 둘 이상 되는 수의 공통인 약수를 (①   ) 라고 하고 ,
그 가운데 가장 큰 수를 (②   ) 라고 합니다 .

15 둘 이상 되는 수의 공통인 배수를 (①   ) 라고 하고 ,
그 가운데 가장 작은 수를 (②   ) 라고 합니다 .

16 약수가 1 과 자기 자신뿐인 1 보다 큰 자연수를 (   ) 라고 합니다 .

2 도 형

- 3학년 연계 ·············· 264~271
- 4학년 연계 ·············· 272~289
- 5학년 연계 ·············· 290~309
- 6학년 연계 ·············· 310~317

직각, 직각삼각형

> **Q. 문제**
>
> 공책과 색종이의 모난 귀퉁이를 뭐라고 부를까요?

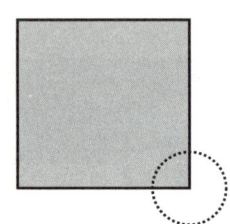

공책과 색종이의 모난 귀퉁이는 바로 이런 모양이야.

공책과 색종이의 모난 귀퉁이를 직각이라고 해.

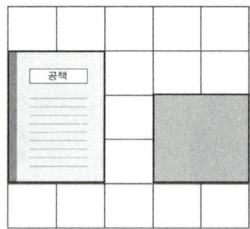

모눈종이의 모난 귀퉁이에 딱 들어맞네.

이 도형들 모두에 직각이 있어.

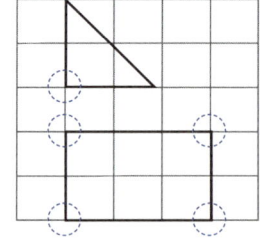

삼각형에도 직각이 있어.

답 : 직각

3개의 각 중에 1개의 각이 직각인 삼각형을 직각삼각형이라고 해.

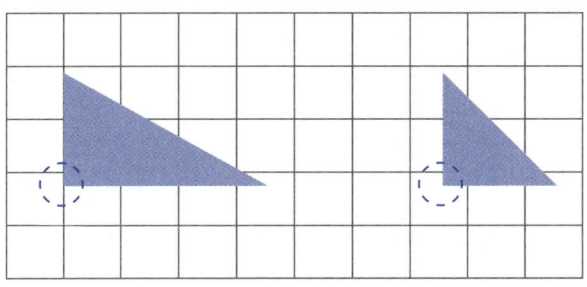

직각삼각형

삼각자는 어느 것이든지 직각삼각형이야.

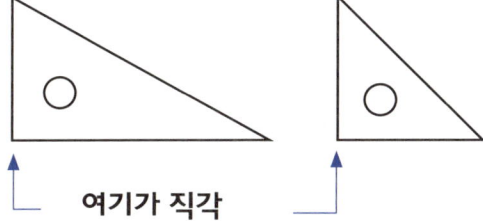

↑ **여기가 직각**

- 공책이나 색종이의 귀퉁이와 같이 반듯한 각을 직각이라고 합니다.
- 3개의 각 중 1개가 직각인 삼각형을 직각삼각형이라고 합니다.

직사각형과 정사각형

Q. 문제

다음 세 개의 사각형 중 직사각형은 어느 것일까요?

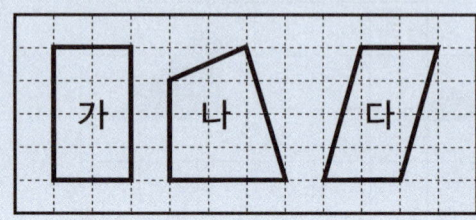

▶ '긴 네모'라고 부르는 사각형의 이름은 '직사각형'입니다.
직사각형에 대해 알아 볼까요?

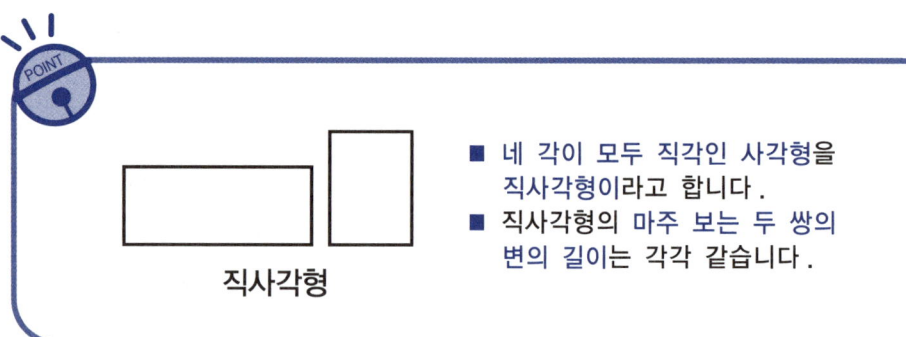

- 네 각이 모두 직각인 사각형을 직사각형이라고 합니다.
- 직사각형의 마주 보는 두 쌍의 변의 길이는 각각 같습니다.

▶ (나)는 직각이 하나뿐이므로 직사각형이 아닙니다.
(다)는 마주보는 두 쌍의 변의 길이가 같지만,
네 각이 모두 직각이 아니므로 직사각형이 아닙니다.

▶ 위 문제에서 주어진 세 개의 사각형 가운데 '네 각이 모두 직각'인
사각형은 (가)입니다. 따라서, (가)는 직사각형입니다.

답 : (가)

그리고 네 각이 모두 직각이고, 네 변의 길이가 모두 같은 사각형은 정사각형이라고 해.

■ 네 각이 모두 직각이고, 네 변의 길이가 모두 같은 사각형을 정사각형이라고 합니다.

정사각형

직사각형과 정사각형의 다른 점을 잘 기억해 둬.

직사각형	정사각형
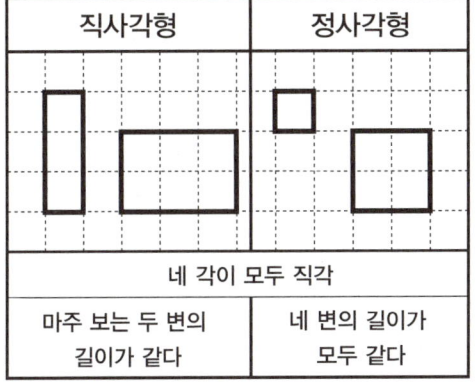	
네 각이 모두 직각	
마주 보는 두 변의 길이가 같다	네 변의 길이가 모두 같다

우리 주변에는 여러 가지 직사각형이나 정사각형 모양의 물건이 있어.

직사각형 모양의 예	정사각형 모양의 예
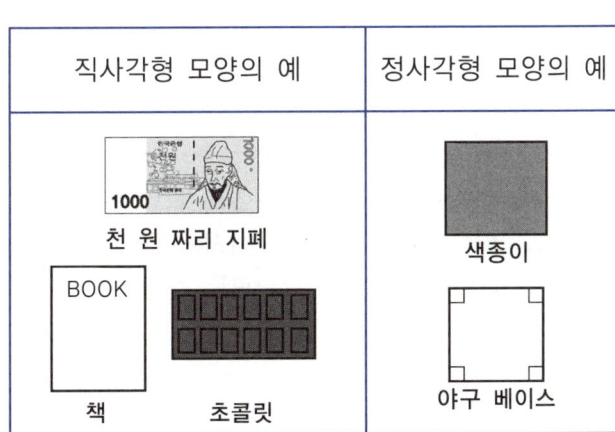	
천 원 짜리 지폐	색종이
책 초콜릿	야구 베이스

도형

| 1학년 | 2학년 | 3학년 | 4학년 | 5학년 | 6학년 |

원

Q. 문제

10원짜리 동전을 바로 위에서 본 모양을 뭐라고 부를까요?

▶ 10원짜리나 컵을 바로 위에서 보면, 동그란 모양이 보입니다. 이런 모양을 '원'이라고 부릅니다.

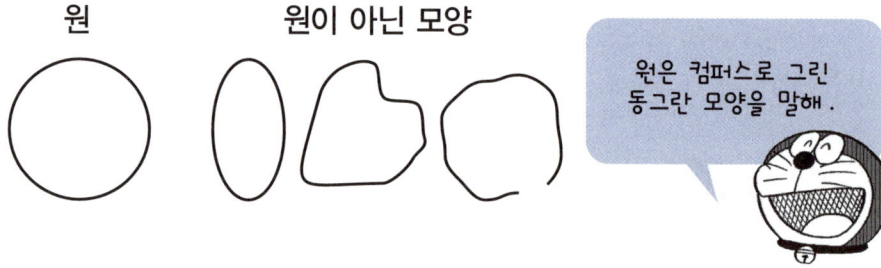

POINT

- **중 심** … 원의 한 가운데 점
- **반지름** … 중심에서 원 위의 한 점을 이은 선분

▶ 컴퍼스로 원을 그릴 때, 컴퍼스의 침을 꽂는 곳이 원의 **중심**입니다. 또 컴퍼스의 두 다리의 간격이 **반지름**이 됩니다. 원의 중심에서 원 위에 그은 모든 직선은 반지름입니다.

답 : 원

▶ 반지름의 길이에 대한 다음 내용을 알아두면 편리합니다.

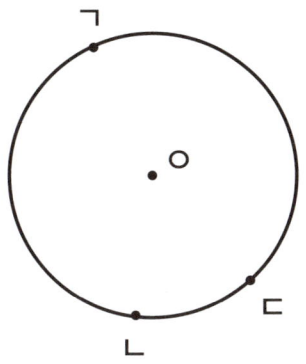

● 중심 ㅇ과 원 위의 점 ㄱ, ㄴ, ㄷ을 이어 선분 ㄱㅇ, 선분 ㄴㅇ, 선분 ㄷㅇ을 긋습니다. 세 반지름의 길이를 비교하면 어느 쪽이 길까요?

자, 이 문제를 풀어보자.

도 형

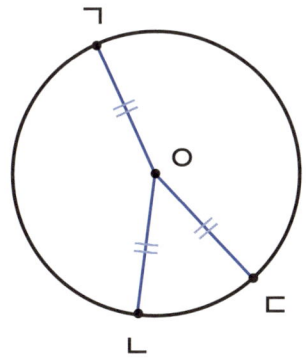

어? 모두 길이가 같네.

정답! 하나의 원에서는 중심과 원 위의 어느 점을 이어도 모두 길이가 같아.

■ 한 원 또는 크기가 같은 원에서 반지름의 길이는 모두 같습니다.

원의 지름과 반지름

Q. 문제

반지름이 4cm인 원의 지름을 구하세요.

▶ 원의 지름은 무엇일까요? 앞에서 반지름에 대해 배운 내용을 기억하고 있나요? 지름은 반지름 2개를 연결한 선분이에요.
지름은 원 위의 두 점과 원의 중심을 지나는 선분입니다.

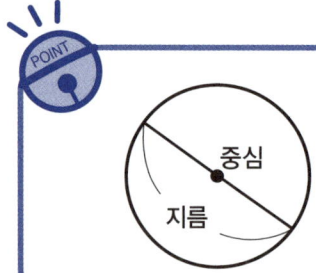

- 그림과 같이 원의 중심을 지나는 선분을 지름이라고 합니다. 한 원 또는 크기가 같은 두 원의 지름의 길이는 모두 같습니다.
- 지름은 반지름 길이의 2배입니다.

▶ 반지름 4cm인 원의 지름은 4cm의 2배이니까,
4 x 2 = 8로, 8cm입니다.

▶ 원 모양으로 자른 종이를 다음과 같이 몇 번 접어보면,
중심과 반지름, 지름을 쉽게 알 수 있어요.
지름이 반지름의 2배가 되는지도 확인해 보세요.

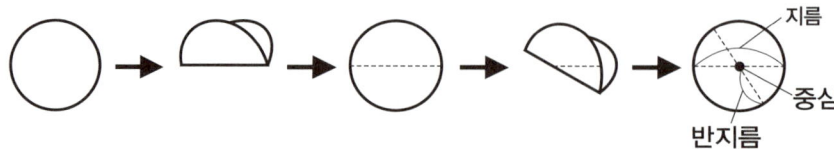

답 : 8cm

자, 원 위의 점에서 선분을 여러 개 그을 때, 어떤 것이 가장 긴 선분인지 알겠어?

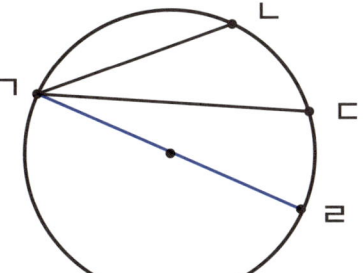

점 'ㄱ'과 점 'ㄹ'을 이은 선분이지!

중심을 지나야 원 위의 두 점을 이은 가장 긴 선분이 되니까!

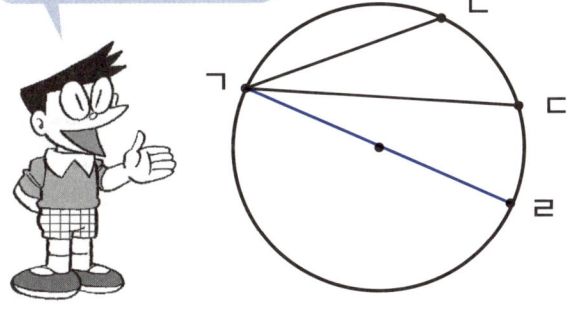

좋아, 잘 알고 있네! 원 위에 그을 수 있는 선분 중 가장 긴 것이 바로 지름이야.

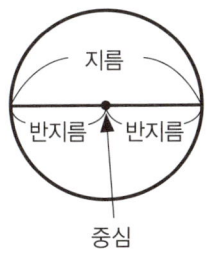

원에 대해 배운 내용을 복습해 두자. 원의 중심, 반지름과 지름, 이것들의 관계까지 모두!

각의 크기와 각도

Q1. 문제

삼각자의 직각 부분을 맞대어 만든 각의 크기를 뭐라고 할까요?

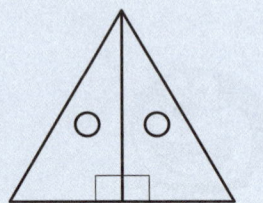

▶ '각'을 이루고 있는 2 개의 변이 벌어진 정도를 '각의 크기'라고 합니다.

직각 1 개의 크기를 1 직각이라고 해. 그럼 직각 2 개가 모이면 뭘까?

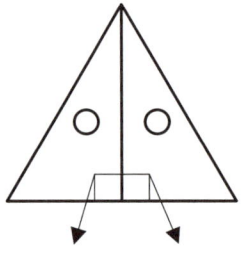

1 직각 + 1 직각 = 2 직각

2 직각!

▶ 시계의 분침과 시침을 두 변으로 봤을 때, 각의 크기가 어떻게 되는지 살펴봅시다.

시침이 한 바퀴 돌면 4직각, 즉 360° 가 되는 거야.

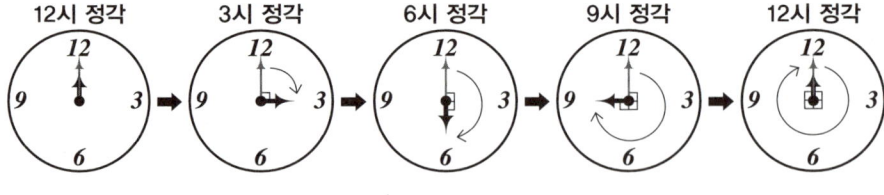

12시 정각   3시 정각   6시 정각   9시 정각   12시 정각

1 직각 (=90°)   2 직각 (=180°)   3 직각 (=270°)   4 직각 (=360°)

Q1. 답: 2 직각

Q2. 문제

오른쪽 삼각자에서 화살표로 가리키는 각의 크기는 얼마일까요?

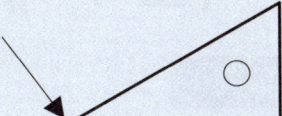

- 각의 크기는 각도기를 사용해서 잴 수 있고, 각도라는 단위로 나타냅니다.
- 한 바퀴의 각을 360등분한 것 중 하나의 각의 크기가 1도입니다. 1도는 1° 라고 씁니다.

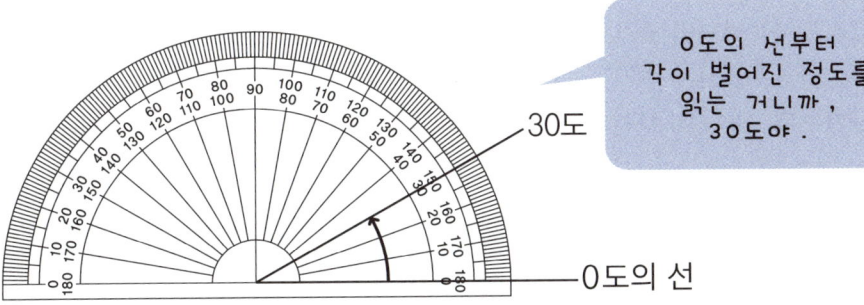

0도의 선부터 각이 벌어진 정도를 읽는 거니까, 30도야.

30도

0도의 선

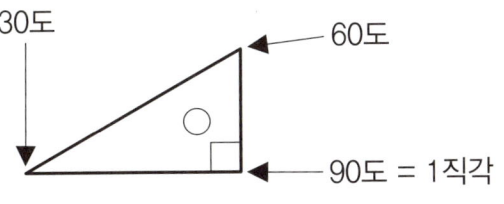

30도
60도
90도 = 1직각

삼각자의 세 각의 크기를 각도기로 재봤어.

- 각의 크기를 각도라고 합니다. 1직각은 90° 입니다.

Q2. 답 : 30 도 (30°)

각도의 계산

Q. 문제

직선 두 개가 만나서, 네 각이 생겼습니다.
각 (가), 각 (나), 각 (다) 의
각도를 계산하여 구하세요.

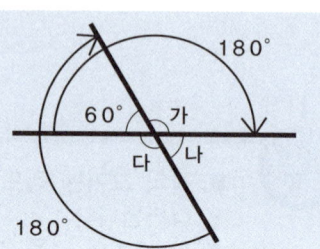

▶ 한 바퀴를 돌았을 때 각의 크기는 360°이므로,
60° + 각 (가) + 각 (나) + 각 (다) = 360°가 됩니다.
그리고 반 바퀴를 돌았을 때 각의 크기는 180°이므로,
60° + 각 (가) = 180°, 60° + 각 (다) = 180°가 됩니다.
그러므로 각 (가), (나), (다)의 크기는 간단한 계산으로 구할 수 있습니다.

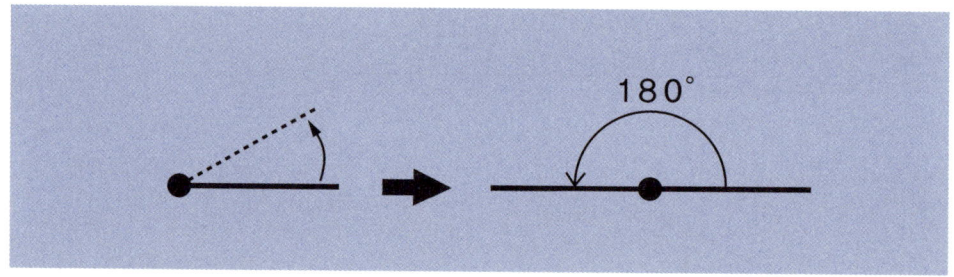

포개어진 두 변 중
하나가 반 바퀴 돌아서
직선이 되었다고 생각해 봐.
이때 생긴 직선은 반 바퀴
회전한 각이니까 180°가 되고,
평각이라고 불러.

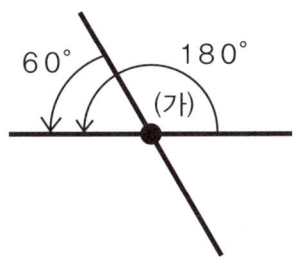

그런데 60°인 각과 겹쳐서 180°이니까, 각 (가)는 180° - 60° = 120°야.

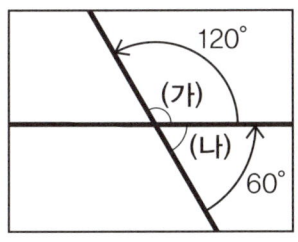

같은 방법으로, 각 (가)가 120°일 때 각 (나)는 180° - 120° = 60° 라는 것을 알 수 있습니다. 직선이 이루는 각이 180°, 한 바퀴를 돈 각이 360° 라는 것을 기억하면 쉽게 계산할 수 있습니다.

▶ 두 직선이 한 점에서 만나면 네 개의 각이 생깁니다.
이 각들은 다음과 같은 성질을 가집니다.
(1) 마주보는 두 각을 '맞꼭지각'이라고 하고, 두 각의 크기는 같습니다.
(2) 이웃한 두 각의 크기를 합하면 180° 가 됩니다.
(3) 네 각의 크기를 더하면 360° 가 됩니다.

■ 두 직선이 만나서 생기는 각의 크기를 구할 때는 직선이 이루는 각이 180°, 한 바퀴를 돈 각이 360° 라는 것을 기억하면 쉽게 계산할 수 있습니다.

답: 각(가) 120°, 각(나) 60°, 각(다) 120°.

수직

Q. 문제

두 직선이 수직으로 만나고 있는 것은 A 와 B 중 어느 것입니까?

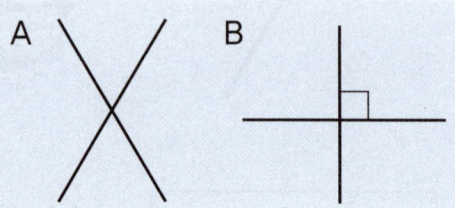

- 두 직선이 만나서 이루는 각이 직각일 때, 두 직선은 서로 '수직'이라고 합니다.
- 두 직선이 서로 수직으로 만나면 한 직선을 다른 직선에 대한 '수선'이라고 합니다.

▶ 두 직선이 직각(90°)으로 만나거나 겹쳐질 때, 이것을 수직이라고 합니다. 우리 주변에서 수직인 것을 찾아 볼까요?

● 모눈종이

가로, 세로 선이 수직으로 만나고 있습니다.

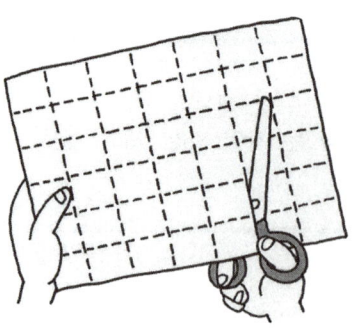

● 전봇대

지면에 대해 수직으로 서 있습니다.

답 : B

수직인 직선(수선) 긋는 방법 1

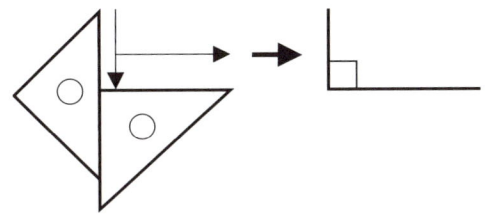

수직인 직선(수선) 긋는 방법 2

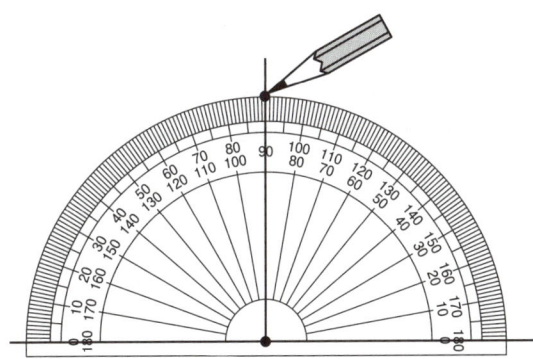

▶ 수직: 드리울(늘어뜨릴) 수[垂] + 곧을 직[直]
'수직'이라는 단어의 '垂(수)'라는 글자는 '드리운다'라는 뜻을,
'直(직)'이라는 글자는 '곧다'라는 뜻을 가지고 있습니다.

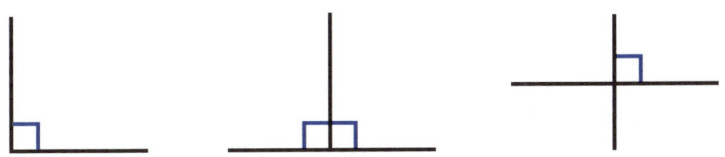

▶ 위 그림을 보면 두 직선이 만나서 이루는 각은 모두 직각입니다.
이런 경우, 두 직선은 서로 수직입니다. 그리고 두 직선은 서로에 대한
수선이 됩니다.

| 1학년 | 2학년 | 3학년 | **4학년** | 5학년 | 6학년 |

 # 평행

Q. 문제

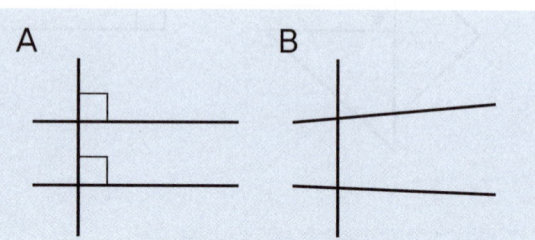

두 직선이 평행한 것은
A와 B중 어느 것일까요?

- 한 직선에 수직인 두 직선을 그으면, 두 직선은 서로 만나지 않습니다. 이와 같이, 서로 만나지 않는 두 직선을 평행하다고 말합니다.
- 평행한 두 직선을 평행선이라고 합니다.

▶ 두 직선이 평행이면 계속해서 쭉 같은 간격으로 나란합니다.
우리 주변에 있는 평행한 것을 찾아봅시다.

● 기차선로

두 개의 레일은
같은 폭으로 똑바로
이어져 있습니다.

● 횡단보도

하얀 선이 몇 개
있더라도 모두
평행으로
나란합니다.

답: A

- 두 평행선 사이에 그은 선분 중에서 수직인 선분의 길이가 가장 짧고, 수직인 선분의 길이는 모두 같습니다. 이 수직인 선분의 길이가 평행선 사이의 거리입니다.

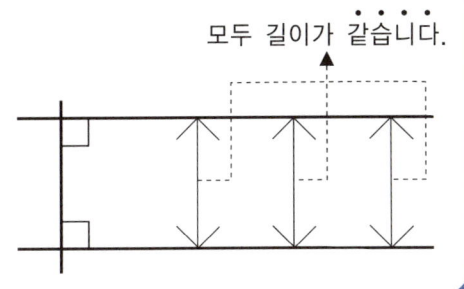
모두 길이가 같습니다.

▶ 평행인 네 직선에 한 직선이 만날 때 생기는 네 각의 크기는 모두 같습니다.

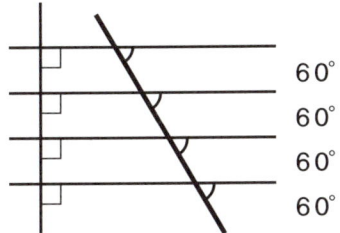
60°
60°
60°
60°

진짜 모두 크기가 같네!

- 평행인 두 직선과 한 직선이 만날 때 같은 쪽에 생기는 각의 크기는 모두 같습니다.

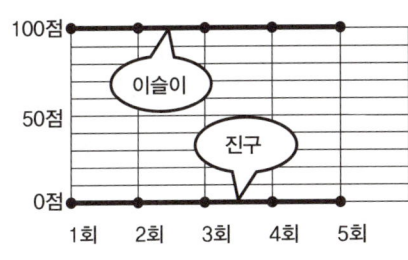

이슬이와 진구의 시험 점수 그래프는 평행이네.

꼭 그걸 예로 들어야겠어?

도형

삼각형 분류하기

Q. 문제

직사각형 종이를 점선을 따라 비스듬히 자르겠습니다. 어떤 모양이 될까요?

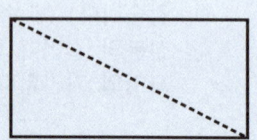

간단하네. 삼각형 2개가 되지.

그렇지. 그런데 이 삼각형을 부르는 이름이 따로 있어.

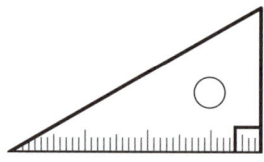

한 각이 직각인 삼각형을 직각삼각형이라고 해.

삼각자도 직각삼각형이네.

답: 직각삼각형

▶ 여러 가지 삼각형의 이름을 기억해 두세요.

■ 여러 가지 삼각형

① 직각삼각형
한 각이 직각인 삼각형

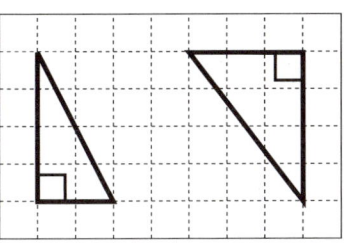

② 이등변삼각형
두 변의 길이가 같은 삼각형

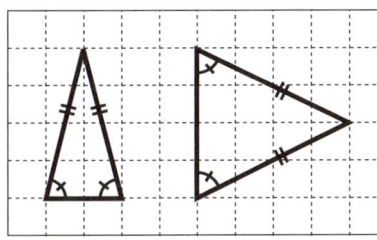

③ 직각이등변삼각형
한 각이 직각이고 두 변의 길이가 같은 삼각형

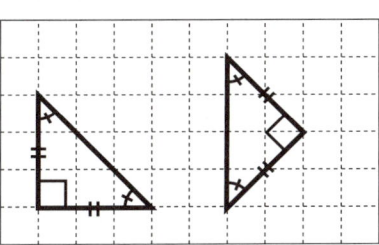

④ 정삼각형
세 변의 길이가 같은 삼각형

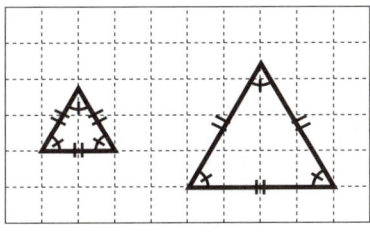

■ 각각의 삼각형에서
Ⅰ 표시가 되어 있는 각끼리 크기가 같습니다.
‖ 표시가 되어 있는 변끼리 길이가 같습니다.

사다리꼴

Q. 문제

이 사각형의 이름은 무엇입니까?

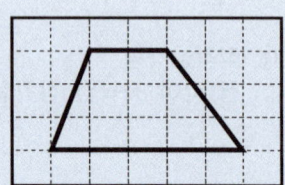

▶ 직사각형이나 정사각형 외에도, 여러 가지 사각형이 있습니다.
문제에 나온 사각형은 윗변과 아랫변의 길이는 다르지만,
평행(280쪽)인 것이 특징입니다.

■ 마주 보는 한 쌍의 변이 서로 평행인 사각형을
  사다리꼴이라고 합니다.

▶ 주변에 있는 사다리꼴 모양의 물건을 찾아 보세요.

뜀틀은 앞에서 보면
사다리꼴이야.

답: 사다리꼴

▶ 틀린 사람은 누구일까요?

친구들이 여러 가지 방법으로 사다리꼴을 만들었습니다.
그런데 두 사람은 틀렸군요. 누구일까요?

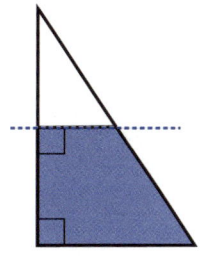

직각삼각형을 이렇게 높이가 되는 변에 수직이 되도록 자르면 직각삼각형과 사다리꼴이 돼.

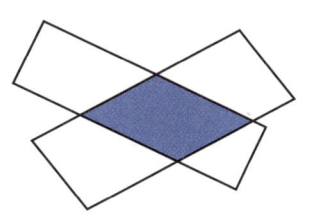

셀로판테이프 두 장을 X자로 붙이면 겹친 곳이 사다리꼴이 돼.

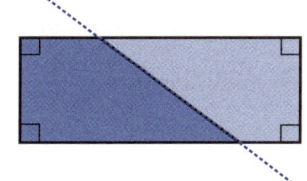

직사각형을 이런 식으로 비스듬히 자르면 사다리꼴 2개가 생기지.

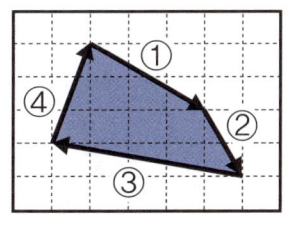

모눈종이에서 ①, ②, ③, ④ 순서대로 자르면 사다리꼴이야.

▶ 퉁퉁이와 진구가 틀렸습니다. 퉁퉁이가 만든 도형은 평행사변형, 진구가 만든 도형은 그냥 사각형입니다.

평행사변형과 마름모

Q1. 문제

이 사각형의 이름은 무엇입니까?

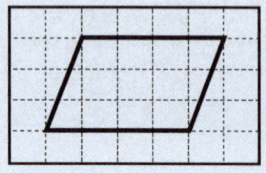

▶ 이 사각형은 어떤 특징을 가지고 있을까요?
  윗변과 아랫변, 오른쪽과 왼쪽 변이 각각 평행이라는 것을 알 수 있습니다.
  마주 보는 두 쌍의 변이 서로 평행인 사각형을 '**평행사변형**'이라고 합니다.

▶ 평행사변형에서 주의할 것은
  '**높이**'입니다. 이 평행사변형의
  높이는 5cm가 아니라
  아랫변에서 윗변에 수직이
  되도록 그은 점선의 길이,
  즉, 4cm입니다.

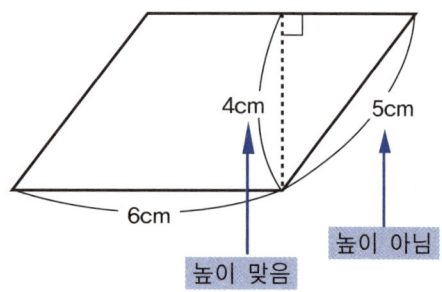

■ 평행사변형의 특징
  (1) 마주 보는 두 쌍의 변이 서로 평행입니다.
  (2) 마주 보는 두 쌍의 변의 길이가 같습니다.
  (3) 마주 보는 각의 크기가 같습니다.
  (4) 이웃한 두 각의 크기의 합이 180°입니다.

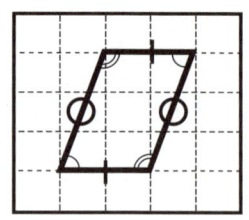

Q1. 답 : 평행사변형

Q2. 문제

이 사각형의 이름은 무엇입니까?

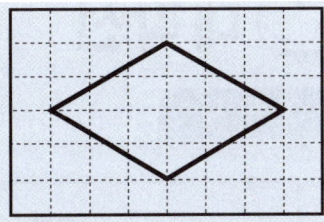

- 네 변의 길이가 모두 같은 사각형을 마름모라고 합니다.
- 마름모는 마주 보는 각의 크기가 같고, 마주보는 두 쌍의 변이 서로 평행입니다.

여러 가지 사각형의 특징을 표로 만들어봅시다.

여러 가지 사각형의 특징

	마주 보는 변이 평행한가?	마주 보는 각의 크기는?	변의 길이는?
사다리꼴	한 쌍이 평행	다르다	네 변이 모두 다르거나 마주 보는 한 쌍만 같은 경우가 있다
평행사변형	두 쌍이 평행	같다	마주 보는 변의 길이가 같다
마름모	두 쌍이 평행	같다	네 변이 모두 같다
직사각형	두 쌍이 평행	모두 직각	마주 보는 변의 길이가 같다
정사각형	두 쌍이 평행	모두 직각	네 변이 모두 같다

Q2. 답 : 마름모

대각선

Q. 문제

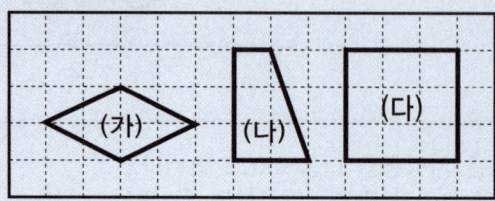

다음 도형 중 이웃하지 않는 두 꼭짓점을 이은 두 선분이 수직으로 만나지 않는 것은 어느 것입니까?

▶ 사각형의 이웃하지 않는 두 꼭짓점을 이은 선분을 '**대각선**'이라고 합니다.

- 모든 사각형에는 대각선이 두 개 있습니다.
- 마름모와 정사각형에서는 두 대각선이 수직으로 만납니다.
- 직사각형과 정사각형에서는 두 대각선의 길이가 같습니다.

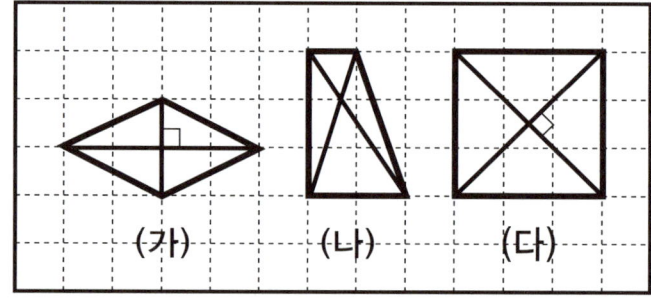

▶ (가)는 마름모, (나)는 사다리꼴, (다)는 정사각형입니다.
  대각선을 그어보면, 마름모와 정사각형에서는 두 대각선이 수직으로 만나지만, 사다리꼴에서는 수직으로 만나지 않는다는 것을 알 수 있습니다.

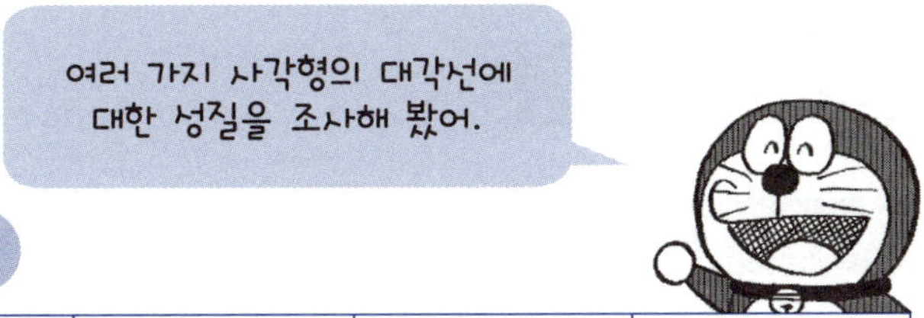

여러 가지 사각형의 대각선에 대한 성질을 조사해 봤어.

여러 가지 사각형의 대각선

	두 대각선이 서로 수직으로 만난다	두 대각선의 길이가 같다	대각선이 만나는 점에서 각각의 대각선이 이등분된다	하나의 대각선이 그 도형을 이등분한다
사다리꼴	×	×	×	×
평행사변형	×	×	○	○
마름모	○	×	○	○
직사각형	×	○	○	○
정사각형	○	○	○	○

이걸 알아두면 도움이 되는 거야?

이 '대각선의 성질' 표나 285쪽의 '여러 가지 사각형의 특징' 표를 잘 기억해두면 '넓이'를 쉽게 구할 수 있지.

답: (가) (사다리꼴이라도 두 대각선이 수직으로 만나는 경우가 있습니다.)

| 1학년 | 2학년 | 3학년 | **4학년** | 5학년 | 6학년 |

 다각형

Q. 문제

원의 중심각을 똑같이 다섯 스타일로 나누어 그림과 같이 정오각형을 만들었습니다.
각 ㉮ ~ ㉲의 각도는 각각 몇 도인지 구하시오.

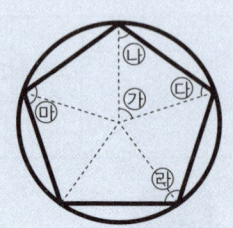

▶ 컴퍼스로 직접 똑같은 모양을 그려서 각도와 길이를 재서 구할 수도 있고, 도형의 성질을 활용해서 계산하여 구할 수도 있습니다.
각 ㉮는 360°를 5등분한 각입니다. 그리고 각 ㉮와 각 ㉯를 이은 변과 각 ㉮와 각 ㉰를 이은 변은 모두 원의 반지름이므로 길이가 같습니다. 즉, 삼각형 가나다는 이등변 삼각형이 됩니다.

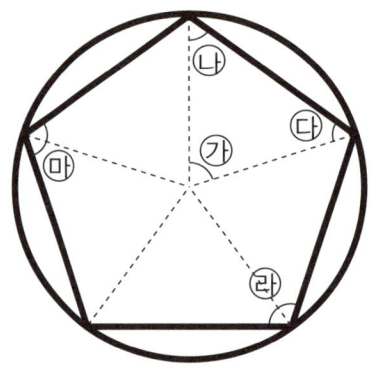

▶ ㉮는 360도를 5등분한 각이므로 360 ÷ 5로 계산합니다.

▶ ㉯와 ㉰는 이등변삼각형의 두 밑각으로 크기가 같습니다. 180 - ㉮한 값을 2로 나누면 됩니다.

▶ ㉱와 ㉲는 정오각형의 한 내각이므로 크기가 같고, ㉯와 ㉰의 2배입니다.

어떻게 구해야 하는지 알겠어. 계산해 볼게!

그래, 좋아! 그러면 각도와 길이에 대해 알아낸 것은?

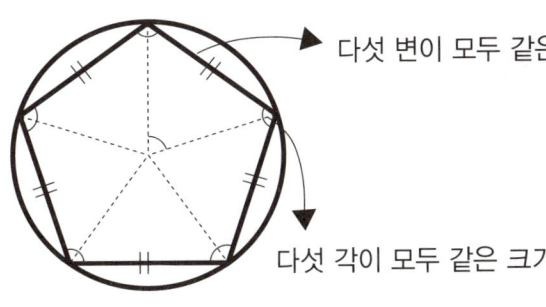

다섯 변이 모두 같은 길이

다섯 각이 모두 같은 크기

실제로 재보니 변의 길이와 각의 크기가 모두 같네.

그렇지. 그래서 정오각형이라고 부르는 거야.

- 변의 길이가 모두 같고 각의 크기가 모두 같은 다각형을 **정다각형**이라고 합니다.
- 정다각형은 **변의 수에 따라** 정삼각형, 정사각형, 정오각형, 정육각형 등으로 부릅니다.

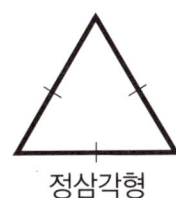 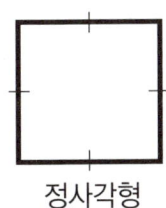 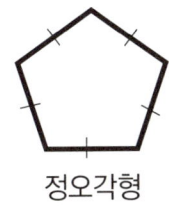  

정삼각형   정사각형   정오각형   정육각형   정팔각형

각 변에 있는 「-」 표시는 변의 길이와 같다는 것을 의미합니다. (같은 표시 → 같은 길이)

▶ 정삼각형은 세 각이 모두 60°이고, 세 변의 길이도 같습니다.
▶ 정사각형은 네 각이 모두 직각이고, 네 변의 길이가 같습니다.

답: ㉮ 72° ㉯ 54° ㉰ 54° ㉱ 108° ㉲ 108°

합동인 도형

■ 모양과 크기가 같아서 포개었을 때 완전히 겹치는 두 도형을 서로 **합동**이라고 합니다.

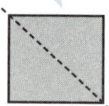 정사각형을 대각선을 따라 자르면

 직각이등변삼각형 2개가 됩니다.

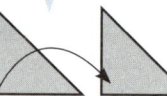 직각인 각을 포개어 2개의 삼각형을 이렇게 놓으세요.

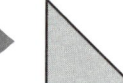 2개의 삼각형이 완전히 겹치므로 두 개의 삼각형은 합동입니다.

 즉, 합동은 모양과 크기가 똑같은 도형이라는 뜻이야.

 정사각형의 한가운데를 접어 선을 따라 자르면 이 두 직사각형도 합동이야.

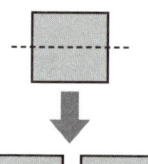

완전히 겹치므로 합동

완전히 겹치지 않으므로 합동이 아님

백원짜리 동전 두 개는 둘 다 원 모양이고 똑같은 크기이니까 합동이지만, 십원짜리 동전과 백원짜리 동전을 포개면 백원짜리 동전이 더 크지. 똑같이 원 모양이지만 크기가 달라서 합동이 아니야.

290

■ 서로 합동인 두 도형을 포개었을 때 완전히 겹치는 점, 변, 각을 각각 '대응점', '대응변', '대응각'이라고 합니다.

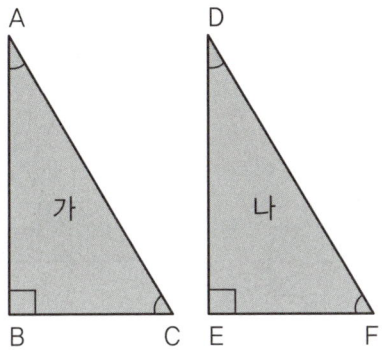

● 대응점

삼각형 가의 점 A와 삼각형 나의 점 D
삼각형 가의 점 B와 삼각형 나의 점 E
삼각형 가의 점 C와 삼각형 나의 점 F

● 대응변

삼각형 가의 변 AB와 삼각형 나의 변 DE
삼각형 가의 변 AC와 삼각형 나의 변 DF
삼각형 가의 변 BC와 삼각형 나의 변 EF

2개의 도형이 완전히 포개어질 때, 포개어지는 점, 변, 각들을 서로 '대응한다'고 해.

● 대응각

삼각형 가의 각 A와 삼각형 나의 각 D
삼각형 가의 각 B와 삼각형 나의 각 E
삼각형 가의 각 C와 삼각형 나의 각 F

화살표로 이어진 각각의 변과 ○□△로 표시된 점과 각이 각각 대응하는 거구나!

삼각형 다와 라처럼 보기에는 달라보여도 움직이거나 뒤집어서 완전히 겹치는 경우도 합동인 도형이야.

대칭인 도형

▶ '좌우대칭'이란 말을 들어본 적 있나요? 대칭은 두 개의 사물이 균형을 이루고 있는 모습입니다. 수학에서 말하는 대칭은 선이나 점을 기준으로 회전시켰을 때 두 도형이 합동이라는 뜻입니다.

▶ 다음 그림은 선대칭을 나타냅니다. 선대칭은 어떤 도형을 한 직선으로 접었을 때 완전히 겹쳐지는 것을 말합니다.

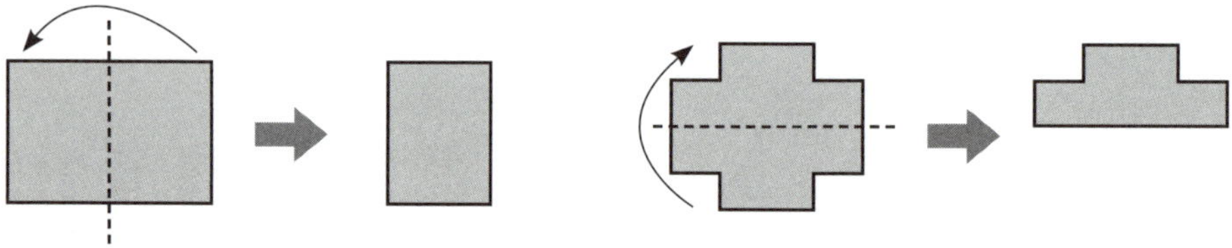

직선으로 접어 생긴 좌우의 직사각형이... → 완전히 겹쳐집니다.

직선으로 접어 생긴 위아래의 두 도형이... → 완전히 겹쳐집니다.

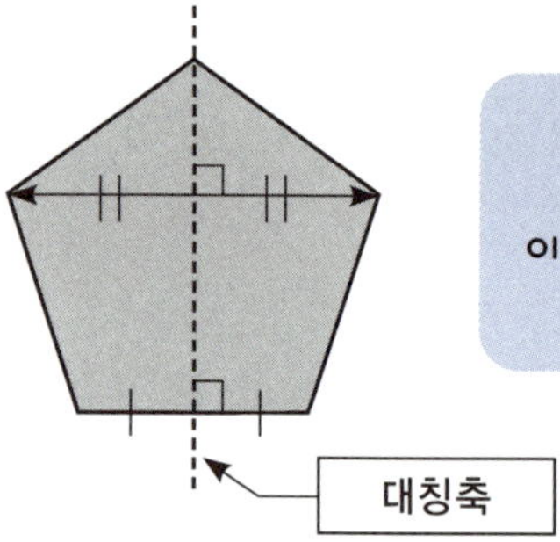

대칭축

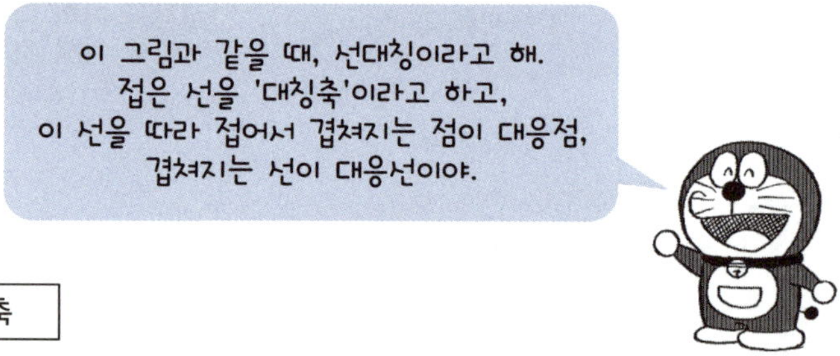

이 그림과 같을 때, 선대칭이라고 해. 접은 선을 '대칭축'이라고 하고, 이 선을 따라 접어서 겹쳐지는 점이 대응점, 겹쳐지는 선이 대응선이야.

■ 한 도형을 어떤 직선으로 접었을 때 완전히 겹쳐지는 경우, 이 도형을 선대칭 도형 또는 직선에 대하여 대칭인 도형 이라고 합니다.

▶ 다음 그림은 점대칭을 나타냅니다. 점대칭은 어떤 도형을 한 점을 중심으로 180° 회전시켰을 때, 본래의 도형과 완전히 겹쳐지는 것을 말합니다.

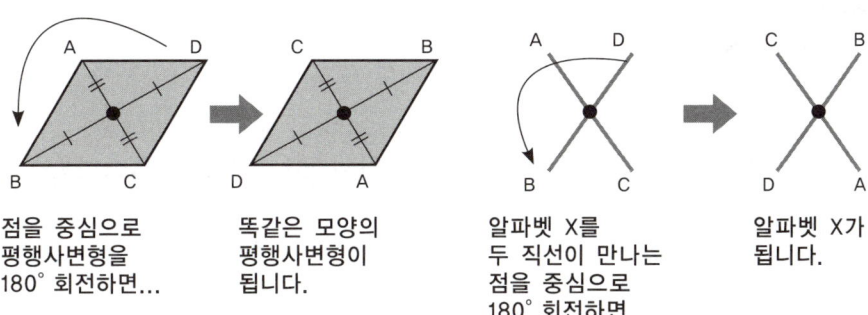

점을 중심으로 평행사변형을 180° 회전하면…

똑같은 모양의 평행사변형이 됩니다.

알파벳 X를 두 직선이 만나는 점을 중심으로 180° 회전하면…

알파벳 X가 됩니다.

위와 같은 경우를 점대칭이라고 해. 중심이 되는 점을 '대칭의 중심'이라고 하고, 180° 회전해서 겹쳐지는 점을 대응점, 겹쳐지는 변을 대응변이라고 하는 거야.

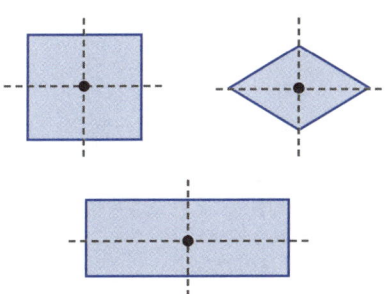

정사각형이나 직사각형, 마름모는 선대칭 도형이기도 하고, 점대칭 도형이기도 하다는 걸 알 수 있네.

■ 한 점을 중심으로 해서 180° 회전시켰을 때, 원래 도형과 완전히 포개지는 도형을 점대칭 도형 또는 점에 대하여 대칭인 도형이라고 합니다.

 # 상자 모양 … 면

Q. 문제

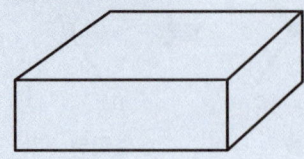

왼쪽의 상자에는 면이 몇 개 있습니까?
또, 똑같은 모양의 면은 몇 개씩 있습니까?

- 상자 모양을 이루고 있는 사각형 하나하나를 면이라고 합니다.
  (삼각뿔에 있는 삼각형이나 원기둥에 있는 동그라미도 면입니다.)

▶ 그림의 상자를 조각조각 떼어내 볼까요? 먼저 겉에서는 보이지 않는 면을 점선으로 표시해 놓습니다.

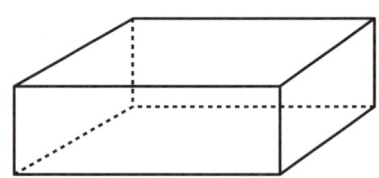

유리나 투명한 플라스틱으로 만들어진 상자를 오른쪽 위에서 비스듬하게 내려다보면 이렇게 보이겠지?

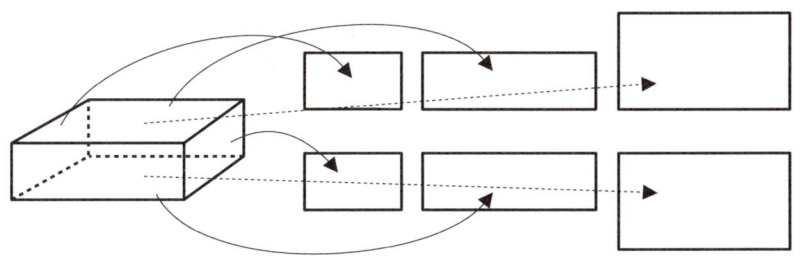

▶ 상자를 감싸고 있는 면을 조각조각 떼어내면 이 상자에는 **총 6 개**의 면이 있고, **똑같은 모양의 면은 2 개씩** 있다는 것을 알 수 있습니다.

■ 상자는 직사각형이나 정사각형인 면 여섯 개로 둘러싸인 도형입니다.

▶ 똑같은 모양의 면이 2 종류로 2 개와 4 개, 모두 6 개입니다.

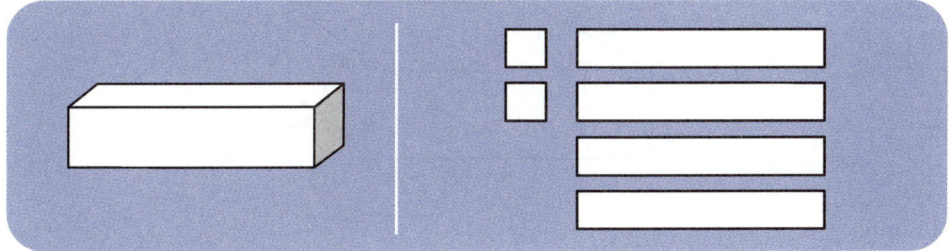

▶ 모두 정사각형이고, 6 개입니다.

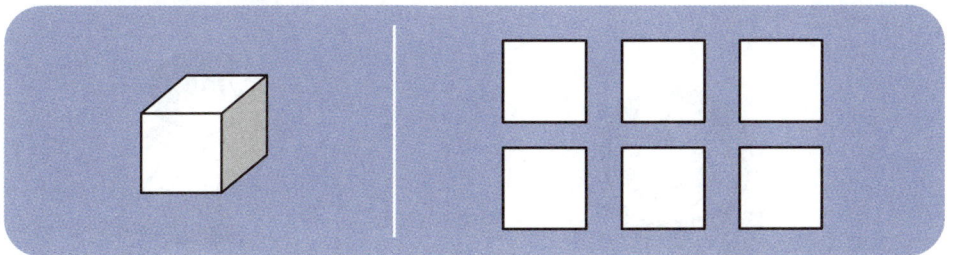

답: 면의 수는 6개, 똑같은 모양의 면은 2개씩 있습니다.

상자 모양 … 모서리와 꼭짓점

Q. 문제

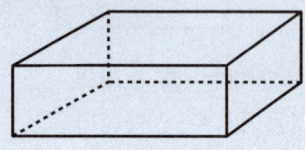

왼쪽 상자 모양에는 모서리와 꼭짓점이 몇 개 있습니까?

▶ 상자의 면과 면이 만나는 선분을 '**모서리**'라고 합니다.
상자의 세 모서리가 만나는 점을 '**꼭짓점**'이라고 합니다.

▶ 모서리의 개수를 세어 봅시다.

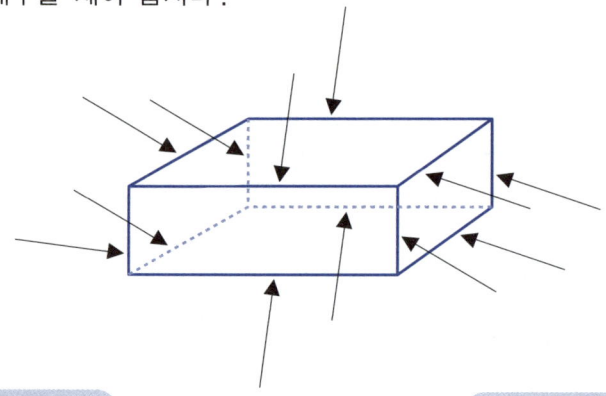

우선, 모서리의 개수를 세어 보자.

전부 12개가 있어.

▶ 꼭짓점의 개수를 세어 봅시다.

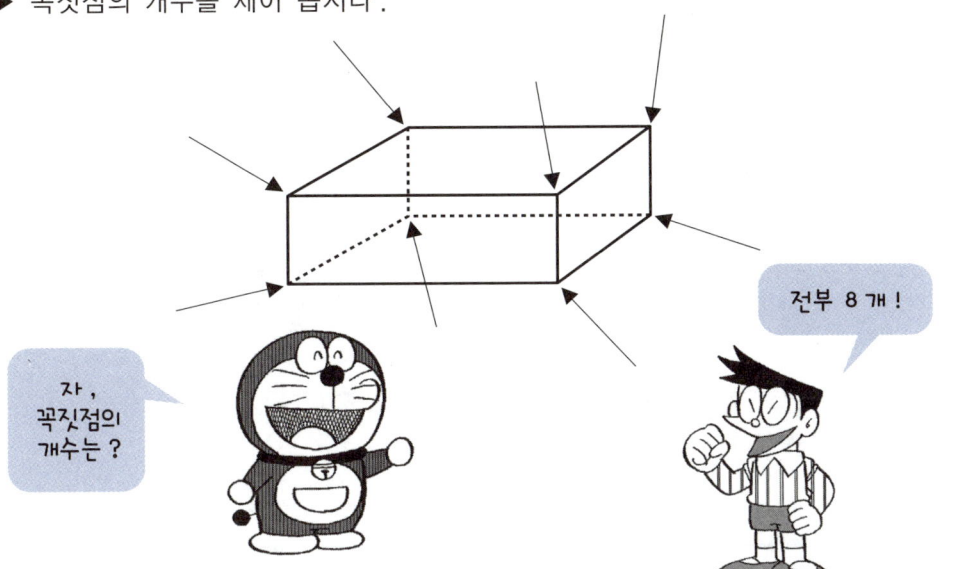

전부 8개!

자, 꼭짓점의 개수는?

■ 상자 모양에는 모서리가 12개, 꼭짓점이 8개 있습니다.

▶ 상자 모양의 면과 모서리, 꼭짓점의 개수는 반드시 외워 두세요.

	개수
면	6
모서리	12
꼭짓점	8

꼭 외워 둬!

답 : 면모서리의 개수 12개, 꼭짓점의 개수 8개

겨냥도와 전개도

Q1. 문 제

오른쪽 상자의 겨냥도를 그리세요.

▶ 상자의 면과 같이 납작한 면을 '평면'이라고 합니다. 그리고 높이가 있는 도형을 '입체'라고 부릅니다.

■ 상자나 통의 전체 모양을 알 수 있도록 투시하여 그린 그림을 겨냥도라고 합니다.

보이지 않는 변을 점선으로 그리면, 전체 모양을 잘 알 수 있어.

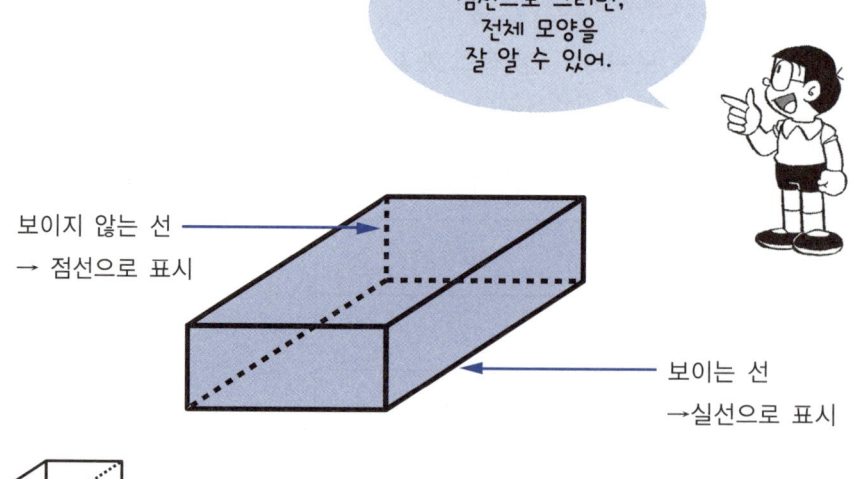

보이지 않는 선 → 점선으로 표시

보이는 선 → 실선으로 표시

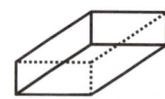

Q1. 답:

Q2. 문제

오른쪽 주사위 모양의 상자를 잘라 펼치면, 어떤 그림이 될까요?

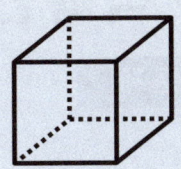

▶ 위 상자의 모서리를 따라 잘라 펼치면 다음과 같습니다.

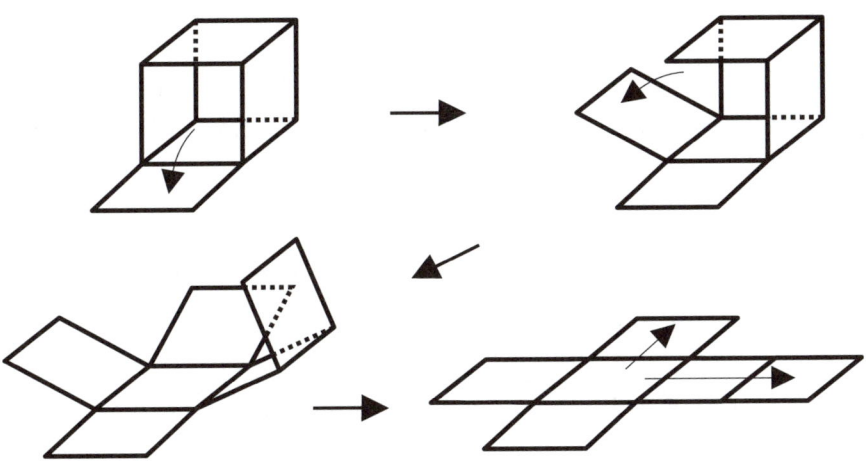

- 위 그림과 같이, 입체를 모서리를 따라 잘라 펼쳐서 평면에 그린 그림을 전개도라고 합니다.

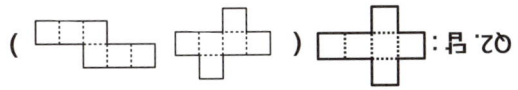

도 형

| 1학년 | 2학년 | 3학년 | 4학년 | 5학년 | 6학년 |

직육면체와 정육면체

Q. 문제

오른쪽의 상자 모양 두 개는 각각 무엇이라고 합니까?

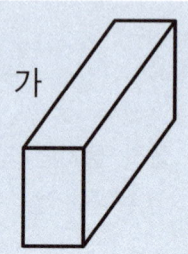
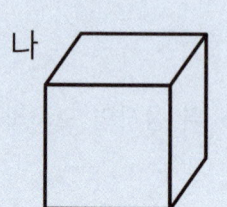

▶ 사각형에 '**직사각형**'이나 '**정사각형**' 등 특징에 따라 이름이 있듯이 상자 모양에도 특징에 따라 '**직육면체**', '**정육면체**' 등의 이름이 있어요.

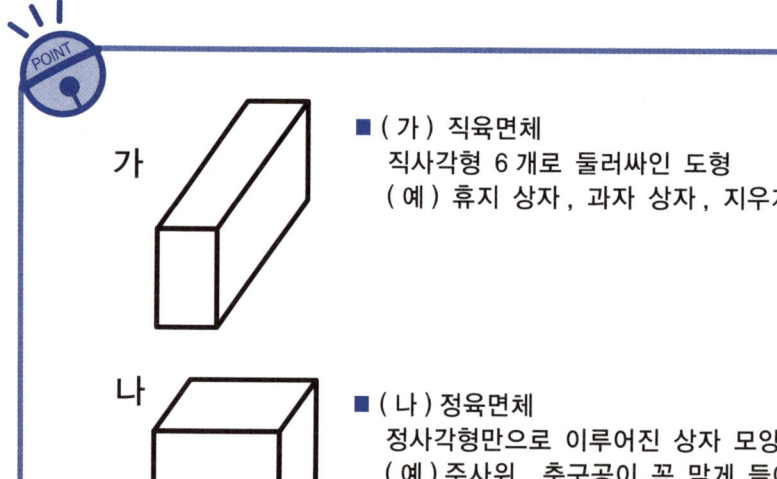

- (가) 직육면체
  직사각형 6 개로 둘러싸인 도형
  (예) 휴지 상자, 과자 상자, 지우개

- (나) 정육면체
  정사각형만으로 이루어진 상자 모양
  (예) 주사위, 축구공이 꼭 맞게 들어가는 상자

답 : (가) - 직육면체 (나) - 정육면체

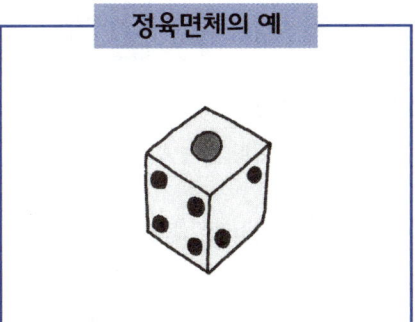

▶ 직육면체의 모양은 꼭짓점 하나에 모이는 '**가로**', '**세로**', '**높이**' **세 모서리의 길이**로 결정됩니다. 정육면체는 크기가 같은 정사각형 6개로 둘러싸여 있기 때문에 **한 모서리의 길이**로 크기가 결정됩니다.

		면 모양	면 개수	모서리 개수	꼭짓점 개수
직육면체		직사각형이나 정사각형	6	12	8
정육면체		모두 정사각형	6	12	8

▶ 직육면체와 정육면체는 면의 모양은 다르고, 면, 모서리, 꼭짓점의 개수는 같습니다.

■ 직육면체와 정육면체의 비교
  같은 점: 면의 모양만 다릅니다.
  다른 점: 면, 모서리, 꼭짓점의 개수는 같습니다.

면의 평행과 수직

Q. 문제

오른쪽 직육면체의 바닥에 있는 면 ㉣에 ①평행한 면과 ②수직인 면은 어느 것이고 몇 개가 있습니까?

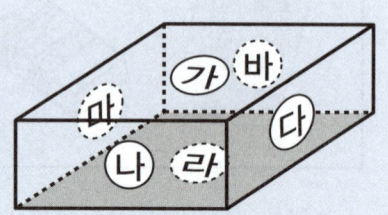

▶ '**면의 평행과 수직**'에 관한 내용은 도형에서 매우 중요한 개념을 알기 위해 꼭 필요하다는 것을 잊지 마세요!

▶ 서로 만나지 않는 두 직선을 평행이라고 하지요? 면도 똑같이 생각하면 됩니다.

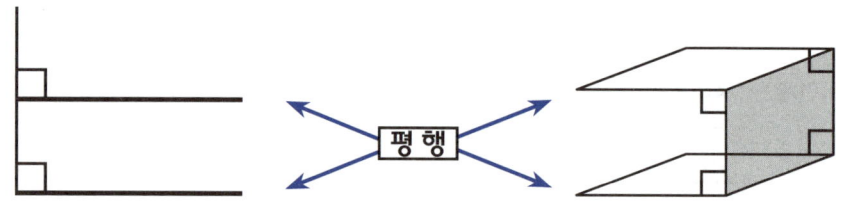

직육면체에서 마주 보는 두 면처럼 계속 늘여도 만나지 않는 두 면을 서로 평행인 면이라고 해. 이 두 면을 밑면이라고 하지.

답: ① 면 ㉣에 평행인 면은 면 ㉤, ② 평행이 아닌 면은 4개입니다.

▶ 선과 선이 직각으로 만나는 것을 **수직**이라고 하지요? 면과 면이 만나서 이루는 각이 직각이면 역시 **수직인 면과 면**이 됩니다.

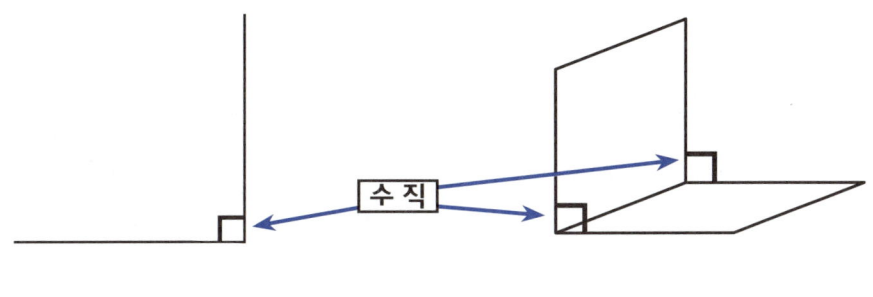

두 직선이 만나서 이루는 각이 직각일 때 두 직선은 서로 수직이야. 면과 면의 수직도 같은 방식으로 생각하면 되겠지?

▶ 직각으로 만나는 두 면을 수직이라고 합니다. 그림과 같이 직육면체, 정육면체에서 ㄴ자 모양으로 된 면들은 서로 수직입니다.

▶ 직육면체나 정육면체에서는 **한 면에 수직인 면은 4개**가 있습니다.

- 직육면체나 정육면체에서
  한 면에 평행인 면은 1개, 수직인 면은 4개 있습니다.

답: ㉮ 면 ㉰에 수직인 면은 면 ㉮, ㉯, ㉱, ㉲ 로 4개입니다.

면과 모서리의 평행과 수직

Q. 문제

오른쪽의 직육면체의 면 ㉮에
①평행한 모서리와 ②수직인
모서리는 어느 것이고 몇 개입니까?

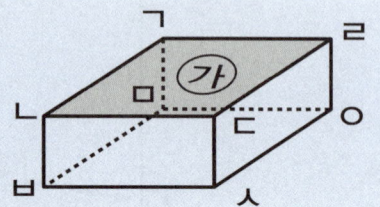

▶ '**평행**'과 '**수직**'에 대해 다시 한 번 정리해 봅시다.

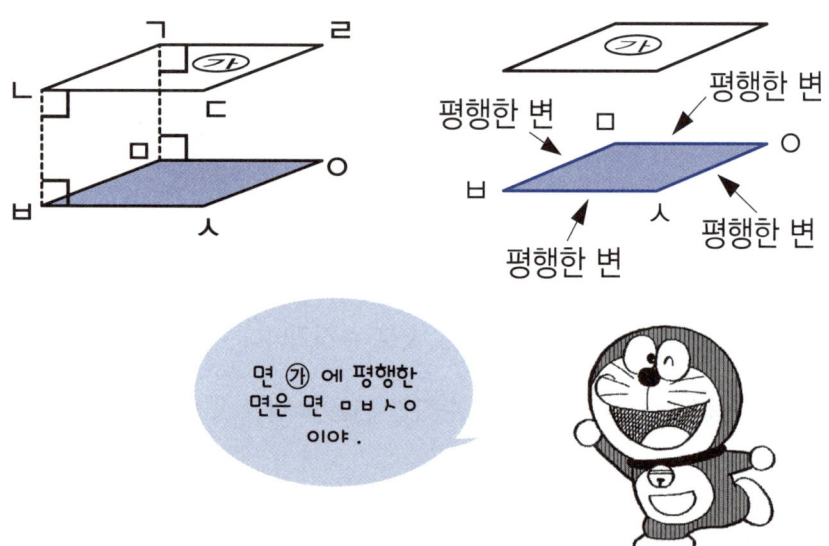

면 ㉮에 평행한
면은 면 ㅁㅂㅅㅇ
이야.

▶ 한 면에 평행한 모서리는 그 면과 **평행인 면의 네 모서리**입니다.
즉, 면 ㅁㅂㅅㅇ의 네 모서리입니다.

답 : ① 모서리 ㅁㅂ, 모서리 ㅅㅇ, 모서리 ㅂㅅ, 모서리 ㅁㅇ, 4개

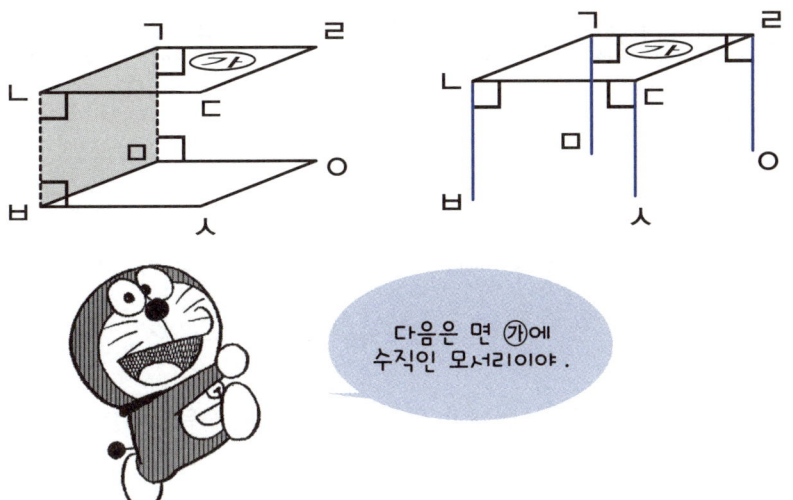

▶ 직육면체나 정육면체에서 한 면에 수직인 모서리는 면의 꼭짓점에서 그 면에 직각을 이루면서 뻗어나간 네 모서리이므로, '**모서리 ㄱㅁ**, **모서리 ㄴㅂ**', '**모서리 ㄷㅅ**, **모서리 ㄹㅇ**'입니다. 면에 수직인 모서리의 예로 의자 또는 테이블의 다리를 떠올리면 이해하기 쉽겠죠?

- ■ 한 면에 평행인 모서리
  - → 한 면에 평행인 면의 모서리
  - → 직육면체나 정육면체에는,
    한 면에 평행인 모서리가 4개 있습니다.

- ■ 한 면에 수직인 모서리
  - → 한 면으로부터 직각으로 뻗어나간 모서리
  - → 직육면체 또는 정육면체에서,
    한 면에 수직인 모서리가 4개 있습니다.

모서리와 모서리의 평행과 수직

> **Q. 문제**

오른쪽의 직육면체의 모서리 ㄱㄴ에 ①평행한 모서리와 ②수직인 모서리는 어느 것이고 몇 개입니까?

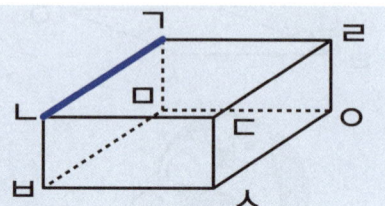

▶ **모서리끼리의 평행과 수직**은, 뼈대만 있는 직육면체나 정육면체를 생각하면 이해하기 쉽습니다.

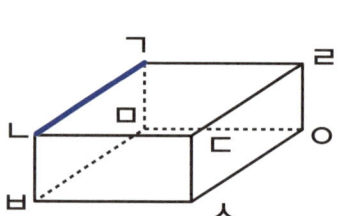

우선 모서리 ㄱㄴ에 평행한 모서리부터 생각해보자.

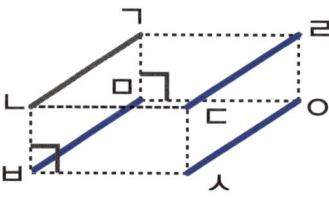

답은 이렇게 3개야. 모서리 ㅅㅇ도 모서리 ㄱㄴ에 평행한 모서리라는 걸 잊으면 안돼!

답: ①모서리 ㄷㄹ, 모서리 ㅁㅂ, 모서리 ㅅㅇ, 3개

▶ 다음은 모서리 ㄱㄴ에 수직인 모서리입니다. 어떤 모서리에 수직인 모서리는 그 모서리와 직각으로 만나는 모서리를 찾으면 됩니다.

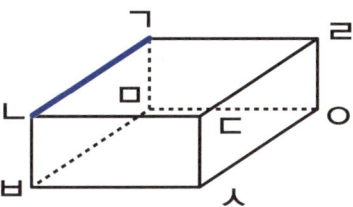

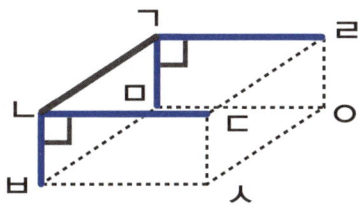

알겠어? 이렇게 4개야.
모서리 ㄱㄴ 기준으로
세로로 수직인 모서리 2개,
가로로 수직인 모서리가
2개지.

- ■ 한 모서리에 평행인 모서리
  → 그 모서리와 평행을 이루는 모서리.
  → 직육면체 또는 정육면체에서,
  한 모서리에 평행인 모서리는 3개 있습니다.

- ■ 한 모서리에 수직인 모서리
  → 그 모서리로와 수직으로 만나는모서리.
  → 직육면체 또는 정육면체에서,
  한 모서리에 수직인 모서리는 4개 있습니다.

| 1학년 | 2학년 | 3학년 | 4학년 | 5학년 | 6학년 |

마주 보는 면, 이웃한 면

Q. 문제

오른쪽 전개도로 상자를 만들려고 합니다.
마주보는 면은 어느 면과 어느 면입니까?

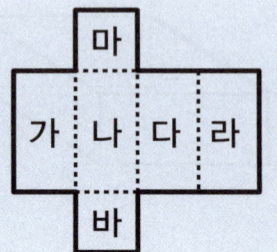

▶ 실제로 전개도를 그려 상자를 만들어 보세요!
도형은 손으로 직접 만들거나, 움직이고 놀면서 배우는 것이 가장 좋은 방법입니다.

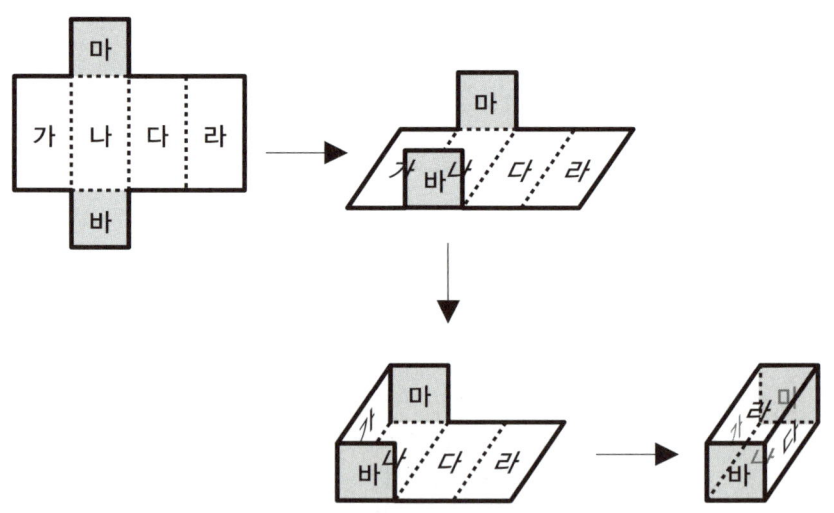

답 : (가, 다) (나, 라) (마, 바)

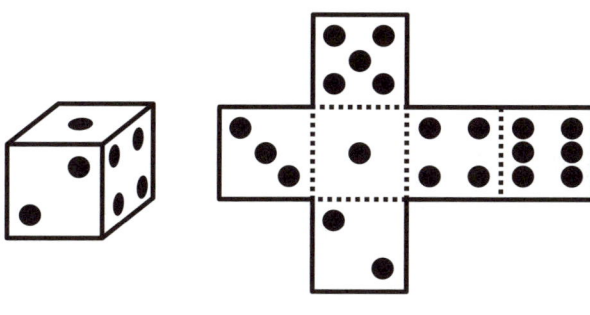

주사위는 마주 보는 두 면의 합이 7이 되도록 만들어져 있어.

- 직육면체의 한 면에는 마주 보는 면이 반드시 하나 있으므로 마주 보는 면은 세 쌍입니다.

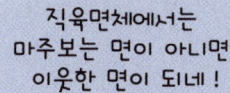

이웃한 면도 한꺼번에 외워 두자고.

직육면체에서는 마주보는 면이 아니면 이웃한 면이 되네!

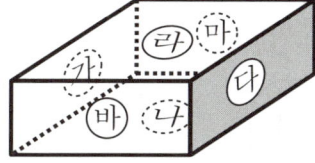

▶ 위의 그림에서 면 ㉻에 이웃한 면은 ㉮, ㉯, ㉰, ㉱의 네 면입니다.

# 각기둥과 원기둥

Q. 문제

4가지 입체도형에 관한 아래 표의 빈칸에 명칭과 수를 써 넣으세요.

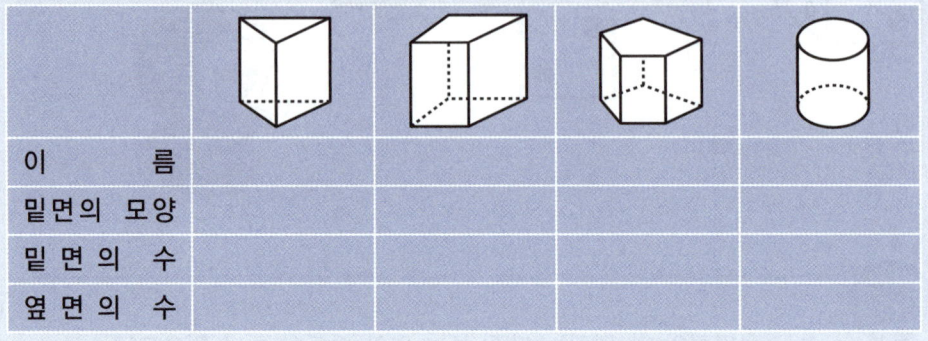

이 름				
밑면의 모양				
밑 면 의 수				
옆 면 의 수				

▶ 정육면체나 직육면체 외에도 여러 가지 입체가 있는데 각각의 이름과 특징이 다릅니다. 왼쪽으로부터 2번째 입체는 직육면체가 아닙니다.
직육면체는 모든 면이 직사각형, 또는 정사각형이지만 이 입체의 윗면과 아랫면은 사다리꼴이기 때문입니다.

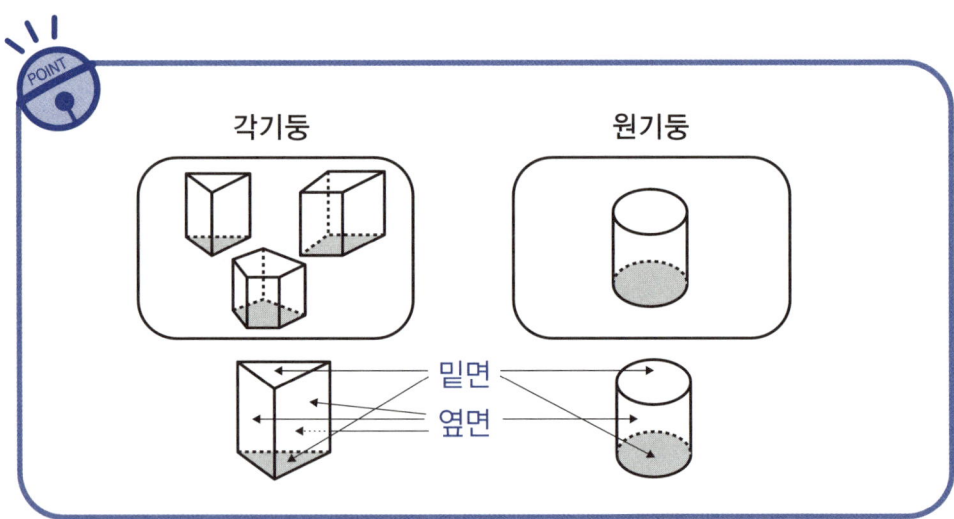

▶ 각기둥이나 원기둥의 윗면, 아랫면을 밑면이라고 하고, **밑면**에 수직인 면을 **옆면**이라고 합니다.

이 름	삼각기둥	사각기둥	오각기둥	원기둥
밑면의모양	삼각형	사각형	오각형	원
밑면의 수	2	2	2	2
옆면의 수	3	4	5	1

▶ **삼각기둥**의 밑면은 정삼각형이거나 이등변 삼각형, 또는 직각삼각형일 수도 있습니다. **사각기둥**의 밑면은 평행사변형이거나 사다리꼴일 수도 있습니다. 그러나 각기둥의 옆면은 반드시 직사각형이나 정사각형입니다.

사각기둥 : 모서리가 12개, 꼭짓점이 8개

삼각기둥 : 모서리가 9개, 꼭짓점이 6개

알겠어! 잘 기억할게.

각기둥의 모서리와 꼭짓점의 수도 알아 두자.

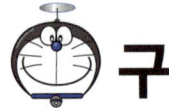 구

> **Q. 문제**

구의 지름은 A와 B 중 어느 것입니까?

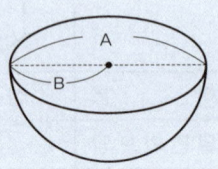

▶ **구는 공과 같이 동그란 모양**을 말합니다.
구의 지름과 반지름은 구를 잘라 생기는 원이 가장 크게 되도록 정확하게 반으로 잘랐을 때, 단면인 원의 지름, 반지름과 같습니다. 구의 중심을 지나도록 자르면 항상 가장 큰 원을 단면으로 얻을 수 있고,
그 원의 지름과 반지름을 알면 구의 지름과 반지름을 알 수 있습니다.
이 그림에서는 **A가 구의 중심을 지나는 단면의 지름**이므로 이 길이가 바로 이 **구의 지름**이 됩니다.

■ 구를 정확하게 반으로 잘랐을 때 생기는 원의 중심, 반지름, 지름이 구의 중심, 반지름, 지름이 됩니다.

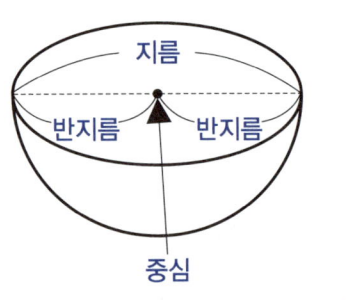

▶ 원의 지름이 반지름의 2배인 것과 같이 **구의 지름도 반지름의 2배**입니다.

답: A

▶ 공 모양을 한 것들을 구라고 부릅니다. 야구공이나 축구공 같은 구의 지름을 알아보려면 어떻게 하면 좋을까요?

응! 자로는 둥근 것은 잴 수 없잖아.

오, 좋은 출발이야. 자, 그럼 어떻게 할까?

줄자를 사용해서, 이렇게 재는 거야.

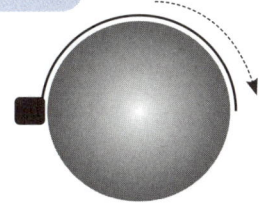

그건 지름이 아니고, 구의 둘레의 길이의 절반을 재는 거야.

구의 지름은 이런 식으로 해서 재면 돼.

나무토막과 나무토막 사이의 길이가 구의 지름이 되는구나!

확대와 축소

▶ 도형을 만드는 변이나 선을 똑같은 비율로 늘리는 것을 '**확대한다**'고 합니다. 반대로 도형을 만드는 변이나 선을 똑같은 비율로 줄이는 것을 '**축소한다**'라고 합니다.

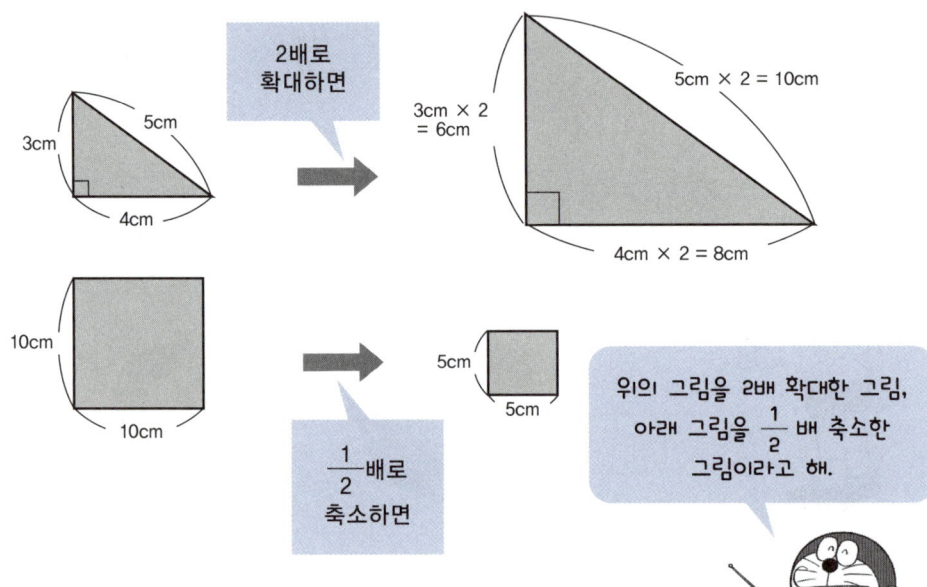

- 한 도형을 확대한 비율을 배율이라고 합니다.
  위의 오른쪽 직각삼각형은 원래 도형을 2배의 배율로 확대한 그림입니다.
- 한 도형을 축소한 비율을 축척이라고 합니다.
  위의 오른쪽 정사각형은 원래 도형을 $\frac{1}{2}$로 축소한 그림입니다.

▶ 축척은 여러 가지 방법으로 나타냅니다. $\frac{1}{10}$로 축소한 경우 $\frac{1}{10}$, 1:10 등으로 나타낼 수 있습니다. 그리고 지도에서는 축척을 수직선처럼 나타내는 경우가 많습니다. 아래 그림에서는 '지도상의 1cm는 100m임'을 기호로 나타내고 있습니다.

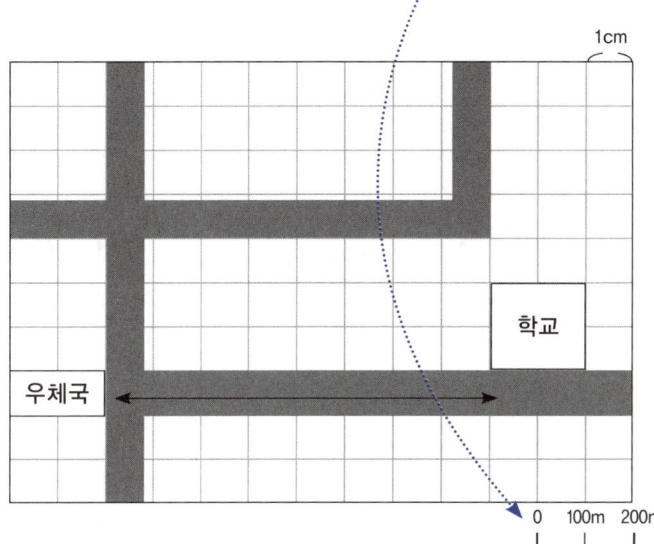

지도상에서는 우체국에서 학교까지 거리가 8cm야. 그런데 아래 축척을 나타낸 그림에는 1cm가 100m라고 설명되어 있어. 즉, 우체국에서 학교까지의 거리는 8cm이니까 800m라는 얘기지.

■ 축소한 그림과 실제 크기와의 관계
축소한 그림에서의 길이 = 실제 길이 × 축척
축소한 그림에서의 넓이 = 실제 넓이 × 축척 × 축척
축소한 그림에서의 부피 = 실제 부피 × 축척 × 축척 × 축척

확대한 그림과 축소한 그림에서 길이는 변해도, 각도는 변하지 않아. 매우 중요한 거니까 기억해 둬!

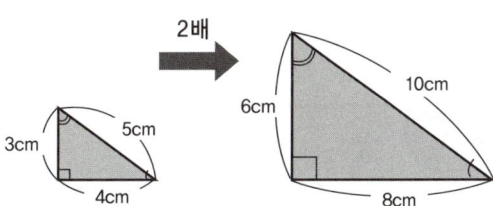

# 위치를 나타내는 방법

▶ **'평면 위의 점의 위치를 나타내는 방법'**을 생각해 봅시다.
아래 그림에서 O을 기준으로 점 B와 점 D를 찍었습니다. 이 두 점과 함께 직선으로 이어 직사각형이 되게 하려면 다른 두 점을 어디에 찍어야 할까요?

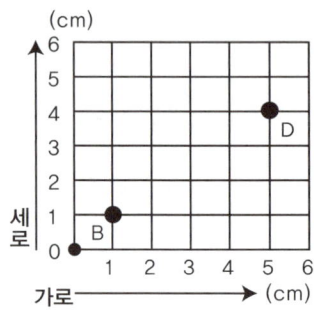

다른 두 점을 찍어 점들을 연결해서 직사각형이 되게 하려면?

직사각형? 4개의 각이 직각이 되어야 하잖아.

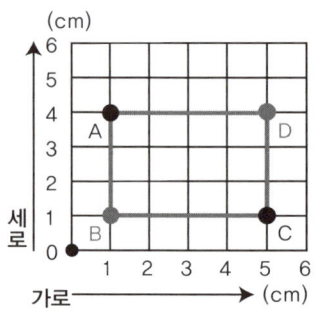

이렇게 하면 되나?

정답! O을 기준으로 (가로 1cm, 세로 4cm)의 위치에 점 A를, 그리고 다시 O을 기준으로 (가로 5cm, 세로 1cm)의 위치에 점 C를 찍으면 돼.

▶ 이처럼 점의 위치는 가로축과 세로축이 만나는 점, 0cm를 기준으로 **(가로 ☐ cm, 세로 ☐ cm)**라고 표현할 수 있습니다. 이것이 평면 위의 점의 위치를 나타내는 방법입니다.

■ 평면 위 점의 위치
가로와 세로, **두 길이의 순서쌍**으로 나타낼 수 있습니다.

▶ 이번에는 '**공간의 위치를 나타내는 방법**'을 배워 볼까요?
대나무 헬리콥터로 날아오른 도라에몽과 진구의 위치를
어떻게 표현할 수 있을까요?

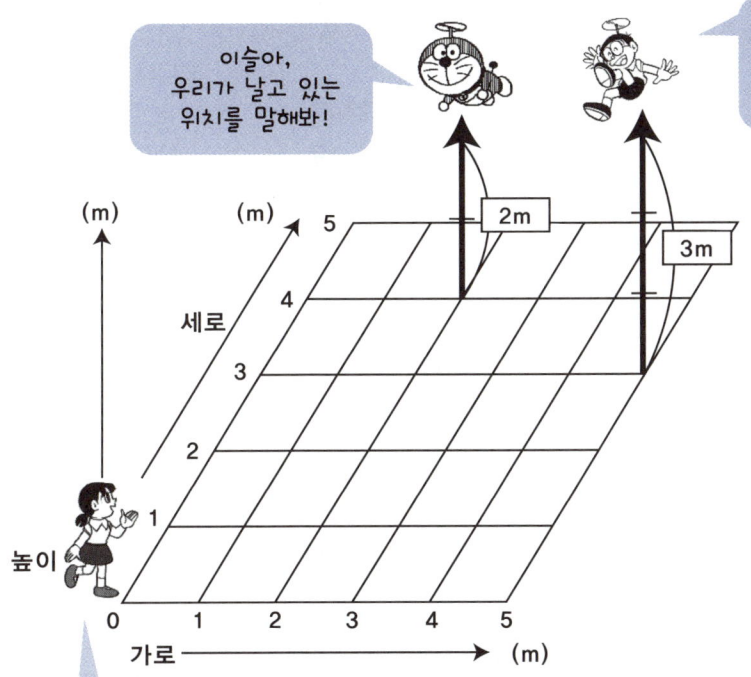

내가 서 있는 지점, 0을 기준으로 하면,
도라에몽의 평면 위의 위치는 (가로 2m, 세로 4m)야.
거기에서 (높이 2m)를 추가하면 (가로 2m, 세로 4m, 높이 2m)라고
나타낼 수 있어. 진구의 위치는 (가로 5m, 세로 3m, 높이 3m)야.

■ 공간에서 점의 위치
　　가로, 세로, 높이, 세 길이의 순서쌍으로 나타낼 수 있습니다.

Key Point Review ❻

1 공책이나 색종이의 귀퉁이와 같이 반듯한 각을 (　　　) 이라고 합니다.
2 네 각이 모두 직각인 사각형을 (　　　　) 이라고 합니다.
3 네 각이 모두 직각이고, 네 변의 길이가 같은 사각형을 (　　　) 이라고 합니다.
4 두 직선이 만나서 이루는 각이 직각일 때, 두 직선은 서로 (① 　　) 이라고 하고, 이때 한 직선을 다른 직선에 대한 (② 　　) 이라고 합니다.
5 서로 만나지 않는 두 직선을 (① 　　) 하다고 말합니다. 이 두 직선을 (② 　　) 이라고 합니다.
6 마주 보는 한 쌍의 변이 서로 평행인 사각형을 (　　　) 이라고 합니다.
7 네 변의 길이가 모두 같은 사각형을 (　　　) 라고 합니다.
8 두 개의 도형이 모양과 크기가 같아서 완전히 포개어질 때 서로 (　　　) 이라고 합니다.
9 변의 길이가 모두 같고 각의 크기가 모두 같은 다각형을 (　　　) 이라고 합니다.
10 입체도형의 전체 모양을 알 수 있도록 투시하여 그린 그림을 (　　　) 라고 합니다.
11 직사각형 6개로 둘러싸인 도형을 (① 　　), 정사각형 6개로 둘러싸인 도형을 (② 　　) 이라고 합니다.
12 각기둥이나 원기둥의 윗면, 아랫면을 (① 　　) 이라고 하고, 밑면에 수직인 면을 (② 　　) 이라고 합니다.
13 한 직선을 따라 접었을 때 완전히 겹치는 도형을 (　　　) 이라고 합니다.
14 한 도형을 어떤 점을 중심으로 180도 돌렸을때, 처음 도형과 완전히 겹치면 이 도형을 (　　　) 이라고 합니다.
15 직육면체나 정육면체에는 한 면에 평행인 모서리가 (① 　　) 개, 수직인 모서리가 (② 　　) 개 있습니다.
16 직육면체나 정육면체에는 한 모서리에 평행인 모서리가 (① 　　) 개, 수직인 모서리가 (② 　　) 개 있습니다.
17 직육면체의 한 면에는 마주 보는 면이 반드시 하나 있으므로 마주 보는 면은 (　　　) 쌍입니다.
18 이 전개도를 접어 상자모양을 만들었을 때,
　　면 가와 마주 보는 면은 (① 　　),
　　면 나와 마주 보는 면은 (② 　　),
　　면 마와 마주 보는 면은 (③ 　　) 입니다.

답 확인하기

1 직각 2 직사각형 3 정사각형 4 ① 수직, ② 수선 5 ① 평행, ② 평행선 6 사다리꼴
7 마름모 8 합동 9 정다각형 10 겨냥도 11 ① 직육면체, ② 정육면체 12 ① 밑면, ② 옆면
13 선대칭도형 14 점대칭도형 15 ① 4, ② 4 16 ① 3, ② 4 17 세 쌍 18 ① 다, ② 라, ③ 바

3 측 정

- 3학년 연계 ·············· 320~333
- 4학년 연계 ·············· 334~335
- 5학년 연계 ·············· 336~355
- 6학년 연계 ·············· 356~373

길이의 단위 (mm, cm, m, km)

▶ 길이는 mm(밀리미터), cm(센티미터), m(미터), km(킬로미터)의 4가지 단위로 나타낼 수 있습니다. 길이를 나타내는 4가지 단위를 알기 쉽게 정리하면 다음과 같습니다.

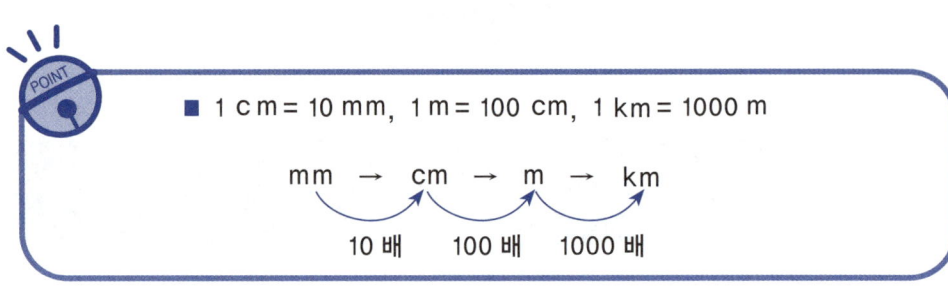

■ 1 cm = 10 mm, 1 m = 100 cm, 1 km = 1000 m

mm → cm → m → km
10 배   100 배   1000 배

35mm = 3cm 5mm
사전의 두께

140cm = 1m 40cm 키

1km 300m = 1300m
집에서 학교까지의 거리

길이의 단위는, mm부터 순서대로 10배, 100배, 1000배로 커지고 있기 때문에, 이런 식으로 단위를 바꾸어 나타낼 수 있어.

	km	m			cm		mm
	일의 자리	백의 자리	십의 자리	일의 자리	십의 자리	일의 자리	일의 자리
사전의 두께						3	5
키				1	4	0	
거리	1	3	0	0			

자리를 맞추어서 생각하려면 이 표에 넣어봐.

그래서 35mm는 3cm와 5mm가 되는구나. 그럼 140cm는 1m와 40cm가 되겠군.

	km	m			cm		mm
	일의 자리	백의 자리	십의 자리	일의 자리	십의 자리	일의 자리	일의 자리
거리	1	3	0	0	0	0	0

1km 300m는 1300m니까 130000cm야.

▶ mm로 나타낸 길이를 cm와 mm로 고치려면, mm의 십의 자리를 cm의 일의 자리로, mm의 백의 자리를 cm의 십의 자리로 바꿔 줍니다. (185mm → 18cm 5mm)
▶ 반대로, cm로 나타낸 길이를 mm로 고치려면, cm의 일의 자리를 mm의 십의 자리로, cm의 십의 자리를 mm의 백의 자리로 바꿔주면 되겠지요? (34cm → 340mm)
▶ m를 km로 고치거나, km를 m로 고치는 방법도 다르지 않아요. 어떻게 바꿀지 생각해 보세요! (힌트: 1km = 1000m)

| 1학년 | 2학년 | **3학년** | 4학년 | 5학년 | 6학년 |

 mm, cm, m의 계산 방법

▶ 길이의 덧셈이 어렵다면, 세로셈으로 계산해 보세요. 좀 더 쉽게 계산할 수 있습니다.

14cm 8mm + 10cm 5mm = 의 계산 방법

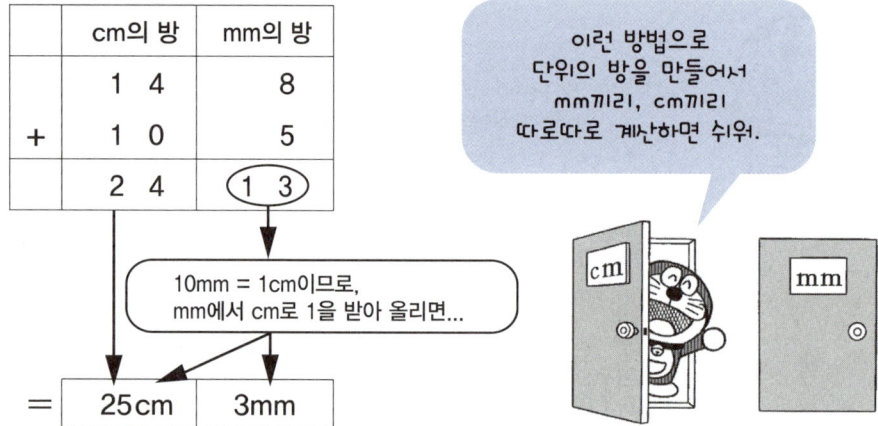

14cm 8mm + 10cm 5mm = 25cm 3mm

- mm와 cm, m와 cm 등의 단위가 섞여 있는 길이의 덧셈 mm는 mm끼리, cm는 cm끼리 각각 계산합니다.
- 각각 계산한 다음, mm끼리의 합이 10이 되면, cm의 일의 자리로 1을 받아 올립니다.

▶ 예를 들어, 1cm 2mm + 1cm 8mm와 같은 계산의 경우, 답은 2cm 10mm가 아니라 3cm가 됩니다.

▶ 길이의 뺄셈 계산도, 똑같이 '**단위의 방**'에서 계산하는데,
받아 내리는 수에 주의해야 합니다.
m에서 cm로 1을 받아 내릴 때는 100cm(1m=100cm)가,
cm에서 mm로 1을 받아 내릴 때는 10mm(1cm=10mm)가 됩니다.

3m 10cm - 1m 50cm 의 계산 방법

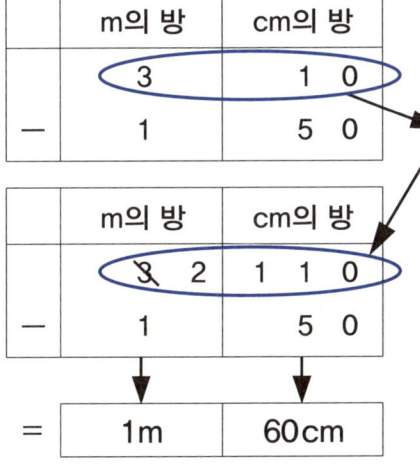

10 - 50은 계산을 할 수 없으므로 m에서 1을 받아내립니다.
1m = 100cm 이므로 100을 받아내림하여 계산합니다.

3m 10cm - 1m 50cm = 1m 60cm

- mm와 cm, m와 cm 등의 단위가 섞여 있는 길이의 뺄셈
  m는 m끼리, cm는 cm끼리, mm는 mm끼리 각각 계산합니다.
- m에서 cm로 100을 (1m=100cm), cm에서 mm로 10(1cm=10mm)을 받아내림하여 계산합니다.

들이의 단위 (mL, L)

▶ **들이**는 그릇에 우유나 음료수가 얼마나 들어있는지 그 양을 나타내는 것입니다. 들이 단위에는 mL(밀리리터)와 L(리터)가 있습니다.

- 들이 단위에는 1 리터와 1 밀리리터가 있습니다.
- 1 리터는 1L, 1 밀리리터는 1mL 라고 씁니다.
- 1 리터는 1000 밀리리터와 같습니다. (1L = 1000mL)

$$1L = 1000mL$$

긴 우유팩 하나에 들어있는 우유의 부피가 정확하게 1L 야.

제일 작은 우유팩 하나에는 200mL의 우유가 들어있어.

▶ 들이의 단위 사이의 관계는 아래의 그림을 보면 쉽게 알 수 있습니다.
보통 어른 숟가락으로 한번 떠낸 물의 양은 대략 10mL 정도입니다.
숟가락으로 10번 물을 떠내면 대략 100mL입니다.
100mL는 큰 요구르트병 하나에 들어가는 정도의 양입니다.

1L = 1000mL

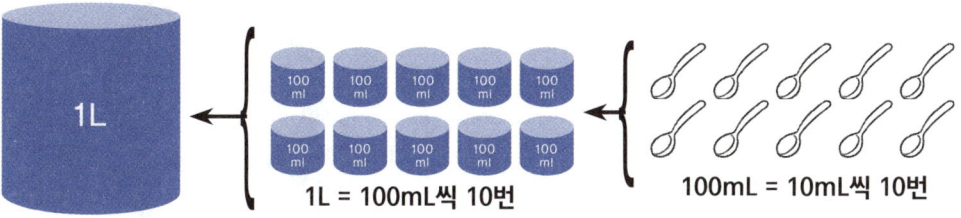

1L = 100mL씩 10번   100mL = 10mL씩 10번

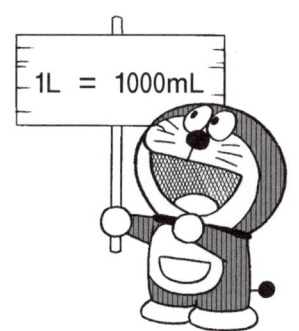

1L = 1000mL 이니까,
3500mL는 3L 500mL가 되는거야.
단위를 바꾸는 방법을 외워 둬!

1L = 1000mL

Q. 문제

다음 빈 칸에 알맞은 수를 써 넣으세요.
① 1L = 1000mL, 2L = ☐ mL
② 10L = 10000mL, 30L = ☐ mL
③ 2500mL = 2L 500mL, 4700mL = ☐ L ☐ mL
④ 8L 200mL = 8200mL, 6L 800mL = ☐ mL

답 : ① 2000mL, ② 30000mL, ③ 4L 700mL, ④ 6800mL

mL, L의 계산 방법

▶ 들이를 계산할 때는 mL 와 L 를 각각 '단위의 방' 에서 세로셈으로 계산하면 쉽습니다.

1L 700mL + 2L 600mL 의 계산 방법

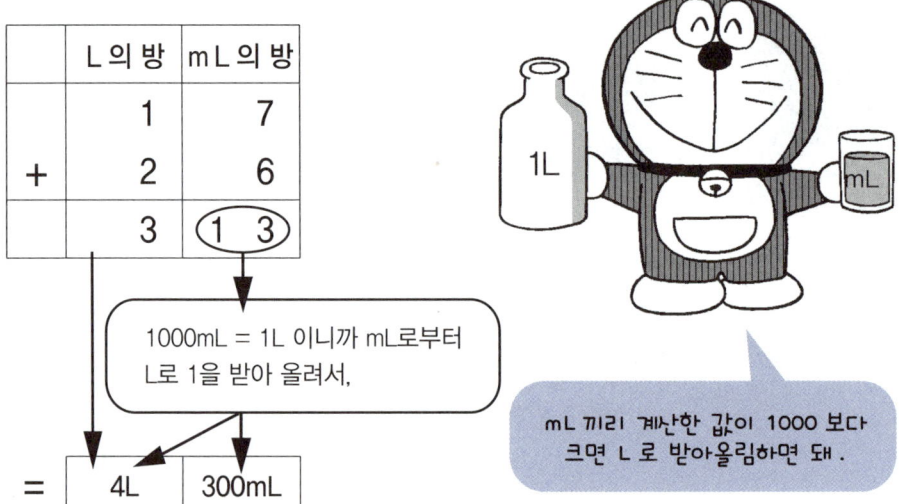

1L 700mL + 2L 600mL = 4L 300mL

- 서로 다른 들이의 단위 L 와 mL 가 섞여 있는 덧셈
  L 는 L 끼리, mL 은 mL 끼리 각각 계산합니다.
- mL 의 합이 1000 이 되면 mL 로 1을 받아올림합니다.

▶ 예를 들어, 1L 200mL + 1L 800mL 와 같은 계산의 경우, 답은 2L 1000mL 가 아니라 3L 가 됩니다.

▶ 들이의 뺄셈 계산도, 똑같이 '단위의 방'에서 계산하는데
받아 내리는 수에 주의해야 합니다.
L에서 mL로 1을 받아내릴 때는 1000mL(1L=1000mL이므로)가 됩니다.

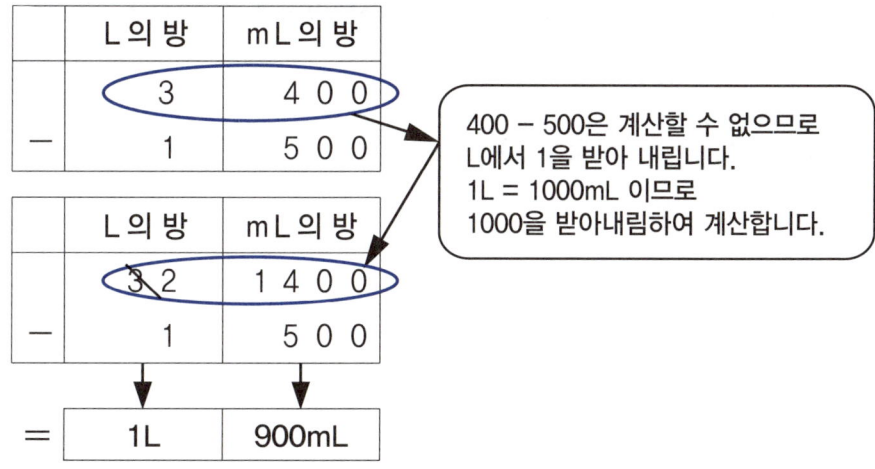

3L 400mL - 1L 500mL = 1L 900mL

- 서로 다른 들이의 단위 L와 mL가 섞여 있는 뺄셈
  L는 L끼리, mL은 mL끼리 각각 계산합니다.
- L를 mL로 받아 내릴 때는 1000(1L = 1000mL)을 내려줍니다.

| 1학년 | 2학년 | **3학년** | 4학년 | 5학년 | 6학년 |

시각의 계산

▶ 시각을 구하는 문제는 덧셈인지, 뺄셈인지를 먼저 생각하고 알맞은 계산 방법을 찾아야 합니다.

Q. 문제

① 집에서 동물원까지 50분이 걸립니다. 8시 40분에 집에서 출발했다면 몇 시 몇 분에 도착했을까요?

② 집에서부터 30분을 걸어서 10시 10분에 공원에 도착했습니다. 집에서 출발한 시각은 몇 시 몇 분일까요?

▶ 먼저 문제 ①을 생각해 봅시다. 집에서 출발한 시각에 가는 데 걸린 시간을 더해야 도착한 시각을 알 수 있으므로 문제 ①은 덧셈입니다.

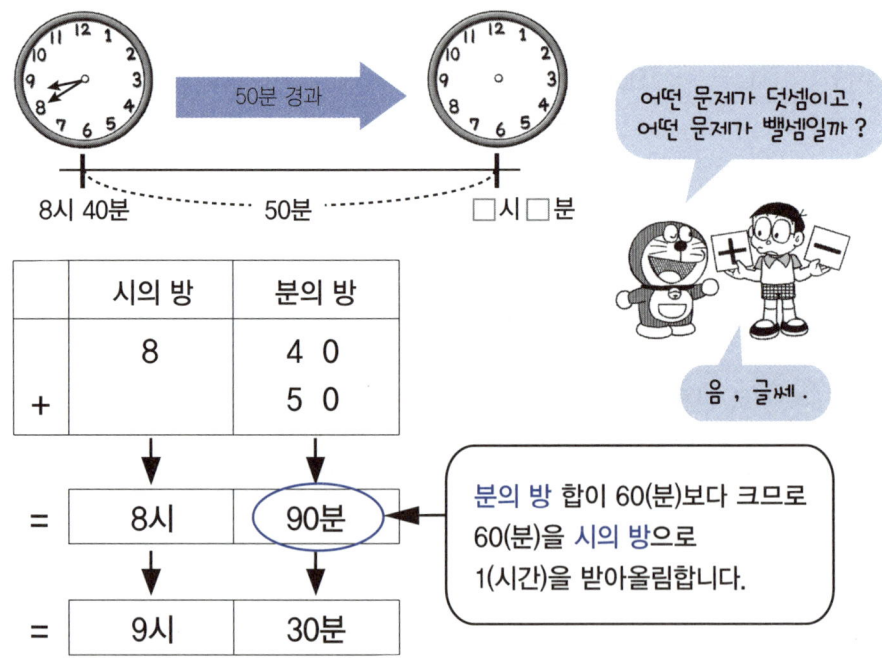

▶ 이제 문제 ②을 생각해 봅시다. 집에서 30분을 걸어서 10시 10분에 공원에 도착했으므로 도착한 시간에서 가는 데 걸리는 시간을 빼야 출발한 시각을 알 수 있습니다.

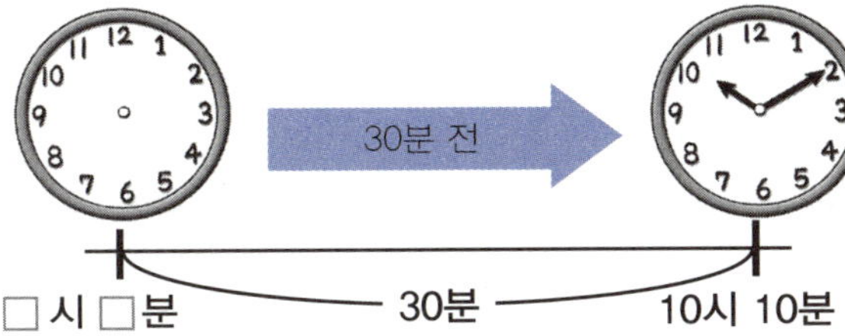

□시 □분 ─── 30분 ─── 10시 10분

> 문제 ②는 뺄셈이야. 도착한 시각에서 걸린 시간을 빼면 집에서 나온 시각을 알 수 있으니까 말이야.

	시의 방	분의 방
	1 0	1 0
−		3 0

↓

	시의 방	분의 방
	~~1~~0 9	~~1~~0 70
−		3 0

> 시의 방에서 1을 받아 내리면, 분의 방에 60을 받아 내리는 것이니까…

=	9시	40분

■ 시각을 구하는 계산에서 주의할 점

1. 덧셈인지, 뺄셈인지 먼저 생각합니다.
2. 시각에 시간을 더할 때 분이 60을 넘으면, 시(시간)로 1을 받아올립니다.
3. 시각에서 시간을 뺄 때 받아 내리는 경우, 시(시간)에서 1을 빼고, 분에 60을 받아내립니다.

답 : ① 9시 30분, ② 9시 40분

| 1학년 | 2학년 | **3학년** | 4학년 | 5학년 | 6학년 |

 무게의 단위(g, kg, t)

▶ 무게의 단위에는 g(그램)과 kg(킬로그램) 등이 있습니다.
1000g은 1kg입니다.

- 1000g = 1kg   g → kg   1000배
- 1000kg = 1t   kg → t   1000배

우리나라 고유의 무게 단위

1 근 = 600g
(육류의 무게)

1 관 = 3.75kg
(채소의 무게)

1 냥 = 37.5g
(금 , 은 , 한약재의 무게)

정육점에서는 근 단위로 고기를 팝니다.

삼겹살 2 근만 주세요 !

▶ t(톤)은 트럭에 싣는 화물이나 배 등의 무거운 물건의 무게를 나타내는 단위입니다. 예를 들어, '아프리카 수코끼리의 무게는 5~7t이 되는 경우도 있다.' 와 같이 쓰입니다.

▶ 길이의 단위에 km(킬로미터)가 있고, 1km = 1000m입니다.
무게도 이와 같이 1kg = 1000g입니다. 길이와 무게는 m와 g으로
쓰임과 이름이 다르지만, 1000이 되면 '킬로' 단위가 된다는 것을
기억하세요.

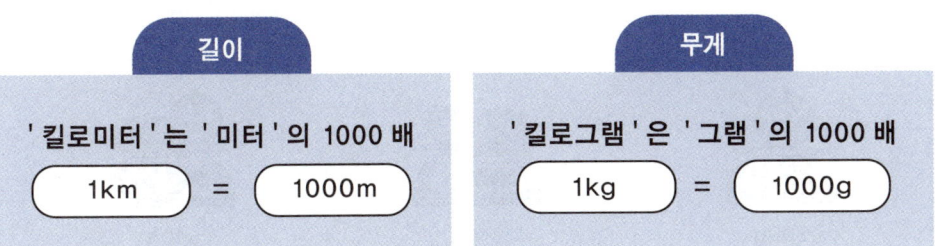

- 30kg 은 몇 g 일까요?

  1kg = 1000g 이므로 ...
  ↓
  1000 × 30 = 30000g
  ↓
  답 : 30000g

- 2500g 은 몇 kg 일까요?

  1000g = 1kg 이므로 ...
  ↓
  2500g = 2kg + 500g
  ↓
  답 : 2kg 500g

1kg = 1000g이니까, 30kg은 30000g
그래서, 2500g은 2kg 500g 이라고
나타내지. 단위가 바뀌는 것을 기억해
두도록 해.

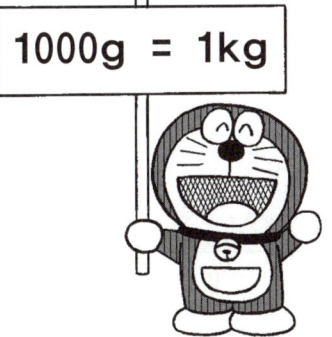

▶ 그 밖에도 무게를 나타내는 단위에는 mg(밀리그램)이 있습니다.
mg은 가루약이나 설탕과 같이 가벼운 물건의 무게를 나타내는
단위입니다.

g, kg의 계산 방법

▶ g끼리, kg끼리의 덧셈, 뺄셈은 그대로 계산하면 됩니다.

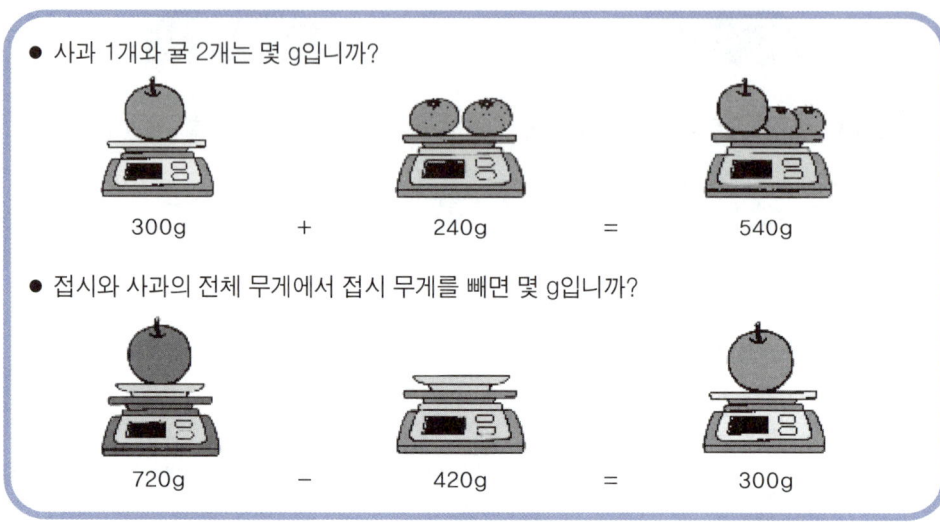

- 사과 1개와 귤 2개는 몇 g입니까?
  300g + 240g = 540g
- 접시와 사과의 전체 무게에서 접시 무게를 빼면 몇 g입니까?
  720g − 420g = 300g

▶ 합이 1000g을 넘으면, kg으로 1을 받아 올리는 것에 주의하세요.

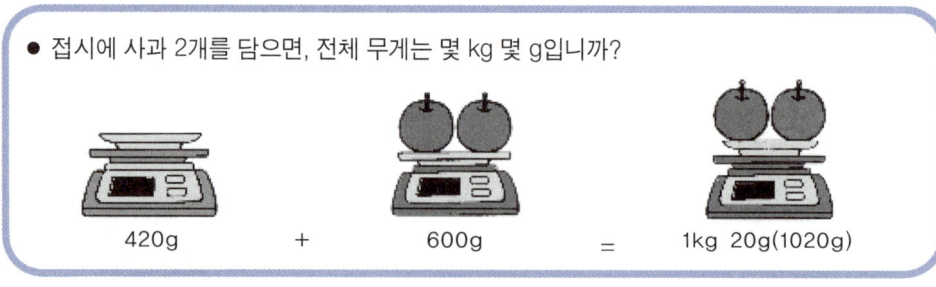

- 접시에 사과 2개를 담으면, 전체 무게는 몇 kg 몇 g입니까?
  420g + 600g = 1kg 20g(1020g)

■ g(그램)의 계산에서,
답이 1000g을 넘으면 kg으로 1을 받아 올립니다.

▶ g과 kg이 섞인 경우는 '**단위의 방**'에서 계산하면 쉬워요.

1kg 800g + 2kg 700g 의 계산 방법

	kg의 방	g의 방
+	1	8 0 0
	2	7 0 0
	3	1 5 0 0

1000g = 1kg 이므로, g에서 kg으로 1을 받아올림 하면

=	4kg	500g

1kg 800g + 2kg 700g = 4kg 500g

1000g 을 넘으면, kg 으로 받아 올리면 되지.

▶ 위와 같은 뺄셈을 할 때는 kg에서 1을 받아내림하여 g에 1000을 더해 줍니다.

3kg 300g - 1kg 700g 의 계산 방법

	kg의 방	g의 방
	3	3 0 0
-	1	7 0 0

300 - 700은 계산할 수 없으므로, kg에서 1을 받아내림합니다.
1kg = 1000g이니까,
1000을 받아 내려서...

	kg의 방	g의 방
	3̸ 2	1 3 0 0
-	1	7 0 0
=	1kg	600g

3kg 300g - 1kg 700g = 1kg 600g

받아 내릴 때는, kg 에서 g 으로 1000g 을 건네주면 되지.

삼각형과 사각형의 내각의 합

Q. 문제

①과 ②의 ☐에 알맞은 각도를 구하시오.

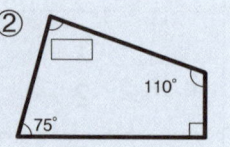

▶ 그림 ①은 삼각형입니다. 삼각형은 다음과 같은 성질이 있습니다.

■ 삼각형의 세 각의 크기의 합은 180° 입니다.

삼각형의 세 각을 모두 합하면 180도가 된다는 것이 힌트야.

그럼, 180도에서 주어져 있는 각을 더해서 빼면 되겠네!

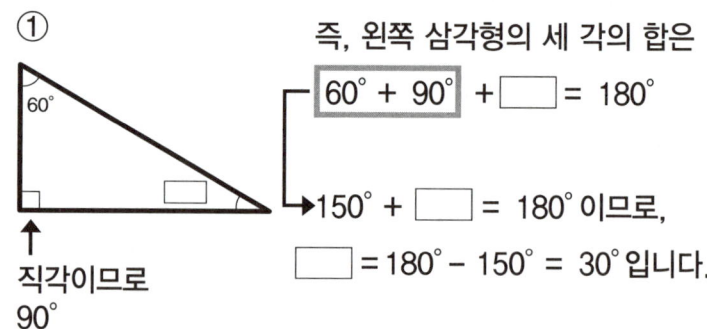

즉, 왼쪽 삼각형의 세 각의 합은
60° + 90° + ☐ = 180°
150° + ☐ = 180° 이므로,
☐ = 180° − 150° = 30° 입니다.

▶ 그림 ②는 사각형입니다.
사각형은 다음과 같은 성질이 있습니다.

■ 사각형의 네 각의 크기의 합은 360° 입니다.

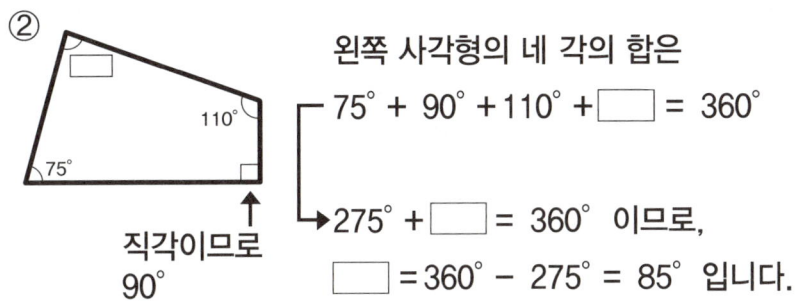

왼쪽 사각형의 네 각의 합은
75° + 90° + 110° + ☐ = 360°

→ 275° + ☐ = 360° 이므로,
☐ = 360° - 275° = 85° 입니다.

삼각형의 세 각의 크기를 합하면 180도, 그리고 사각형의 네 각의 크기를 합하면 360도구나.

매우 중요한 내용이니 잘 외워 둬!

▶ 세 각 중 두 각의 크기를 모르는 문제는 직선이 180°라는 것을 활용합니다.

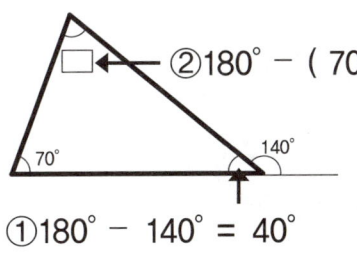

② 180° - (70° + 40°) = 70°

▶ 이런 문제의 경우는 ①→②의 순서로 계산을 하면 됩니다.

① 180° - 140° = 40°

답 : ① 30°, ② 85°

측정

335

어림하기

▶ 어림수는 대강의 수, 대략적인 수라는 뜻입니다.

▶ '콘서트에 4만 명이 모였다', '해돋이 행사에 10만 명이 참가했다'고 말할 때, 이것도 '어림수'를 써서 나타내고 있는 것입니다.
40219명, 106312명이라는 복잡한 수는 듣거나 말하기에도 어렵지만, '대략 4만 명 정도'라고 하면 굉장히 많은 사람이 모였다는 것을 누구라도 쉽게 알 수 있어 편리합니다.

- 어림수를 만드는 세 가지 규칙

  버 림 : 구하려는 자리 아래 수를 버려서 나타내는 방법
  올 림 : 구하려는 자리 아래 수를 올려서 나타내는 방법
  반올림 : 구하려는 자리 바로 아래 자리의 숫자가
            0, 1, 2, 3, 4, 이면 버리고, 5, 6, 7, 8, 9 이면 올리는 방법

Q. 문제

43895명을 버림, 올림, 반올림, 세 가지 규칙에 따라
만의 자리까지 각각 나타내어 보세요.

만의 자리까지 나타내려면 바로 아래 천의 자리 수를
보고 어림해야 해. 천의 자리 수가 3 이니까 버림과
반올림에서는 0 으로, 올림에서는 1 만으로 생각하고
어림에 적용해 봐!

▶ 버림하여 만의 자리까지 나타내면 약 몇 만 명입니까?
  → 만 보다 아래 자리의 수를 모두 버려서 0으로 나타내면 40000 명입니다.

▶ 올림하여 만의 자리까지 나타내면 약 몇 만 명입니까?
  → 만보다 아래 자리(이 경우는 3895)를 1만으로 올려 만의 자리에 더해서,
    약 50000 명입니다.

▶ 반올림하여 만의 자리까지 나타내면 약 몇 만 명입니까?
  → 만의 아래인 천의 자리 수는 '3'이므로, 버려서 약 40000명 입니다.

답: 약 4만 명, 약 5만 명, 약 4만 명

 # 어림수의 계산

Q. 문제

아래 표는 A시의 인구입니다. A시 전체 인구는 대략 몇 명입니까?
반올림하여 천의 자리까지 나타내세요.

▶ 답을 어림수로 구하는 경우에는 계산을 한 다음 어림수를 구하는 것이 아니라, 수를 어림수로 나타낸 다음 계산을 합니다.

남자	68024명
여자	60489명

- 문제 중에 '약 몇 명', '약 몇 회'와 같이,
  어떤 자리까지의 어림수가 나오는 경우는
  우선 각각의 수를 어림수로 만든 다음 계산합니다.

이 문제는 천의 자리까지의 수가 필요한 거니까…

각각의 수를 천의 자리까지 어림수로 나타낸 다음, 덧셈을 하면 되지.

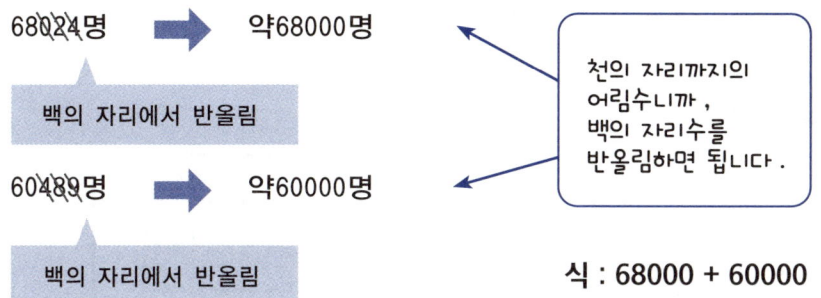

▶ 처음에 어림수로 하지 않고 그대로 계산해서, 답을 반올림하면 계산 결과가 어떻게 달라질까요?

68024 + 60489 = 128513

백의 자리에서 반올림 ➡ 129000 ✕

▶ 덧셈 계산을 한 후 어림하면 약 12만 9천명이 되어 답이 틀립니다.

■ 곱셈과 나눗셈도 먼저 어림수로 나타낸 후 계산합니다.

▶ 285 × 304을 각각 십의 자리에서 반올림하여 계산합니다.
→ 285 × 304 → 300 × 300 = 90000

▶ 1231 ÷ 197을 각각 십의 자리에서 반올림하여 계산합니다.
→ 1231 ÷ 197 → 1200 ÷ 200 = 6

넓이의 단위와 계산

Q1. 문제

가로 1cm, 세로 1cm 의 타일 5 장으로
오른쪽 모양을 만들었습니다.
이 모양의 넓이는 몇 cm^2 일까요?

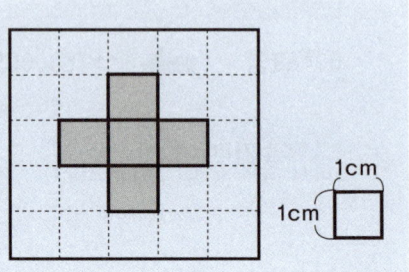

▶ 넓이는 '넓은 정도'를 나타내는 것입니다. cm 나 m 라는 단위를 써서 길이를 나타내는 것처럼, 넓이는 cm^2(제곱센티미터) 나 m^2(제곱미터) 라는 단위를 써서 나타냅니다.

- 한 변의 길이가 1cm 인 정사각형의 넓이는 $1cm^2$ 이고, 이것을 '일 제곱센티미터' 라고 읽습니다.

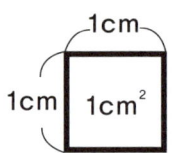

$1cm^2$ 가 5 개.
이 모양의 넓이는
$5cm^2$ 이야.

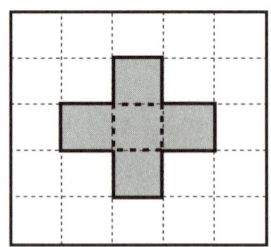

Q1. 답 : $5cm^2$

Q2. 문제

오른쪽 직사각형의 넓이를 구하세요.

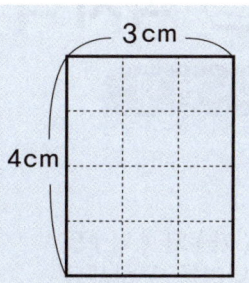

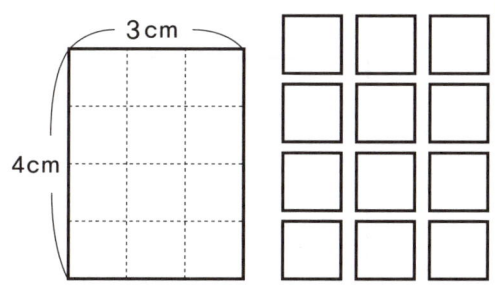

이 직사각형에 1cm² 인 정사각형 타일을 붙여보면 12개가 들어가니까 12cm² 이야.

▶ 1cm² 인 정사각형 타일을 붙여보지 않아도 직사각형의 넓이를 구할 수 있습니다.

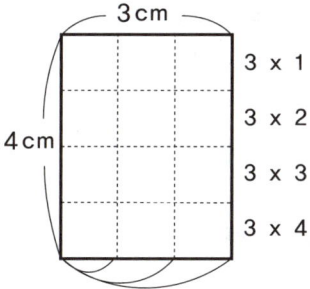

3 × 1
3 × 2
3 × 3
3 × 4

직사각형의 넓이는 (가로) × (세로)로 계산하면 돼.

■ (직사각형의 넓이) = (가로의 길이) × (세로의 길이)

Q2. 답 : 12cm² (식 : 3 × 4 = 12)

직사각형과 정사각형의 넓이

Q1. 문제

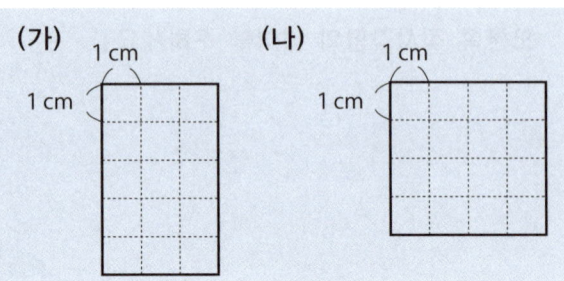

(가)와 (나)의 넓이를 구하세요.

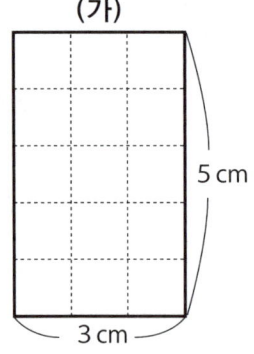

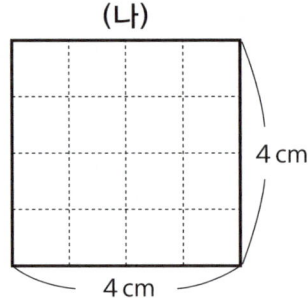

직사각형의 넓이 = 가로 × 세로

이 직사각형의 넓이 = 3 × 5 = 15

정사각형의 넓이
= 한 변의 길이 × 한 변의 길이

정사각형의 넓이 = 4 × 4 = 16

이게 직사각형과 정사각형의 넓이를 구하는 '공식'이야.

POINT
- (직사각형의 넓이) = (가로의 길이) × (세로의 길이)
- (정사각형의 넓이) = (한 변의 길이) × (한 변의 길이)

Q1. 답 : (가)15cm², (나)16cm²

Q2. 문제

다음 직사각형의 세로 길이는 몇 cm 입니까?

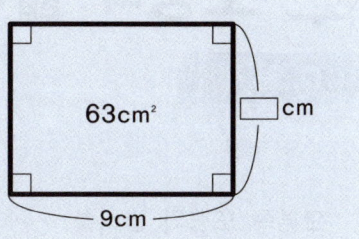

▶ 직사각형의 넓이는 (가로의 길이) x (세로의 길이) 로 구할 수 있습니다.
그래서 직사각형의 넓이와 가로의 길이를 알고 있는 경우,
(넓이) ÷ (가로의 길이)의 계산으로 세로의 길이를 구할 수 있습니다.
그리고 직사각형의 넓이와 세로의 길이를 알고 있는 경우,
(넓이) ÷ (세로의 길이)의 계산으로 가로의 길이를 구할 수 있습니다.

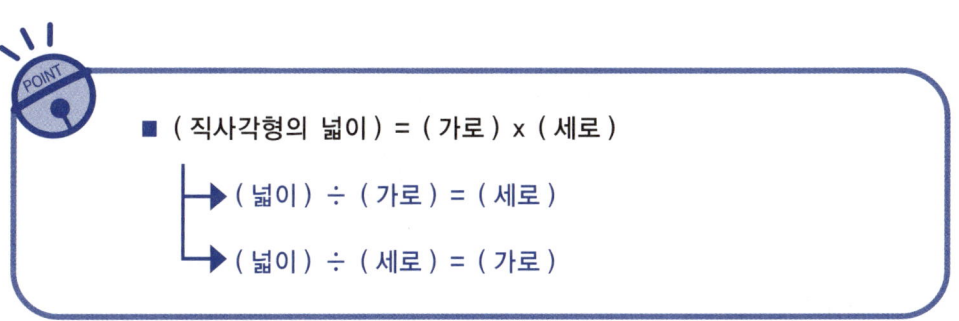

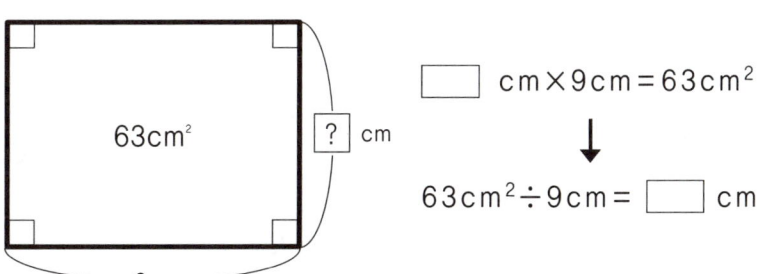

도형의 넓이 구하기 (1)

Q. 문제

오른쪽 도형의 넓이를 여러 가지 방법으로 구하세요.

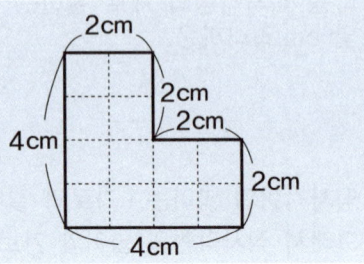

▶ 이 도형의 넓이는 한 번에 구할 수 없습니다. 어떻게 하면 좋을까요?

'여러 가지 방법' 이라니?

나중에 알게 돼.

비실이의 방법

$2cm \times 2cm = 4cm^2$
$+$
$4cm \times 2cm = 8cm^2$
→ ? cm^2

이 도형은 2cm × 2cm 의 정사각형과 2cm × 4cm 의 직사각형을 더한 모양이야. 각각의 넓이를 구해서 더하면 되지!

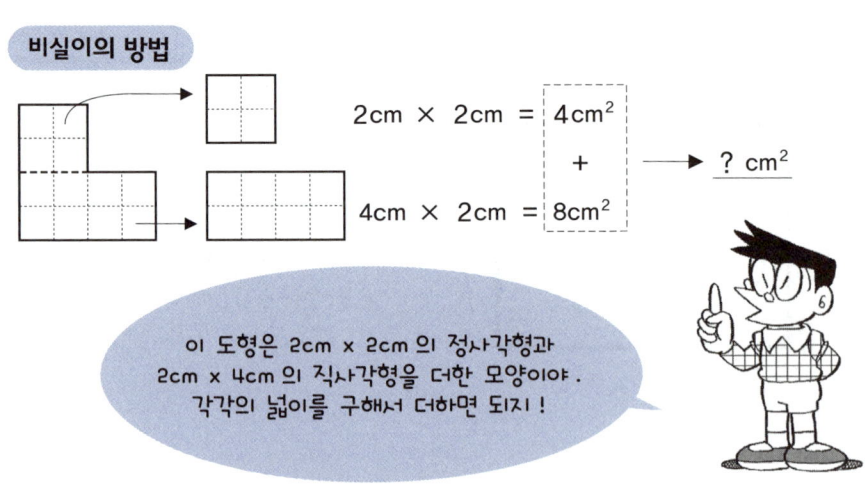

이슬이의 방법

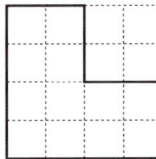

전체 넓이 = 4cm × 4cm = 16cm^2

빠진 부분의 넓이 = 2cm × 2cm = 4cm^2

16cm^2 − 4cm^2 = ? cm^2

4cm × 4cm 의 정사각형에서
2cm × 2cm의 정사각형을 빼낸
모양으로 생각해서,
(4 × 4) − (2 × 2) = 16 − 4 = ?

퉁퉁이의 방법

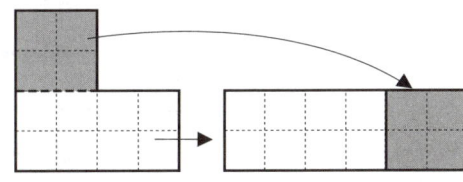

움직여서 직사각형으로 생각하면,

직사각형의 넓이

= 6cm × 2cm = ? cm^2

위쪽 정사각형을 떼어서
아래 직사각형 옆에
붙인다고 생각하면 계산
한 번으로 구할 수 있어!

이게 바로
'여러 가지 방법'
으로 해결하기!

- 도형 문제는 공식을 그대로 써서 답을 구할 수도 있고, 여러 가지 방법으로 변형 또는 응용해서 구하는 경우도 있습니다.
- 답은 같아도 구하는 방법은 다를 수 있습니다.

▶ 문제를 푸는 여러 가지 방법을 찾아내는 것이 바로 수학의 즐거움이라는 것을 잊지 마세요.

답: 12cm^2

 # 넓이의 단위 (m^2, km^2)

Q. 문제

가로 8m, 세로 10m 인 직사각형 모양의 교실 바닥 넓이를 구하세요.

▶ 먼저 교실 바닥의 모양이 직사각형이므로, 직사각형의 넓이 구하는 식을 활용해서 이 문제를 풀 수 있습니다.

직사각형의 넓이 구하는 식이 뭔지 기억나?

당연하지! (가로) × (세로) 맞지?

▶ 직사각형의 넓이 구하는 식은 (가로의 길이) × (세로의 길이)이므로, '8m × 10m'로 계산하여 구할 수 있습니다. 이 때, '8 × 10'을 계산해서 80m라고 쓰지 않도록 주의하세요.

■ $1m^2$의 넓이는 신문지 두 장을 펼쳐 붙인 정도의 넓이입니다.

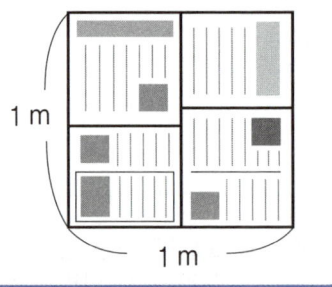

▶ 길이의 단위가 cm, m, km로 달라져도 넓이를 구하는 방법은 같습니다. 길이의 단위가 cm일 때, 넓이의 단위는 cm^2, 길이의 단위가 m 일 때, 넓이의 단위는 m^2가 됩니다. 교실처럼 큰 넓이는 m^2(제곱미터)나 km^2(제곱킬로미터) 로 나타내고, 공책처럼 작은 넓이는 cm^2로 나타냅니다.

식 : 8 × 10 = 80 답 : 80m^2

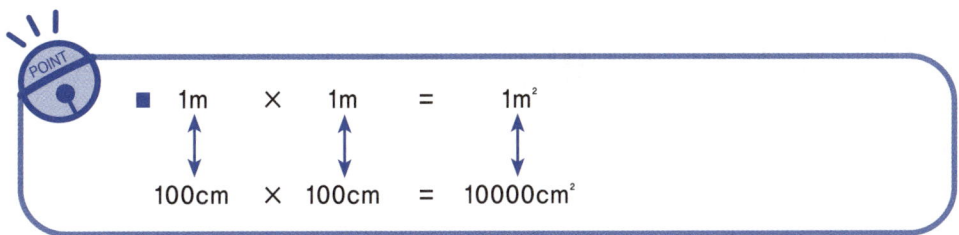

▶ 1m = 100cm 라는 것을 기억해 두면 1m²= 10000cm²라는 것도 쉽게 알 수 있습니다. km는 m보다 큰 단위입니다.

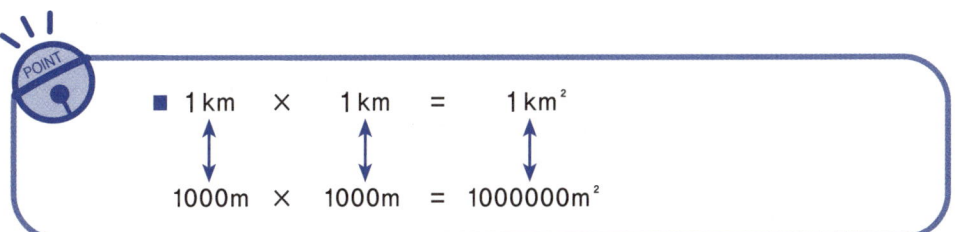

이 문제를 풀어보자. 가로가 80cm, 세로가 3m인 직사각형의 넓이는 몇 cm² 일까?

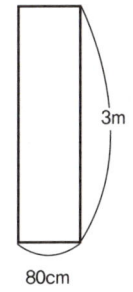

몇 cm² 인지 물었으니까 m를 cm로 고치는 게 좋겠네. 300cm² × 80cm² = 24000cm² 야. 몇 m² 인지 물었을 때는 80cm를 0.8m로 고쳐서 계산해야 하니까, 3m² × 0.8m² = 2.4m² 야.

| 1학년 | 2학년 | 3학년 | 4학년 | **5학년** | 6학년 |

넓이의 단위 (a, ha)

Q. 문제

가로가 30m, 세로가 30m인 정사각형 모양의 밭의 넓이는 몇 a일까요?

▶ 논이나 밭과 같은 땅의 넓이를 나타낼 때는 m^2 나 km^2 외에도 a(아르)와 ha(헥타르)라는 단위를 사용하는 경우가 있습니다.

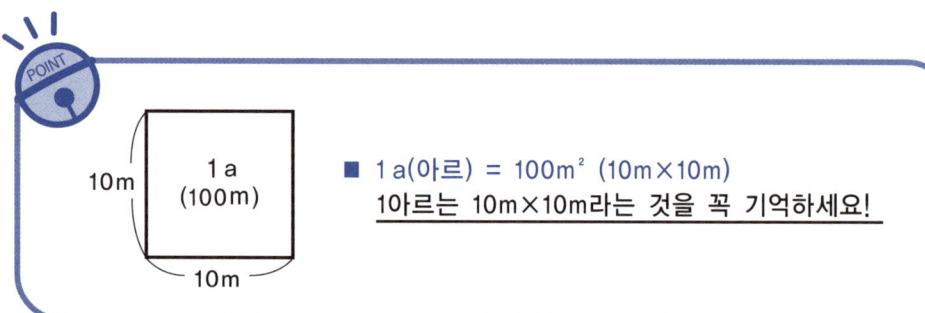

■ 1a(아르) = $100m^2$ (10m×10m)
  1아르는 10m×10m라는 것을 꼭 기억하세요!

▶ 숲이나 간척지 같이 무척 넓은 땅의 넓이를 나타낼 때 쓰는 단위는 ha(헥타르)입니다. 1ha는 대개 학교 부지 정도의 넓이입니다.

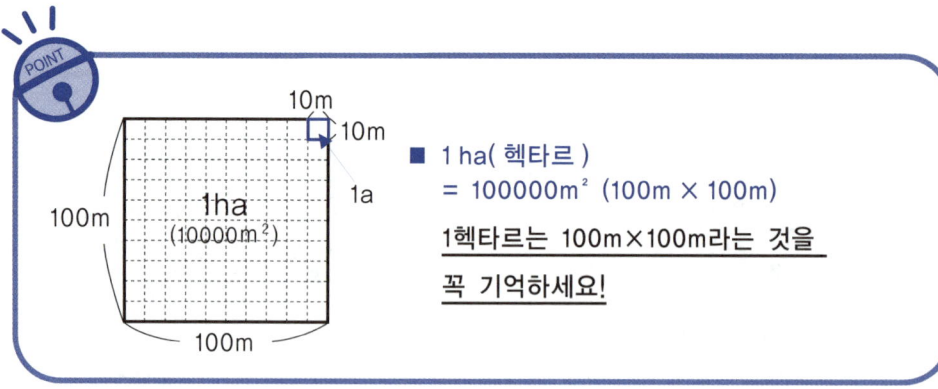

■ 1ha(헥타르) = $100000m^2$ (100m × 100m)
  1헥타르는 100m×100m라는 것을 꼭 기억하세요!

식: 30 × 30 = 900 (m^2)   답: 9a ($100m^2$)a는 1a이므로)

넓이의 큰 단위 사이의 관계

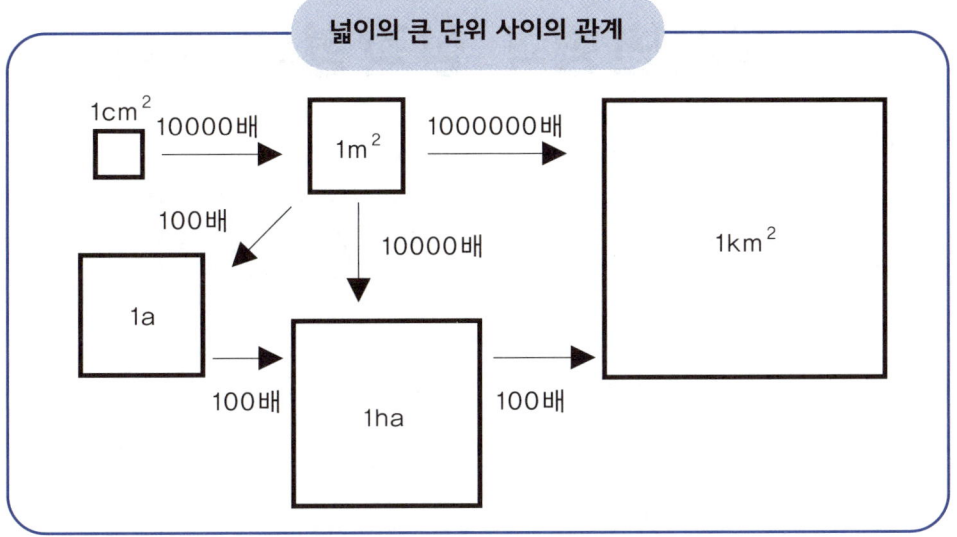

▶ 넓이의 작은 단위를 큰 단위로 고치는 계산

cm^2 에서 m^2 으로	÷ 10000	(예) $30000cm^2 = 3m^2$
m^2 에서 km^2 으로	÷ 1000000	(예) $3000000m^2 = 3km^2$
m^2 에서 a 으로	÷ 100	(예) $300m^2 = 3a$
m^2 에서 ha 으로	÷ 10000	(예) $30000m^2 = 3ha$
a 에서 ha 으로	÷ 100	(예) $300a = 3ha$
ha 에서 km^2 으로	÷ 100	(예) $300ha = 3km^2$

▶ 넓이의 큰 단위를 작은 단위로 고치는 계산

m^2 에서 cm^2 으로	× 10000	(예) $5m^2 = 50000cm^2$
km^2 에서 m^2 으로	× 1000000	(예) $5km^2 = 5000000m^2$
a 에서 m^2 으로	× 100	(예) $5a = 500m^2$
ha 에서 m^2 으로	× 10000	(예) $5ha = 50000m^2$
ha 에서 a 으로	× 100	(예) $5ha = 500a$
km^2 에서 ha 으로	× 100	(예) $5km^2 = 500ha$

평행사변형과 삼각형의 넓이

Q1. 문제

오른쪽 평행사변형의 넓이를 구하세요.

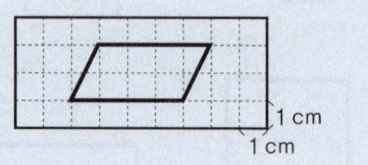

▶ 평행 사변형의 넓이는 직사각형으로 만들어 계산할 수 있습니다.

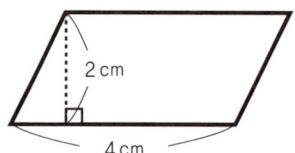

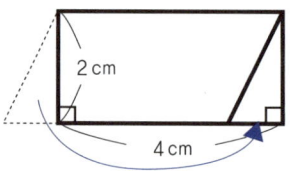

잘라낸 삼각형을 평행사변형의 오른쪽에 갖다 붙이면, 직사각형이 되네!

▶ 직사각형으로 바꾸면
(가로의 길이) x (세로의 길이),
4cm x 2cm 로 계산하면 되겠죠?
이것은 평행사변형의 밑변 x 높이와
같다는 걸 알 수 있어요.

※밑변에 수직인 선분은 모두 같은 길이(높이)입니다.

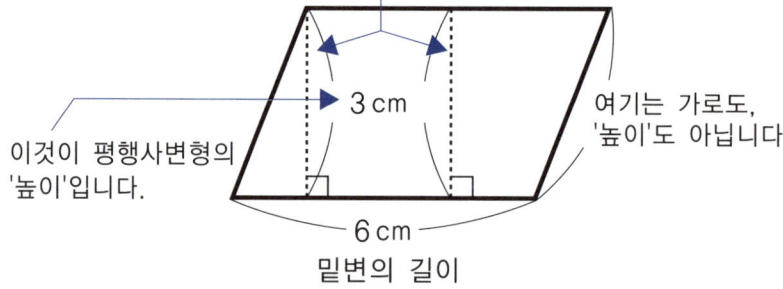

이것이 평행사변형의 '높이'입니다.

여기는 가로도, '높이'도 아닙니다.

밑변의 길이

■ (평행사변형의 넓이) = (밑변) x (높이)

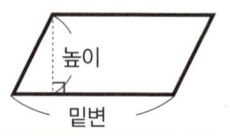

Q1. 답 : 8cm²

Q2. 문제

오른쪽 삼각형의 넓이를 구하세요.

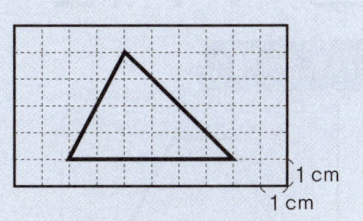

▶ 삼각형의 넓이는 구하기 위해 '직사각형의 넓이'나 '평행사변형의 넓이'를 구하는 방법을 사용해 봅시다.

▶ 똑같은 삼각형 2개를 포개면 평행사변형이 됩니다.

넓이 = 6cm x 4cm² = 12cm²

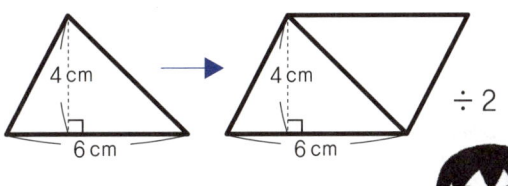

일단 (밑변) x (높이)를 계산하고 그것을 2로 나누면, 삼각형의 넓이가 되는 거야.

POINT

■ (삼각형의 넓이) = (밑변) x (높이) ÷ 2

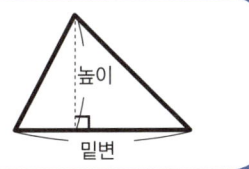

※ 주의하세요!

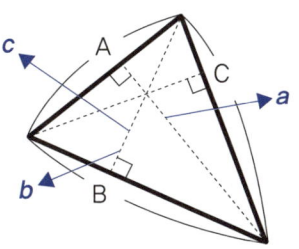

삼각형의 밑변이 어느 것인지 주의하세요.
왼쪽과 같은 삼각형에서는 높이와 밑변이
다음과 같습니다.

높이 a 에 대한 밑변은 A
높이 b 에 대한 밑변은 B
높이 c 에 대한 밑변은 C

Q2. 답 : 12cm²

| 1학년 | 2학년 | 3학년 | 4학년 | **5학년** | 6학년 |

 # 사다리꼴과 마름모의 넓이

Q1. 문제

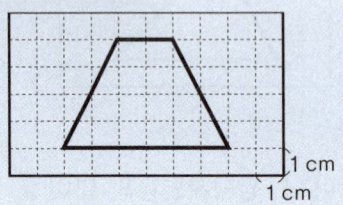

왼쪽 사다리꼴의 넓이를 구하세요.

▶ 사다리꼴의 넓이를 구하는 방법은 여러 가지가 있지만, 여기서는 평행사변형 모양으로 만들어서 넓이를 구하는 방법을 알아볼게요.

▶ 똑같은 모양의 사다리꼴을 아래 그림과 같이 붙이면, 평행사변형이 됩니다.

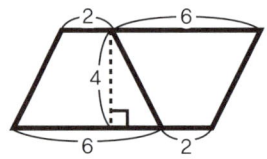

이 평행사변형의 넓이
(2 + 6) x 4 = 8 x 4 = 32(cm²)
평행사변형의 넓이 ÷ 2 = 사다리꼴의 넓이 이므로,
사다리꼴의 넓이 = 32 ÷ 2 = 16(cm²)

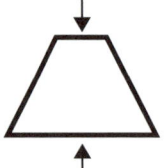

이 변을 '윗변'라고 부릅니다.

이 변을 '아랫변'이라고 부릅니다.

이 평행사변형의 가로는 2cm + 6cm, 즉 사다리꼴의 (윗변) + (아랫변)의 길이니까, 평행사변형의 넓이는 32cm²가 되지. 이걸 2로 나누면, 사다리꼴 1개의 넓이야.

■ (사다리꼴의 넓이) = (윗변 + 아랫변) x (높이) ÷ 2

Q1. 답 : 16 cm²

Q2. 문제

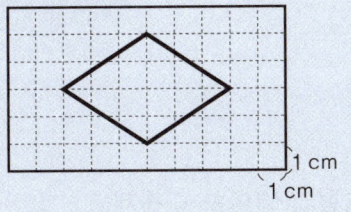

왼쪽 마름모의 넓이를 구하세요.

▶ 마름모의 넓이를 구하는 방법도 여러 가지가 있지만, 여기서는 직사각형의 모양으로 바꿔서 구하는 방법을 알아볼게요.

▶ 아래 그림처럼 마름모의 바깥쪽에 직사각형을 그리면, 마름모의 넓이는 바깥쪽 직사각형 넓이의 절반이 됩니다.

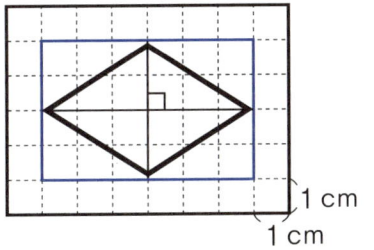

마름모의 넓이는 대각선을 가로, 세로로 하는 직사각형 넓이의 절반이야.

▶ 점선으로 표시된 직사각형의 넓이는 6(cm) x 4(cm) = 24(cm²)
점선으로 표시된 직사각형의 넓이 ÷ 2 = 마름모의 넓이
24(cm²) ÷ 2 = 12(cm²)

■ (마름모의 넓이) = (한 대각선) x (다른 대각선) ÷ 2

Q2. 답: 12 cm²

도형의 넓이 구하기(2)

Q. 문제

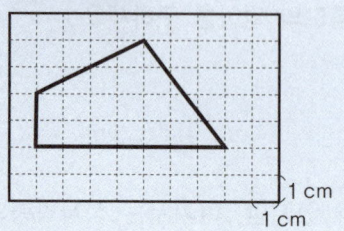

왼쪽 도형의 넓이를 구하세요.

▶ 삼각형의 넓이의 공식(밑변 × 높이÷2)을 사용하면, 어떤 도형의 넓이도 구할 수 있습니다.

■ 어떤 도형(다각형)이라도 삼각형 몇 개로 나누어 넓이를 구할 수 있습니다.

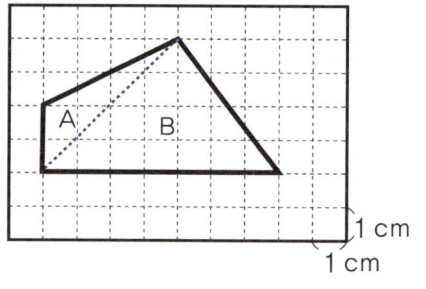

삼각형 A 와
삼각형 B 네.

이 그림을 봐!
이렇게 점선을 그으면
2 개의 삼각형으로
나누어지게 되는 거야.

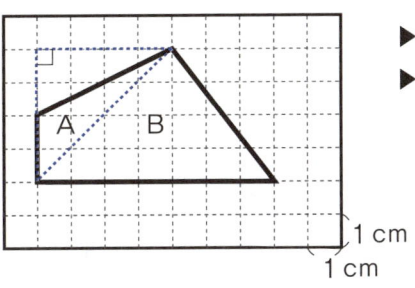

▶ 삼각형 A → 밑변 : 2cm 높이 : 4cm
▶ 삼각형 B → 밑변 : 7cm 높이 : 4cm

삼각형 A와 삼각형 B 각각의 밑변과 높이는 이 그림을 보면 쉽게 알 수 있지.

삼각형 A의 가장 짧은 변을 밑변으로 생각하고 보니까 높이는 4cm야.

$4cm^2 + 14cm^2 = 18cm^2$

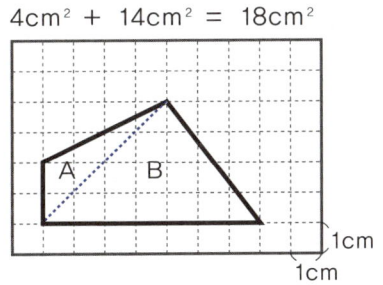

▶ 이 도형의 넓이는 삼각형 A의 넓이와 삼각형 B의 넓이의 합입니다. 삼각형 A의 넓이가 $4cm^2$ 이고, 삼각형 B의 넓이가 $14cm^2$ 이므로,

▶ 삼각형 A의 넓이 = 2 × 4 ÷ 2 = 4 (cm^2)
삼각형 B의 넓이 = 7 × 4 ÷ 2 = 14 (cm^2)
이 도형의 넓이 = 4 cm^2 + 14 cm^2 = ? cm^2

▶ 이렇게 생각하면 어떤 도형의 넓이라도 구할 수 있습니다. 삼각형의 넓이 구하는 공식(밑변 × 높이 ÷ 2)은 참 편리하답니다.

답 : $18cm^2$

원주와 원주율

Q. 문제

지름이 1m인 원주는 약 3.14m입니다.
지름 2m인 원주는 약 몇 m입니까?

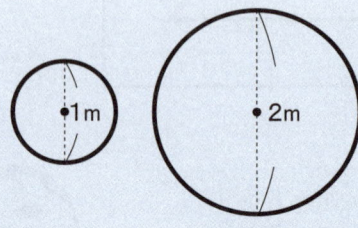

원주 = 3.14m   원주 = ?m

- 원의 둘레를 <u>원주</u>라고 합니다.
- 원주는 지름의 약 3배입니다.

저 나무 몸통의 지름은 2m야. 줄자로 나무둘레를 재어보자.

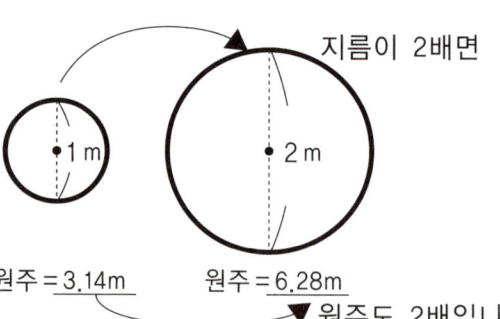

지름이 2배면
원주도 2배입니다.

원주 = 3.14m   원주 = 6.28m

6.28m야. 지름이 2배가 되면, 원주도 2배가 되는구나.

답: 약 6.28m

- 원주율 : 원의 지름에 대한 원주의 비율
- (원주율) = (원주) ÷ (지름)
- 원의 크기와 상관없이 원주율은 일정합니다.

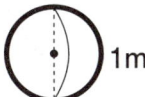

원주 = 3.14, 지름 = 1, 원주율 = 3.14 ÷ 1 = 3.14

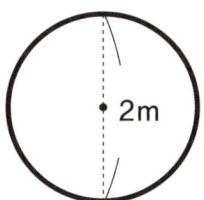

원주 = 6.28, 지름 = 2, 원주율 = 6.28 ÷ 2 = 3.14

이 부분이 정말 중요하지.
원주율이라는 낱말의 뜻과
(원주) = (지름) x (원주율) 로
구한다는 것을 확실하게 외워둬!

▶ 원주율은 원의 지름에 대한 원주의 비율이므로 (원주 : 지름)이고, (원주÷지름)을 반올림하여 소수 둘째 자리까지 구하면 근사값 3.14를 갖습니다. 정확하게는 3.14159…로 끝나지 않고 계속되는 수인데, 필요에 따라 3, 3.1, 3.14 등으로 어림하여 사용하기도 합니다.

- (원주) = (지름) x (원주율) = (반지름) x 2 x (원주율)

▶ 지름 10cm인 원주는 10 x 3.14 = 31.4로 31.4cm입니다.
▶ 지름 5cm인 원주는 5 x 3.14 = 15.7cm입니다.

원의 넓이

Q1. 문 제

반지름이 3cm인 오른쪽 원의 넓이를 구하세요.

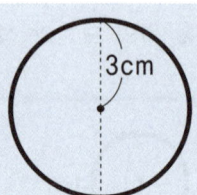

■ (원의 넓이) = (반지름) × (반지름) × (원주율)

▶ 원의 넓이를 구하는 공식은 반지름 × 반지름 × 원주율입니다. 이 원의 반지름은 3cm이고, 원주율은 3.14이므로 3 × 3 × 3.14 = 28.26(cm²)

공식은 알겠는데 계산이 …

소수의 곱셈에서 실수하지 않도록 침착하게 계산해.

▶ 356~357쪽에서 배운 원주를 구하는 계산은 원의 지름으로 계산했지만, 넓이의 경우는 반지름으로 계산하는 것에 주의하세요.

Q1. 답: 28.26cm²

▶ 원주와 원의 넓이를 구하는 방법은 다릅니다.
혼동하지 않도록 주의하세요.

Q2. 문 제

지름 8cm 인 원주와
원의 넓이를 구하세요.

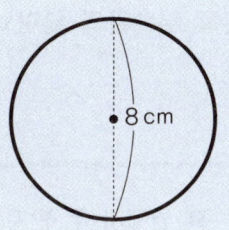

● **원주**
원주 = 지름 × 원주율이므로,
원주 = 8 × 3.14 = 25.12(cm)

● **원의 넓이**
원의 넓이 = 반지름 × 반지름 × 3.14
이 경우 지름이 8cm 이므로 반지름은 4cm 가 됩니다.
원의 넓이 = 4 × 4 × 3.14 = 50.24(cm²)

어? 내 계산으로는 넓이가
200.96cm² 가 되는데…

(지름) × (지름) × 3.14 로
틀리게 계산해서 그래.
원의 넓이를 구하는 공식은
(반지름) × (반지름) × 3.14 야.

Q2. 답 : 원주 - 25.12cm, 원의 넓이 - 50.24cm²

부채꼴의 넓이와 둘레

Q. 문제

오른쪽 부채꼴의 넓이와 둘레를 구하세요.

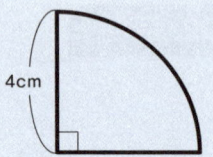

- 원에서 두 반지름을 따라 잘라낸, 펼친 부채 모양의 도형을 **부채꼴**이라고 합니다.

▶ 부채꼴을 이루는 두 반지름 사이의 각을 중심각이라고 합니다. 중심각의 크기에 따라 부채꼴의 크기가 결정됩니다. 원의 넓이나 원주를 구한 후 중심각이 전체 원에서 차지하는 비율을 계산하여 부채꼴의 넓이와 둘레를 구할 수 있습니다.

▶ 부채꼴의 넓이를 구하는 방법

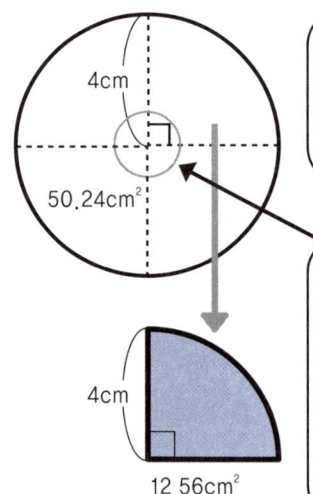

(원의 넓이) = (반지름) x (반지름) x 3.14
우선 반지름이 4cm인 원의 넓이를 구하면…
4 x 4 x 3.14 = 50.24(cm²)

↓

원의 중심각은 4직각(= 360°)입니다.
잘라 떼어낸 부채꼴의 중심각은 1직각(= 90°)이므로 이 부채꼴의 넓이는 원 넓이의 $\frac{1}{4}$ 입니다.
즉, 부채꼴의 넓이는 원의 넓이 ÷ 4입니다.
50.244 ÷ 4 = 12.56

▶ 부채꼴의 둘레를 구하는 방법

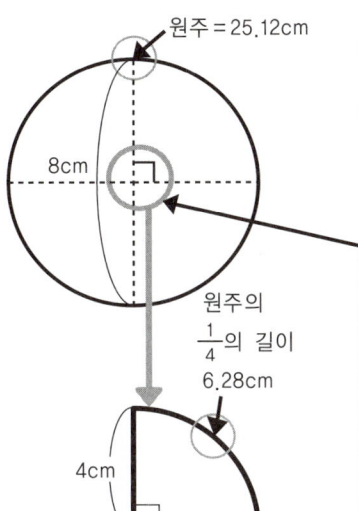

원주 = 지름 × 3.14 이므로
지름이 8cm인 원주를 구하려면?
8 × 3.14 = 25.12(cm)

↓

원의 중심각은 4직각(= 360°)입니다.
부채꼴의 중심각은 1직각(= 90°)이므로
원주의 $\frac{1}{4}$ 에 반지름 2개의 길이를 더하면
이 부채꼴의 둘레의 길이를 구할 수 있습니다.
25.12 ÷ 4 = 6.28cm
6.28 + 4 + 4 = 14.28cm

원을 피자라고 생각해 봐!
피자의 중심각은 360도야. 그런데 피자를
2개의 반지름이 이루는 각이 90도가 되는
크기로 잘랐다면 360÷90 = 4이니까 4조각이 되잖아.
그래서 중심각이 90도인 피자 한 조각은 넓이나
곡선(호)의 길이가 처음 피자의 4분의 1이 되는거야.

■ (부채꼴의 넓이) = (원의 넓이) × $\left(\frac{중심각}{360°} \right)$

■ (부채꼴의 둘레)
　= (원주) × $\left(\frac{중심각}{360°} \right)$ + (반지름) + (반지름)

답: 부채꼴의 넓이-12.56cm², 부채꼴의 둘레- 14.28cm

직육면체와 정육면체의 부피

Q1. 문제

한 모서리가 1cm 인 정육면체 4 개를
그림과 같이 포개어 쌓았습니다.
이 정육면체의 부피를 구하세요.

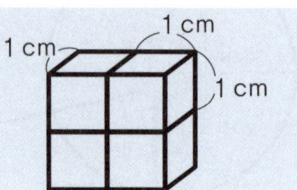

▶ 평면의 넓은 정도를 나타내는 것이 넓이라면,
입체도형이 차지하는 공간의 크기가 부피입니다.

- 한 모서리의 길이가 1cm 인 정육면체와
같은 부피를 $1cm^3$ 라 하고
일 세제곱센티미터라고 읽습니다.
세제곱센티미터는 부피를 나타내는
단위로서 cm^3 라고 씁니다.

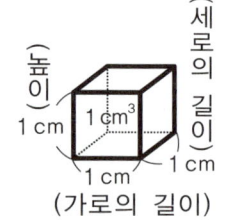

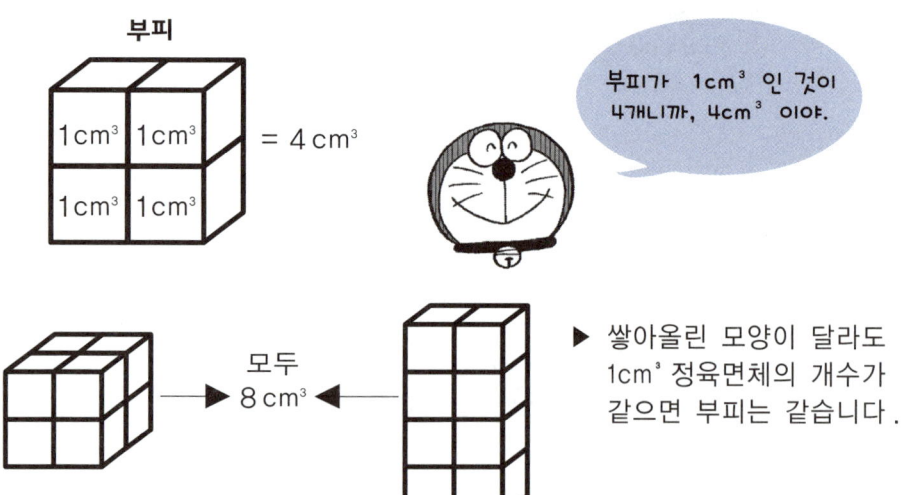

▶ 쌓아올린 모양이 달라도
$1cm^3$ 정육면체의 개수가
같으면 부피는 같습니다.

Q1. 답 : $4cm^3$

Q2. 문제

오른쪽 직육면체의 부피를 구하세요.

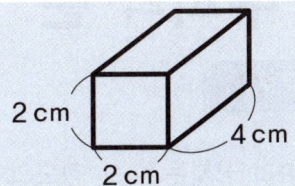

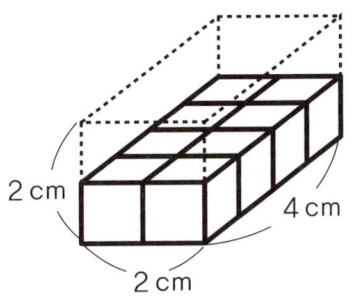

▶ 1cm³의 정육면체가 전부 몇 개 있는지 생각해 보세요.
1층에 놓인 정육면체는 가로 2줄, 세로 4줄이므로 2 x 4 = 8개입니다. 높이를 2층으로 쌓았으므로 전체 정육면체의 개수는 8 x 2 = 16개 입니다. 1cm³짜리 정육면체가 16개 이므로 부피는 16cm³입니다.

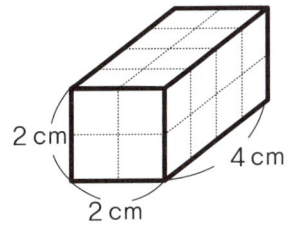

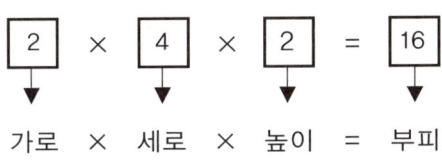

- (직육면체의 부피)
  = (가로) x (세로) x (높이)

  (정육면체의 부피)
  = (한 모서리) x (한 모서리) x (한 모서리)

부피의 큰 단위

Q. 문제

1m³ 짜리 상자는 어느 정도의 크기일까요?

(가) 어린이가 선 채로 들어갈 수 있을 정도의 크기
(나) 학교 교실 정도의 크기
(다) 아기 서너명이 들어가 앉을 정도의 크기

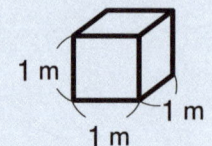

▶ 1m³ 라는 것은 가로, 세로, 높이가 모두 1m인 정육면체가 차지하는 **공간의 크기 즉, 부피**입니다.

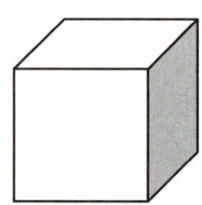

내 키가 129.3cm이고 상자 높이는 1m(100cm)이니까, 1m³라는 부피는 나도, 진구도 선 채로 들어갈 수 없는 공간의 크기야.

(나)의 '학교 교실 정도의 크기'도 정답이 아니야.

맞아. 1m³는 교실보다 작지.

답 : (다)

1m³ 의 공간이면 아기 서너명이 들어가 앉을 정도의 크기가 되겠지?

▶ 큰 상자의 부피를 나타내기 위하여 한 모서리가 1m 인 정육면체의 부피를 단위로 사용해요. 이 정육면체의 부피를 **1m³** 라 쓰고, **일 세제곱미터**라고 읽습니다.
즉, 1m × 1m × 1m = 1m³ 입니다. 또, 1m = 100cm 이므로
1m³ = 100cm × 100cm × 100cm = 1000000cm³ 입니다.

POINT

1m³ = 1000000cm³
(100cm × 100cm × 100cm = 1000000cm³)

측정

▶ 오른쪽 직육면체의 부피는 몇 m³ 일까요?
(1) '몇 m³ 일까요?' 라고 물었으므로 가로, 세로, 높이의 단위를 m 로 통일합니다.

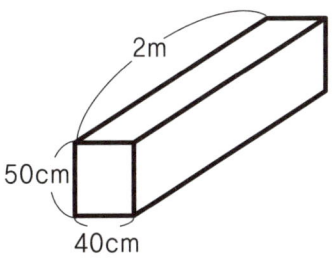

가로 … 40cm → 0.4m
세로 … 2m 그대로
높이 … 50cm → 0.5m

(2) 직육면체의 부피를 구하는 공식에 넣어 계산합니다.
0.4 × 2 × 0.5 = 0.4
답 : 0.4m³

cm 와 m 가 섞인 부피 문제는 길이의 단위를 통일한 다음 계산하는 거야.

들이와 부피

Q. 문제

두께가 1cm인 유리판 5장을
사용해서 오른쪽 그림과 같이
만든 그릇이 있습니다.
이 그릇 안에 들어가는 물의 양은
몇 mL일까요?

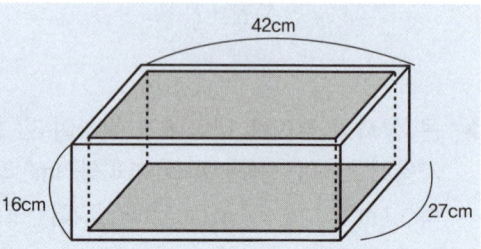

■ 그릇에 들어가는 물의 양을 들이라고 합니다. 들이를 계산할 때는 그릇 안의 길이를 재서 물이 들어가는 부분의 부피를 계산합니다. 그릇 안쪽의 길이를 안치수라고 합니다.

▶ 즉, 오른쪽 위의 그릇에 물이 들어가는 부분은 다음과 같습니다.
- 가로의 안치수 = (42 cm − 1 cm − 1 cm) = 40 cm
- 세로의 안치수 = (27 cm − 1 cm − 1 cm) = 25 cm
- 높이의 안치수 = (16 cm − 1 cm) = 15 cm

 유리판 안쪽에 담겨지는 물을 직육면체로 생각하면,
 40 × 25 × 15 = 15000(cm^3)입니다.

여기서 들이의 단위 사이의
관계도 배우고 가자고.

■ 1000 cm^3 = 1 L   ■ 1 cm^3 = 1 mL

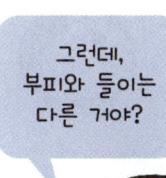

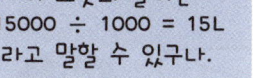

- 앞, 뒤쪽 유리판의 부피
  $(40 \times 1 \times 15) \times 2 = 1200\,(cm^3)$

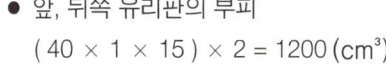

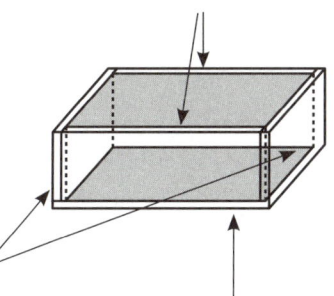

- 옆쪽 유리판의 부피
  $(1 \times 27 \times 15) \times 2 = 810\,(cm^3)$

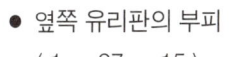

- 밑면 유리판의 부피
  $42 \times 27 \times 1 = 1134\,(cm^3)$

▶ 문제에서 주어진 그릇의 부피를 구하게 되면 바깥쪽 치수로 계산하기 때문에 안에 담겨지는 물의 양 즉, 들이와는 다릅니다. 부피는 바깥쪽을 기준으로 그릇이 차지하는 공간이고, 들이는 안쪽면으로 둘러싸인 공간의 크기를 계산한 부피입니다. **부피와 들이의 차이, 들이를 나타내는 단위 사이의 관계**, 이 두 가지를 꼭 기억해두세요!

답: 15000mL

각기둥, 원기둥의 부피

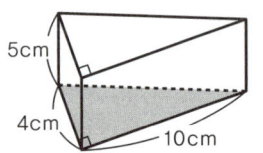

 이 입체도형의 이름과 부피 구하는 방법을 알고 있니?

밑면으로 합동인 삼각형이 위아래에 두 개 있는 각기둥이니까 삼각기둥이야.

 직육면체의 부피는 '가로×세로×높이' 라는 건 아는데, 이건…

직육면체의 부피 (가로)×(세로)×(높이) 는 다시 말하면 (밑면의 넓이)×(높이) 라고 할 수 있어.

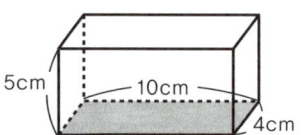

(가로) x (세로) x (높이)
⬆
(밑면의 넓이) x (높이)

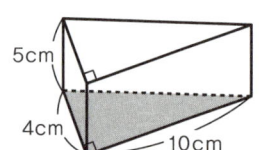

(밑변 x 높이 ÷ 2) x 삼각기둥 높이
⬆
(밑면의 넓이) x (높이)

삼각기둥이나 사각기둥, 오각기둥 같은 각기둥의 부피는 모두 (밑면의 넓이)×(높이)로 구할 수 있어.

밑면인 삼각형의 넓이는
10cm x 4cm ÷ 2 = 20cm²
여기에 높이를 곱하면
20cm² x 5cm = 100cm³가 돼.

368

■ 각기둥의 부피 = (밑면의 넓이) × (높이)

각기둥의 부피는 알겠는데, 원기둥의 부피는 어떻게 하지?

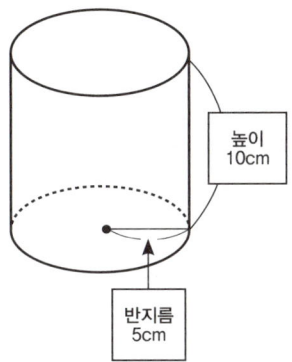

원기둥의 부피도 (밑면의 넓이) × (높이)로 계산하는 건 똑같아. 원의 넓이 공식으로 밑면의 넓이를 구한 다음 높이를 곱하면 돼.

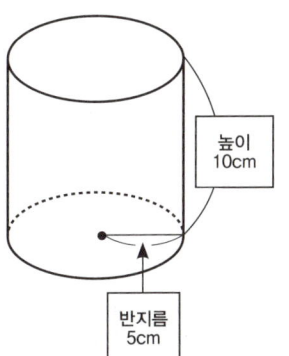

밑면의 넓이는 (반지름 × 반지름 × 3.14)이니까 5cm × 5cm × 3.14 = 78.5(cm²). 여기에 높이를 곱하면 78.5cm² × 10cm = 785cm³이야!

■ 원기둥의 부피 = (밑면의 넓이) × (높이)

| 1학년 | 2학년 | 3학년 | 4학년 | 5학년 | 6학년 |

 어림하여 넓이와 부피 구하기

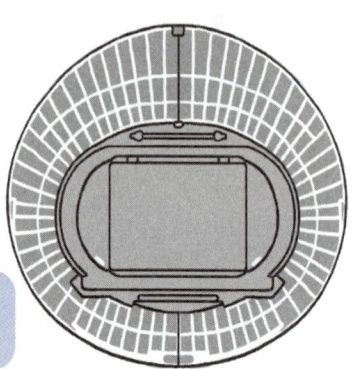

 와, 굉장히 넓은 육상경기장이야.

 넓이가 몇 m^2 나 되는 걸까?

 이런 경우 '대략적으로 몇 m^2 정도' 라고 하는 계산을 할 수 있어.

▶ 위 경기장의 세로 길이가 300m라고 합시다. 정확하게 원 모양은 아니지만, 이 300m를 '대략의 지름'이라고 생각하고 원의 넓이 구하는 공식을 사용해서 넓이를 계산할 수 있습니다.

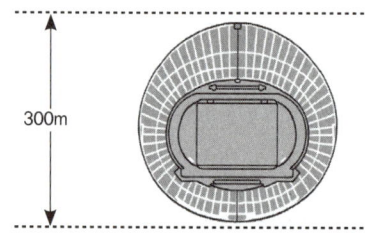

 경기장 부지를 지름이 300m인 원이라고 생각하자. 그럼 이 원의 넓이는?

 역시 이슬이는 대단해! 경기장 소개 책자에 넓이가 정확히 71943m^2 이라고 나와 있어.

반지름은 300m ÷ 2 = 150m야.
원의 넓이는 반지름×반지름×3.14니까
150m × 150m × 3.14
= 70650m^2 이지.
대략적인 경기장의 넓이는
7만 제곱미터 정도야.

 차이가 천 몇 백 m^2 구나. 이 계산 쓸 만한데!

■ 평면도형은 그 모양에 가까운 사각형이나 삼각형, 원 등의 넓이 구하는 공식을 사용해서 대략의 넓이를 구할 수 있습니다.

▶ 이번에는 '대략적인 크기(부피)'를 구해봅시다.

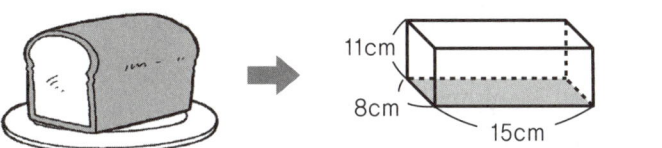

이 식빵은 모서리가 둥글기 때문에 정확한 부피를 계산할 수 없어. 그래도, 대략 직육면체라고 생각해서 계산하면, 15cm × 8cm × 11cm = 1320cm³ 이야.

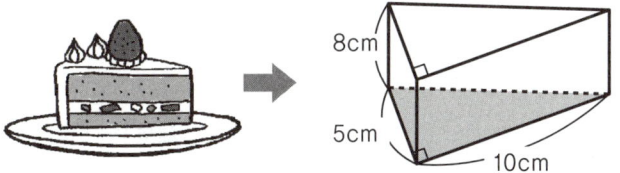

원모양의 케이크를 자른 조각은 삼각기둥 모양에 가깝다고 할 수 있어.
10cm × 5cm ÷ 2 × 8cm = 200cm³ 이니까 대략 200cm³ 이야.

■ 입체도형은 그 모양에 가까운 각기둥이나 원기둥 등의 부피 구하는 공식을 사용해서 대략의 부피를 구할 수 있습니다.

측정

미터법의 단위 구성

- 길이, 무게, 들이 등을 나타내는 단위는 각각 m(미터), g(그램), L(리터)를 기준으로 만든 것입니다.
- 기준이 되는 단위의 $\frac{1}{100}$배, 1000배, $\frac{1}{10}$배의 크기를 나타내는 기호를 더해서 cm(센티미터), kg(킬로그램), dL(데시리터) 등의 단위가 만들어졌습니다.
- 이렇게 구성된 단위를 미터법이라고 합니다.

▶ '길이'를 나타낼 때 자주 사용하는 단위는 km, m, cm, mm입니다. 기본이 되는 단위의 1000배를 '킬로(k)', $\frac{1}{100}$배를 '센티(c)'라고 부르는 규칙이 있어요. 이것을 길이의 기본 단위 m(미터)에 붙여서 'km(킬로미터)', 'cm(센티미터)'라고 사용합니다.

▶ 미터법의 길이 단위

크기를 나타내는 기호	m 밀리	c 센티	d 데시	–	da 데카	h 헥토	k 킬로
m에 대응하는 크기	$\frac{1}{1000}$	$\frac{1}{100}$	$\frac{1}{10}$	1배 (기본)	10배	100배	1000배
단위	mm	cm	(dm)	m	(dam)	(hm)	km

1000배와 $\frac{1}{1000}$의 크기를 나타내는 기호를 기본 단위에 붙여서 1m의 $\frac{1}{100}$은 1 '센티+미터', 1000배는 1 '킬로+미터' 처럼 사용하는 거야.

데시미터, 헥토미터 등 보통은 사용하지 않는 단위도 있네.

▶ 미터법의 부피 단위

크기를 나타내는 기호	m 밀리	c 센티	d 데시	–	da 데카	h 헥토	k 킬로
L에 대응하는 크기	$\frac{1}{1000}$	$\frac{1}{100}$	$\frac{1}{10}$	1배 (기본)	10 배	100배	1000배
단위	mL	(cL)	dL	L	(daL)	(hL)	kL

▶ 미터법의 무게 단위

크기를 나타내는 기호	m 밀리	c 센티	d 데시	–	da 데카	h 헥토	k 킬로
g에 대응하는 크기	$\frac{1}{1000}$	$\frac{1}{100}$	$\frac{1}{10}$	1배 (기본)	10배	100배	1000배
단위	mg	(cg)	(dg)	g	(dag)	(hg)	kg

크기를 나타내는 기호와 그 사이의 관계는
길이나 부피, 무게 모두 같아.
'm(밀리)'가 붙어 있는 경우는
기본 단위의 $\frac{1}{1000}$, 'k(킬로)'가 붙어 있는
경우는 기본 단위의 1000배야.

몰랐어.
외워두면 단위를
바꿔 쓸 때
편리하겠는걸.

- 'm(밀리)'가 붙은 단위(mm, mL, mg)는 기본 단위의 $\frac{1}{1000}$입니다.
- 'k(킬로)'가 붙은 단위(km, kL, kg)은 기본 단위의 1000배입니다.

Key Point Review 7

1. 1cm = ☐ mm, 1m = ☐ cm, 1km = ☐ m
2. 다음 식을 보고 빈 칸에 공통으로 들어갈 수를 쓰세요.
   1000mL=( ) L, 1000g = ( ) kg, 1000kg = ( ) t
3. 어림수로 나타내고자 하는 자리보다 아래의 수를 그대로 버려서 모두 0이 되게 하는 어림의 규칙을 ( )이라고 합니다.
4. 어림수로 나타내고자 하는 자리보다 아래 수를 1로 하여, 나타내고 싶은 자리에 더하여 나타내는 어림의 규칙을 ( )이라고 합니다.
5. 0, 1, 2, 3, 4의 경우는 버리고, 5, 6, 7, 8, 9의 경우는 올려서 나타내는 어림의 규칙을 ( )이라고 합니다.
6. 삼각형의 세 각의 크기의 합은 ( ) 도입니다.
7. 사각형의 네 각의 크기의 합은 ( ) 도입니다.
8. 한 변의 길이가 1cm 인 정사각형의 넓이를 ① ☐ 라 하고, ② ☐ 라고 읽습니다.
9. (직사각형의 넓이) = (가로) x ( )
10. (정사각형의 넓이) = (한 변의 길이) x ( )
11. (평행사변형의 넓이) = ( ) x (높이)
12. (삼각형의 넓이) = (밑변) x ( ) ÷ 2
13. (사다리꼴의 넓이) = ( ) x (높이) ÷ 2
14. (마름모의 넓이) = (한 대각선) x ( ) ÷ 2
15. ( )란 원의 둘레의 길이를 말합니다.
16. (원주) = (지름) x ① ( ) = (②) x 2 x 3.14
17. (원의 넓이) = ( ) x (반지름) x (원주율)
18. 원에서 두 반지름을 따라 잘라낸, 펼친 부채 모양의 도형을 ( )이라고 합니다.
19. (직육면체의 부피) = (가로) x (세로) x ( )
20. (정육면체의 부피) = ( ) x ( ) x ( )
21. 각기둥의 부피 = ( ) x (높이)

답 확인하기

1 10,100,1000 2 1,1 3 버림 4 올림 5 반올림 6 180 7 360 8 ① 1cm² ② 일 제곱센티미터
9 세로 10 한 변의 길이 11 밑변 12 높이 13 아랫변+윗변 14 다른 대각선 15 원주
16 ① 원주율 ② 반지름 17 반지름 18 부채꼴 19 높이 20 한 모서리 21 밑면의 넓이

4 규칙성

- 4학년 연계 ·········· 376~377
- 5학년 연계 ·········· 378~379
- 6학년 연계 ·········· 380~393

| 1학년 | 2학년 | 3학년 | **4학년** | 5학년 | 6학년 |

△와 □를 사용하는 식 (1)

Q. 문제

정사각형의 한 변의 길이를 □, 둘레의 길이를 △라고 할 때, □와 △ 사이의 관계를 나타내는 바른 식은 무엇일까요?

(가) □ × △ = 4　　　(나) △ × 4 = □
(다) □ × 4 = △

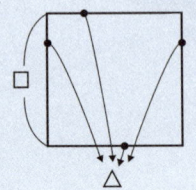

한 변의 길이 (□)	1	2	3	4	5
둘레의 길이 (△)	4	8	12	16	20

정사각형의 한 변의 길이 □와 둘레의 길이 △ 사이의 관계는 어떤 식으로 나타낼 수 있을까?

(가)의 □ × △ = 4 는 틀린 식이야. □가 2라면 △는 8이어서 2 × 8 = 16이 되거든.

(나)의 △ × 4 = □ 도 틀렸어. △가 8이면 □는 2라서 8 × 4 = 2가 될 수 없어.

■ 정사각형의 한 변의 길이(□)와 둘레의 길이(△) 사이의 관계
→ □ × 4 = △
연필 30개를 나누어줄 사람 수(□)와 한 사람당 받을 연필 수(△)
→ 30 ÷ □ = △
위와 같이 변하는 수를 □와 △로 나타내어 식으로 만들 수 있습니다.

답: (다)

□ 와 △ 를 사용하면, 여러 가지 수들의 관계를 식으로 나타낼 수 있어.

● 1 분에 물 5L 를 내보내는 수도에서 물을 내보낸 시간을 □ , 나온 물의 부피를 △라고 할 때의 식 → 5 × □ = △

물을 내보낸 시간(□)	1	2	3	4	5
나온 물의 양(△)	5	10	15	20	25

정말이네! □의 수를 대입해 보면, 2분간 나온 물의 양은 10L, 3분간이면 15L가 되네.

● 120cm 인 테이프를 □ cm 씩 자른 경우 테이프 조각의 개수를 △라 할 때의 식 → 120 ÷ □ = △

테이프를 자른 길이(□)	1	2	3	4	5
테이프 조각의 개수(△)	120	60	40	30	24

나눗셈도 두 개의 변하는 수 사이의 관계를 나타내는 식이 될 수 있구나.

두 양 사이의 대응 관계

▶ 자전거의 수와 바퀴의 수 사이의 대응 관계를 찾아 식으로 나타내볼까요?

자전거 1대의 바퀴는 2개야.

▶ 자전거의 수와 바퀴의 수 사이의 대응 관계를 표를 이용하여 알아봅시다.

자전거의 수(대)	1	2	5	10	17	·····
바퀴의 수(개)	2	4	10	20	34	·····

▶ 자전거의 수와 바퀴의 수 사이의 대응관계를 써 보면, 다음과 같습니다.
　①바퀴의 수는 자전거의 수보다 2배 많습니다.
　②자전거 1대마다 바퀴가 2개씩 있습니다.

▶ 그럼 이번에는 자전거의 수와 바퀴의 수 사이의 대응 관계를 식으로 나타내볼까요?

식1) | 자전거의 수 | × | 2 | = | 바퀴의 수 |

식2) | 바퀴의 수 | ÷ | 2 | = | 자전거의 수 |

두 양을 나타내는 단어를 기호로 바꾸어서 표현하면 더 간단해지겠어.

POINT

■ 두 양 사이의 대응 관계를 식으로 나타낼 때는 각각의 양을 ○, □, △, ◇와 같은 기호로 표현할 수 있습니다.

▶ 속력, 시간, 거리가 나오는 문제가 어렵다고 생각한다면 어떤 수를 어떤 수로 나누어야 할지, 또는 곱해야 할지 모르기 때문입니다. 그런데 속력, 시간, 거리 사이의 관계를 쉽게 기억하는 방법이 있습니다.

▶ 세 항목 사이의 관계식을 이 그림으로 기억하면 됩니다.

▶ 거리를 구하는 문제라면 오른쪽 그림처럼 거리를 손가락으로 가려 보세요.
(속력) × (시간) 이 보이죠 ?
(거리) = (속력) x (시간) 이라는 것을 알 수 있습니다.

▶ 이번에는 시간을 구하는 공식을 보기위해 손가락으로 시간을 가립니다.
$\frac{(거리)}{(속력)}$ = (거리) ÷ (속력) 이므로
(시간) = (거리) ÷ (속력) 이라는 것을 알 수 있습니다.

- **속력 = 거리 ÷ 시간**
  (예) 100km 의 거리를 2 시간에 달린 자동차의 속력은
  100(km) ÷ 2(시간) = 50 이므로, 시속 50km/h 입니다.

- **거리 = 속력 x 시간**
  (예) 자동차로 2 시간 동안 시속 50km/h 로 달린 거리는
  50(km/h) x 2(시간) = 100 이므로, 100km 입니다.

- **시간 = 거리 ÷ 속력**
  (예) 시속 50km/h 인 자동차가 100km 를 달리는 데에
  걸린 시간은 100(km) ÷ 50(km/h) = 2 이므로, 2 시간입니다.

| 1학년 | 2학년 | 3학년 | 4학년 | 5학년 | **6학년** |

 # 정비례식과 반비례식

▶ 정비례 관계와 반비례 관계는 x 와 y를 사용한 식으로 나타낼 수 있습니다.
▶ 정비례식과 그래프에 대해 알아봅시다.

▶ 1상자에 3개 들어 있는 슈크림을 2상자, 3상자,… 샀을 때의 식

x …상자의 수(상자)	1	2	3	4	5	6
y…슈크림의 수(개)	3	6	9	12	15	18

이건 '정비례 관계야.'

슈크림의 수 y를 상자의 수로 나누면, 반드시 몫이 3이 돼. 즉, $y \div x = 3$ 이라는 뜻이야. 이 식은 $y = 3 \times x$로 모양을 바꿔 쓸 수 있고, x의 값이 정해지면 y의 값도 계산할 수 있게 돼.

POINT

■ 정비례 관계인 경우, x 와 y의 관계는 $y = 2 \times x$, $y = 3 \times x$, $y = 5 \times x$ … 등으로 나타냅니다.

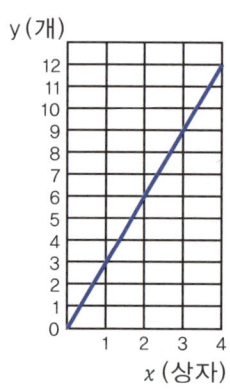

$y = 3 \times x$의 식을 그래프로 나타내면 이렇게 돼. 정비례 그래프는 이와 같이 오른쪽 위를 향해 올라가는 모양의 직선이 돼.

▶ 이번에는 반비례식과 그래프를 생각해 봅시다.

▶ 넓이가 36cm² 인 직사각형의 가로와 세로 길이의 관계

가로 길이(cm)	1	2	3	4	5	6
세로 길이(cm)	36	18	12	9	7.2	6

가로 길이의 값 x와 세로 길이의 값 y를 곱하면 반드시 36이 돼. 즉, $x \times y = 36$이야.
이 관계식은 $y = 36 \div x$로 바꿔 쓸 수 있고, x의 값이 정해지면 y의 값을 계산할 수 있게 되네.

■ 반비례 관계가 있는 경우, x 와 y 의 관계는
  $y = 36 \div x$, $y = 10 \div x$, $y = 2 \div x \cdots$
  등으로 나타냅니다.

규칙성

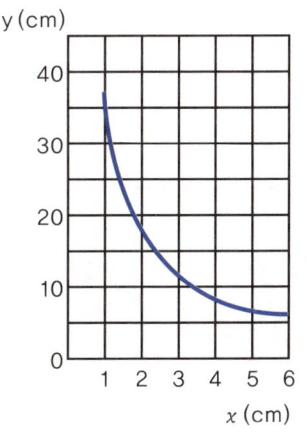

$y = 36 \div x$의 식을 그래프로 나타내면 이렇게 돼.
반비례 그래프는 이와 같이 반드시 곡선으로 나타나게 돼.

△와 □를 사용하는 식 (2)

여러 수가 변하는 모양을 보고, 두 수 사이의 관계를 △와 □를 사용한 식으로 나타내보자!

어떻게?

① 운행기사 한 사람과 관광안내원 한 사람이 타고 있는 유람선에 △명의 승객이 탔을 때, 유람선에 타고 있는 사람 수를 나타내는 식은?

승객 수 (△)	1	2	3	4	5
유람선에 타고 있는 사람 수 (□)	3	4	5	6	7

승객(△)이 1명일 때, 유람선에 탄 사람 수(□)는 3, △가 2이면 □는 4, … 그러니까…

알았다! □는 항상 △보다 2만큼 크니까 □ = △ + 2야.

② 1~5까지의 수를 △라고 할 때, 다음과 같이 짝수 2, 4, 6, 8, 10(□)이 되는 식은?

1~5 까지의 수 (△)	1	2	3	4	5
짝수 (□)	2	4	6	8	10

이건 쉬운데! △=1 일 때 □ = 2, △=2 일 때 □ = 4이니까 □가 △의 2배인 수야. 그래서 □ = △ × 2!

정답! 이런 걸 '비례 관계' 라고도 해.

③ 1~5까지의 수를 △라고 할 때, 다음과 같이 홀수 1, 3, 5, 7, 9(□)가 되는 식은?

1~5 까지의 수(△)	1	2	3	4	5
홀수(□)	1	3	5	7	9

홀수는 짝수보다 1만큼 작은 수라고도 생각할 수 있으니까, 3 = 2 × 2 - 1, 5 = 3 × 2 - 1... 그러면 □ = △ × 2 - 1?

훌륭해! △ = 1 일 때도 1 × 2 - 1 = 1이니까 이 식이 성립해.

④ 빵 3개들이 1봉지를 사면, 몇 봉지를 사든 관계없이 빵 1개를 덤으로 준다고 하면 사는 봉지 수(△)와 전체 빵의 개수(□) 사이의 관계식은?

사는 봉지 수(△)	1	2	3	4	5
전체 빵의 개수(□)	4	7	10	13	16

힌트를 줄게. 이 문제의 답은 ③번과 비슷한 식이 될 거야.

한 번에 몇 봉지를 사더라도 덤으로 빵 1개만 주니까... 4 = 3 × 1 + 1, 7 = 3 × 2 + 1..이네. □ = 3 × △ + 1이야!

비례 관계

▶ 맛있는 슈크림을 한 상자에 3 개씩 넣어서 팔고 있습니다.
상자의 개수가 2 개, 3 개⋯ 로 많아지면 슈크림의 개수는 어떻게 될까요?

상자 수 (A)	1	2	3	4	5	6
슈크림의 개수 (B)	3					

한 상자에 3 개씩 들어있으니까, 두 상자면 6 개, 세 상자면 9 개지. 간단하네.

상자 수 (A)	1	2	3	4	5	6
슈크림의 개수 (B)	3	6	9	12	15	18

■ A 의 수가 2 배, 3 배⋯ 로 늘어날 때, B 의 수도 2 배, 3 배⋯ 늘어나는 경우, A 와 B 가 비례한다고 말합니다.

▶ 시속 4km 로 걸을 때 걷는 시간과 걸은 거리, 매일 10 쪽씩 책을 읽을 때 책을 읽은 날 수와 읽은 페이지 수 등, 일상생활 여러 곳에서 비례 관계를 찾아볼 수 있습니다.

상자 수 (A)	1	2	3	4	5	6	...	?
슈크림의 개수 (B)	3	6	9	12	15	18	...	30

자, 슈크림이 30개 있다면 상자를 몇 개 사야 될지 알겠니?

B가 30이 될 때까지 표를 만들어야겠다.

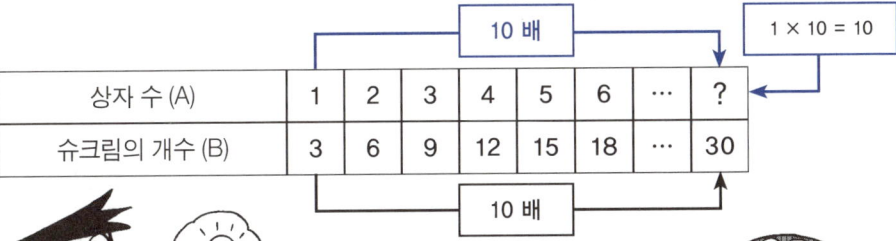

상자 수 (A)	1	2	3	4	5	6	...	?
슈크림의 개수 (B)	3	6	9	12	15	18	...	30

10배 $1 \times 10 = 10$

10배

그렇게 하지 않고도 30은 3의 10배니까, 상자 개수도 10배를 하면 좋지 않을까?

비실이, 날카로운데!

$A \times 3 = B$ 니까...

상자 수 (A)	1	2	3	...	10
슈크림의 개수 (B)	3	6	9	...	30

$B \div 3 = A$,
즉,
$30 \div 3 = 10$

B는 A의 3배니까, A는 B의 $\frac{1}{3}$배지?
$30 \div 3 = 10$으로 해도 답이 나오네.

그렇구나.

규칙성

| 1학년 | 2학년 | 3학년 | 4학년 | 5학년 | 6학년 |

 비율

▶ 비율은 요리를 만들 때도 사용합니다. 아래 문제를 풀어보세요.

Q. 문제

맛있는 주스 만드는 방법입니다.
'만들고 싶은 주스의 양 1'에 대해 0.2의 비율로 주스 원액을 섞어주세요.
이와 같은 방법으로 맛있는 주스 200mL를 만들려면 물과 주스 원액을 각각 몇 mL씩 섞어야 할까요?

▶ 200mL의 주스를 만들고 싶은 경우

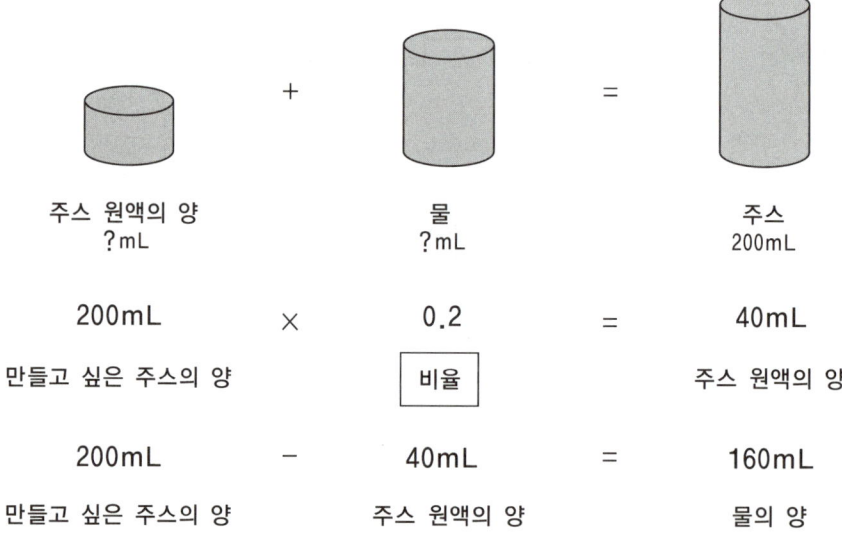

▶ 물 160mL와 주스 원액 40mL를 섞어주면, 맛있는 주스 200mL를 만들 수 있다는 뜻입니다.

답 : 물 160mL, 주스 원액 40mL

▶ 이때, 만들고자 하는 주스의 양이 '**기준량**', 주스 원액의 양이 '**비교하는 양**' 입니다.

■ (비율 또는 비의 값) = (비교하는 양) ÷ (기준량)

▶ 40mL의 주스 원액(비교하는 양)을, 200mL(기준량)으로 나누면, 40 ÷ 200 = 0.2 와 같이 계산하여 비율을 구할 수 있습니다.

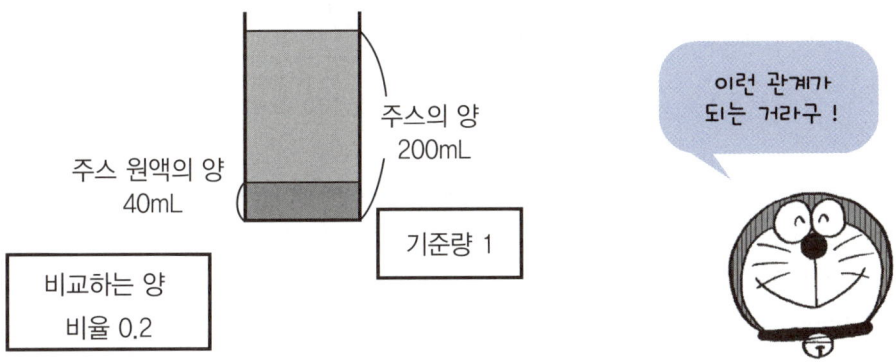

▶ 어떤 것이 '비교하는 양'이고 어떤 것이 '기준량'인지를 문장 또는 그림을 잘 파악하여 알아내는 것이 중요합니다.

■ 비율을 구하기 전에 '비교하는 양'과 '기준량'이 어느 것인지 생각합니다.

■ '비교하는 양'과 '기준량'을 알았으면, (비율) = (비교하는 양) ÷ (기준량) 의 식에 넣어 계산합니다.

규칙성

| 1학년 | 2학년 | 3학년 | 4학년 | 5학년 | 6학년 |

백분율과 할푼리

▶ '과즙 100% 주스', '부가세 10%'등의 표현을 들어 보았나요?
　이것이 백분율입니다.

- 백분율은 기준량을 100 으로 할 때의 비율입니다.
- 백분율은 기호 % 를 사용하여 나타냅니다.
- (백분율)=(비율) × 100

(백분율) = (비교하는 양) ÷ (기준량) × 100 으로 구할 수 있습니다.

▶ '100명 중에, 모자를 쓴 사람이 40명 있다'고 할 때,
　모자를 쓴 사람의 비율은...
　(비율) = (비교하는 양) ÷ (기준량) 이므로,
　40 ÷ 100 = 0.4, 즉 비율은 0.4 입니다.

> 전체 사람수가 기준량,
> 모자를 쓴 사람 수가
> 비교하는 양이야.

▶ 백분율로 나타내면, 이렇게 됩니다.
　(백분율) = (비교하는 양) ÷ (기준량) × 100 이므로,
　40 ÷ 100 × 100 = 40, 즉 답은 40%가 됩니다.

- 비율이 0.01 이면 → 백분율은 1%
- 비율이 0.1 이면 → 백분율은 10%
- 비율이 1 이면 → 백분율은 100%

▶ '정가 8,000원짜리 셔츠를
   할인 판매에서 정가의 60%에 샀다.'라고
   어머니께서 흐뭇해하신다면,

   60% → 비율로는 0.6
   8000원 × 0.6(60%) = 4800원이므로
   8,000원짜리 셔츠를 4,800원에 사신 것입니다.

8000(원) - 4800(원)
= 3200(원)이니까,
3200원만큼 싸게 산거야.

▶ 비율을 나타내는 방법에는 백분율과 할푼리 있습니다.
   '오늘 채소 20% 할인', '이승엽 선수의 타율은
   3할 5푼 8리'와 같이 쓰입니다.

비율을 나타내는
여러 가지
방법이 있어!

- 비율을 나타낼 때, 0.1을 1할, 0.01을 1푼, 0.001을 1리라고 나타내는 것을 **할푼리**라고 합니다.

규칙성

▶ 비율, 백분율과 할푼리

비율	백분율	할푼리
1	100%	10 할
0.1	10%	1 할
0.01	1%	1 푼
0.001	0.1%	1 리

50% = 5할
69% = 6할 9푼
12.3% = 1할 2푼 3리

단위량에 해당하는 크기

▶ '단위량에 해당하는 크기'는 수학을 잘하는 데에 있어서 정말 중요한 내용입니다. 확실하게 익혀두세요! '기준량'이라고도 합니다.

▶ 이 문제는 간단하지요? 그럼 다음 문제를 풀어 보세요.

Q. 문제

$3m^2$인 A 모래밭에는 9명이 있습니다. $2m^2$인 B 모래밭에는 7명이 있습니다. 어느 쪽이 더 붐비는 걸까요?

▶ 넓이가 달라서 그대로는 어느 쪽이 더 붐비는지 비교할 수 없습니다. 이런 경우에는 $1m^2$당 평균 사람 수를 비교하면 좋습니다.

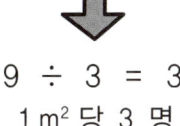

$$9 \div 3 = 3$$
1m² 당 3 명

$$7 \div 2 = 3.5$$
1m² 당 3.5 명

▶ 1m²당 사람 수가 많은 B 모래밭이 더 붐빕니다.

▶ 일정한 넓이에 대해서 몇 사람이 있는지 (단위량에 해당하는 크기) 를 비교하면 어느 쪽이 붐비는지 알 수 있습니다.

■ ' 단위량에 해당하는 크기 ' 는 일정한 양 (단위량) 에 대하여 있는 양이 얼마나 되는지 나타냅니다.

▶ 다른 풀이

A 모래밭 : 3m²를 9 명으로 나눕니다.
3÷9 = 0.3333… 1 명 당 약 0.33m²

B 모래밭 : 2m²를 7 명으로 나눕니다.
2÷7 = 0.285… 1 명 당 약 0.28m²

한 사람에 해당하는 넓이가 좁은 쪽이 붐비기 때문입니다.

모래밭의 넓이를 사람 수로 나누어서 한 사람에 해당하는 모래밭 넓이를 가지고 비교할 수도 있어.

반비례

▶ 어느 한 쪽의 수가 2배, 3배,…이렇게 늘어날 때, 다른 한 쪽의 수도 2배, 3배,…늘어나는 경우를 **정비례**라고 합니다.
이와 반대로, 어느 한 쪽의 수가 2배, 3배,…이렇게 늘어날 때, 다른 한 쪽의 수가 $\frac{1}{2}$배, $\frac{1}{3}$배…로 줄어드는 경우를 **반비례**라고 합니다.

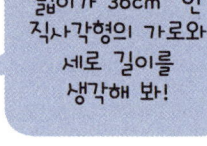
넓이가 36cm²인 직사각형의 가로와 세로 길이의 관계

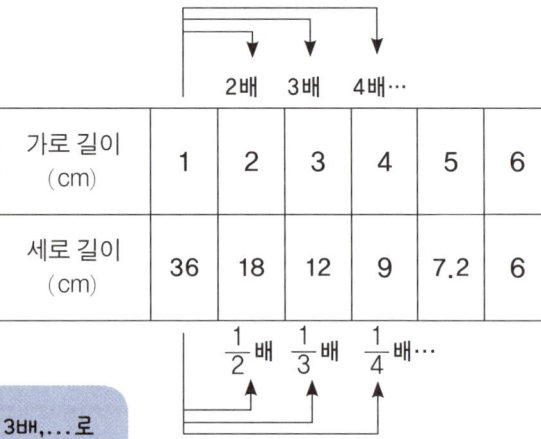

가로의 길이가 2배, 3배,…로 커지면, 세로의 길이는 $\frac{1}{2}$배, $\frac{1}{3}$배…로 작아지고 있어. 이게 바로 반비례야.

정말이네! 그런 관계로 되어 있어.

- 한쪽의 수가 2배, 3배 … 로 커질 때, 다른 한쪽의 수가 $\frac{1}{2}$배, $\frac{1}{3}$배 … 로 작아지는 것을 반비례라고 합니다.

▶ 주의해야 할 점이 한 가지 있습니다. 한쪽의 수가 늘어나고, 다른 쪽의 수가 줄어든다고 해서 반드시 반비례는 아닙니다. 예를 들어 다음과 같이 사용한 종이 장수가 2배, 3배…가 되어도 남은 종이 장수는 $\frac{1}{2}$배, $\frac{1}{3}$배…가 되지 않습니다. 이런 경우는 반비례가 아닙니다.

20장의 종이를 사용하는 경우에 사용한 종이 장수와 남은 종이 장수의 관계 (반비례 아님)

사용한 종이(장)	1	2	3	4	5	6
남은 종이(장)	19	18	17	16	15	14

사용한 종이가 2배, 3배로 늘어나도, 남은 종이는 $\frac{1}{2}$배, $\frac{1}{3}$배…가 되지 않아. 단순히 1장씩 줄어들고 있을 뿐이야. 이건 반비례라고 할 수 없어.

▶ 다음과 같은 경우는 반비례한다고 말할 수 있습니다.

6L의 주스를 나누어 먹는 사람 수와 1인당 마실 주스 양의 관계는 반비례야.

나누어 먹는 사람 수	1	2	3	4	5	6
1인당 주스 양	6	3	2	1.5	1.2	1

사람 수가 2배, 3배,…로 늘어나면, 1인당 마실 주스 양이 $\frac{1}{2}$배, $\frac{1}{3}$배로 줄어들기 때문이구나.

Key Point Review 8

1 속력 = (　　　) ÷ 시간

2 100km 의 거리를 2 시간에 달린 자동차의 속력은
100(km) ÷ 2(시간) = 50 이므로, (　　　　　) 입니다.

3 거리 = 속력 × (　　　)

4 자동차로 2 시간 동안 시속 50km/h 로 달린 거리는 50(km) × 2(시간) = 100 이므로,
(　　　) 입니다.

5 시간 = 거리 ÷ (　　　)

6 시속 50km/h 인 자동차가 100km 를 달리는 데에 걸린 시간은
100(km) ÷ 50(km/h) = 2 이므로 (　　　　) 입니다.

7 A 의 수가 2 배, 3 배, 4 배 … 로 늘어날 때, B 의 수도 2 배, 3 배, 4 배 …
늘어나는 경우, A 와 B 가 (　　　　) 한다고 말합니다.

8 두 수를 나눗셈으로 비교하기 위해 기호 (:) 를 사용하여 나타낸 것을 (　　　) 라고 합니다.

9 접시의 수와 포크의 수를 비로 나타낼 때 빈 칸을 채우세요.

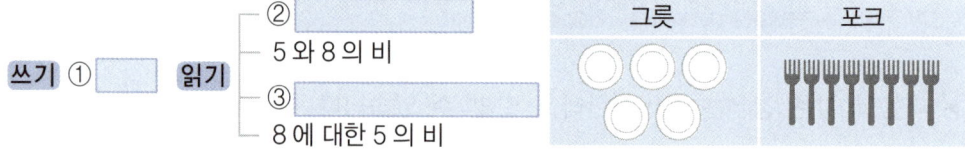

쓰기 ①　　　　읽기　② 　　　　
　　　　　　　　　　　5 와 8 의 비
　　　　　　　　　　　③ 　　　　
　　　　　　　　　　　8 에 대한 5 의 비

그릇　　　포크

10 (　　　) 은 비교하는 양을 기준량으로 나눈 값입니다.

11 (비율) = (　　　　　) ÷ (기준량) 으로 계산합니다.

12 (　　　　) 은 비율을 나타내는 방법 가운데 하나로, 기준량을 100 으로 할 때
그에 대한 비율을 %(퍼센트) 라는 기호로 나타낸 것입니다.

13 (백분율) = 비교하는 양 ÷ (　　　　) × 100

14 비율이 0.01 이면 → 백분율은 (　　　)%,
비율이 0.1 이면 → 백분율은 (　　　)%, 비율이 1 이면 → 백분율은 (　　　)%

15 비율을 나타낼 때, 0.1 을 1 할, 0.01 을 1 푼, 0.001 을 1 리라고
나타내는 것을 (　　　) 라고 합니다.

16 한쪽의 수가 2 배, 3 배 … 가 될 때, 다른 한쪽의 수가 $\frac{1}{2}$, $\frac{1}{3}$ … 로
작아지는 것을 (　　　　) 라고 합니다.

5 자료와 가능성

- 3학년 연계 ·········· 396~397
- 4학년 연계 ·········· 398~401
- 5학년 연계 ·········· 402~403
- 6학년 연계 ·········· 404~409

자료 정리와 표

▶ 남학생들이 '가장 좋아하는 스포츠'가 무엇인지 조사했습니다. 어떤 스포츠가 얼마나 인기 있는지 한눈에 알아볼 수 있도록 나타내는 방법은 무엇일까요?

● 진구의 정리 방법

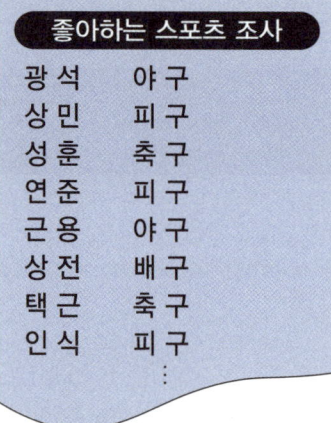

● 비실이의 정리 방법

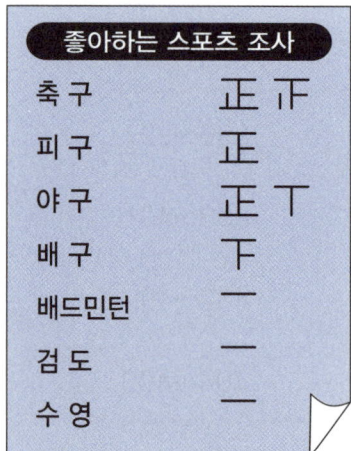

● 이슬이의 정리 방법

좋아하는 스포츠 조사	
종 목	사람 수
축 구	9
피 구	7
야 구	5
배 구	3
기 타	3

- 조사한 수를 누가 보아도 알기 쉽게 정리한 것이 「표」입니다.

- 조사할 때는 종류별로 세면서 '正(바를 정)'으로 표시하면 편리합니다. 「正」하나는 5 를 나타냅니다.

- 숫자를 적어 표로 정리할 때는 작은 수를 모아서 「기타」로 정리합니다.

▶ 학급에서 투표를 할 때 득표수를 칠판에 '바를 정(正)'자로 적어 나타내면 좋습니다. 처음(1표)에는 맨 위 가로 획을, 다음에는 세로로 긴 획(2표), 가로로 짧은 획(3표), 왼쪽아래의 짧은 세로 획(4표), 마지막 맨 아래의 긴 획(5표)의 순서로 씁니다.

▶'바를 정(正)'쓰는 순서

막대그래프

▶ '조사한 수를 누가 봐도 알 수 있도록 하는 정리한 것' 을 **표**라고 배웠어요. 표 외에도 흩어져 있는 수를 알아보기 쉽게 정리해 놓은 것에는 **막대그래프**가 있습니다.

- 조사한 수의 흩어진 정도를 막대의 길이로 나타낸 그래프를 막대그래프라고 합니다.
  막대그래프에서 수가 커지면 막대가 길어집니다.

좋아하는 스포츠 조사

종 목	사람 수
축 구	9
피 구	7
야 구	5
배 구	3
기 타	3

앞에서 이슬이가 정리한 좋아하는 스포츠 조사 결과를 막대그래프로 나타내보자.

● 막대그래프 준비

좋아하는 스포츠 조사 (명)

어떤 막대그래프인지를 나타내는 제목을 꼭 씁니다.

세로축은 사람 수를 나타내므로, 단위는 '명'입니다.

사람 수가 가장 많은 종목도 표시할 수 있도록 한 눈금의 크기를 정하여 세로축에 씁니다.

가로축에는 스포츠 종목을 씁니다.

▶ 막대그래프 준비가 되었으면, 이슬이의 '좋아하는 스포츠 조사' 결과를 그래프로 만들어 봅시다. 막대그래프를 나타내는 방법과 그래프를 읽는 방법에 대해 차근차근 읽어 보세요.

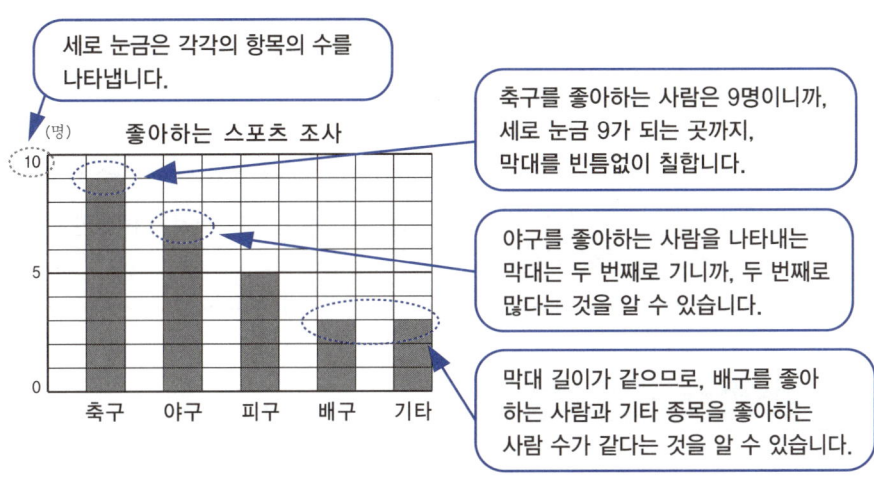

▶ 표와 막대그래프를 비교해 볼까요?
  표는 스포츠 별로 좋아하는 사람 수를 곧바로 알 수 있는 것이 특징이고, 막대그래프는 어느 스포츠가 가장 인기가 있는지를 한눈에 알 수 있다는 것이 특징입니다.
▶ 표는 조사한 자료의 전체 수를 알아보기 편해요.
▶ 그래프는 조사한 자료에서 가장 많은 수 또는 가장 적은 수를 한눈에 알아볼 수 있어요.

| 1학년 | 2학년 | 3학년 | **4학년** | 5학년 | 6학년 |

 # 꺾은선그래프

▶ 꺾은선그래프는 점과 점을 직선으로 이어서 수의 변화를 한 눈에 알 수 있도록 하는 그래프입니다.

- 수가 변하는 모양을 잘 알 수 있도록, 점을 직선으로 이어 만드는 그래프를 **꺾은선그래프**라고 합니다.

진구네 마을의 기온 변화 (3월 1일)	
시각(시)	온도(도)
오전 9시	9
오전 10시	10
오전 11시	11
정오	15
오후 1시	17
오후 2시	16
오후 3시	16
오후 4시	13
오후 5시	11

● 꺾은선그래프의 준비

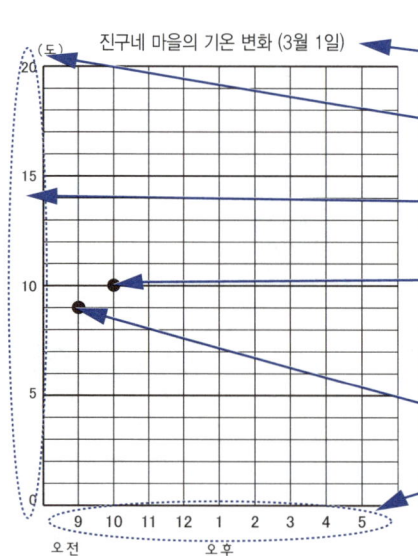

- 제목을 반드시 씁니다.
- 세로축은 온도를 나타내므로 단위는 '도'입니다.
- 최고 기온이 17도이므로, 세로축의 눈금은 0에서 20까지로 하면 충분합니다.
- 오전 10 시는 10 도니까, 여기입니다.
- 그래프의 준비가 되었으면, 표를 보면서 가로축 시각에 꼭 맞는 온도의 눈금에 점을 찍습니다. 오전 9시는 9도이니까, 여기에 점을 찍습니다.
- 가로축에는 온도를 잰 시각을 씁니다.

▶ 오전 9시부터 오후 5시까지 시각별로 기온의 점을 찍고, 점과 점을 선으로 연결하면 꺾은선그래프가 완성됩니다.

● 꺾은선그래프로 알 수 있는 것

진구네 마을의 기온 변화 (3월 1일)	
시각(시)	온도(도)
오전 9시	9
오전 10시	10
오전 11시	11
정오	15
오후 1시	17
오후 2시	16
오후 3시	16
오후 4시	13
오후 5시	11

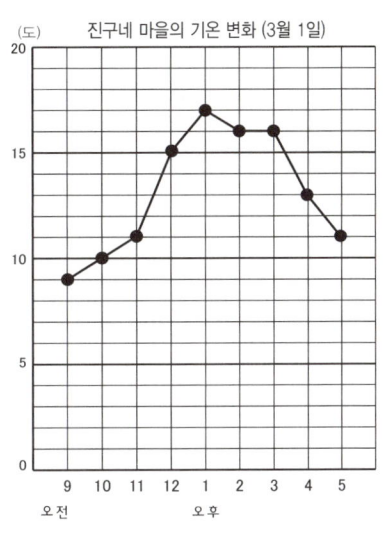

자료와 가능성

| 1학년 | 2학년 | 3학년 | 4학년 | **5학년** | 6학년 |

 평균

Q. 문제

어제까지 진구의 5과목 시험 성적은 70, 80, 90, 70, 100점으로 평균 점수가 82점이었습니다. 그런데 오늘 시험에서 40점을 받았다면 진구의 6과목 평균 점수는 몇 점일까요?

▶ 진구는 한 번의 시험에서 몇 점을 받은 셈일까요?
 평균을 간단하게 말하면 '한 번(또는 하나)로 어떤 자료를 대표하는 값'입니다. 즉, 전체를 더한 합계를 개수로 나누어 고르게 한 것입니다.
 이 문제는 진구가 한 번의 시험에서 몇 점을 받은 셈인지 구하는 문제입니다.

▶ 문제에서 진구가 어제까지 받은 시험 점수의 평균은,
 (70 + 80 + 90 + 70 + 100) ÷ 5 = 82 즉, 82점을 다섯 번 받은 셈입니다. 그런데, 오늘은 40점을 받았습니다. 그럼 오늘까지의 평균점수는 (82 + 40) ÷ 2 = 61 이렇게 계산해도 될까요?
 아니죠. <u>이렇게 계산하면 안 됩니다.</u>

■ 각 자료의 값을 모두 더하여 자료의 개수로 나눈 값을 그 자료를 대표하는 값으로 정하면 편리합니다.
이 값을 **평균**이라고 합니다.

평균 = (자료의 값을 모두 더한 수) ÷ (자료의 개수)

▶ 평균을 구하는 계산 방법을 잘 이해했나요?
(70 + 80 + 90 + 70 + 100 + 40) ÷ 6
이렇게 전체를 더한 다음 시험 횟수로 나누어 고르게 합니다.

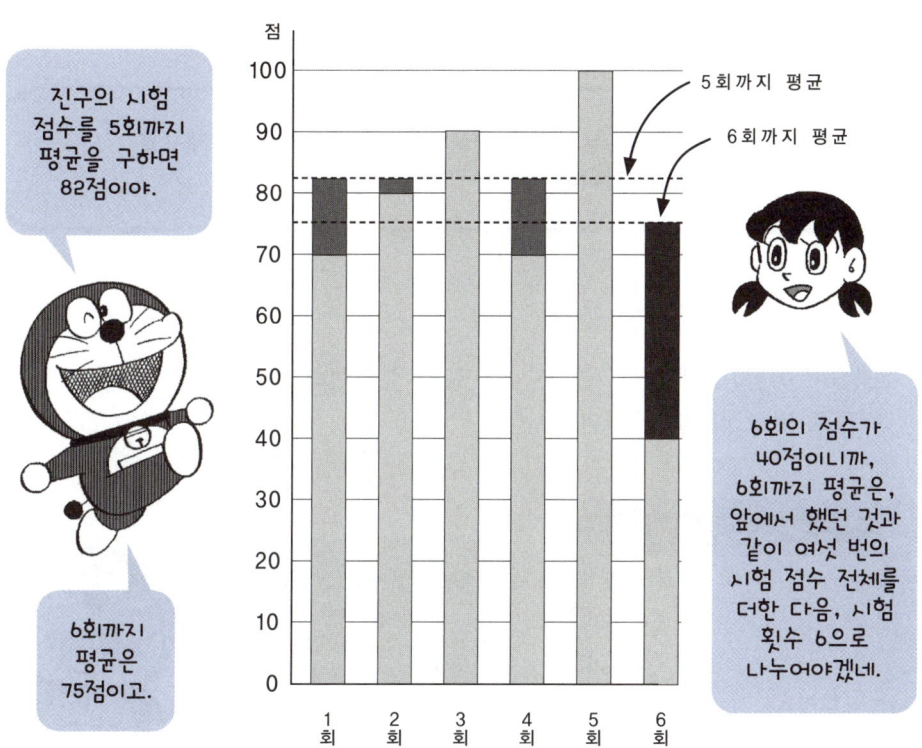

▶ 5회까지의 평균점수만 알고 각 회의 시험점수를 모른다면 6회까지의 평균 점수를 어떻게 구할 수 있을까요? 5회까지의 평균점수가 82점이라면 이것은 5회 모두 82점을 맞은 셈이 되는 것이므로 82 × 5로 계산하면 5회까지의 점수 합계를 구할 수 있습니다. 따라서 6회까지의 총점은 5회까지의 총점 410점에 6회의 점수 40점을 더해 450점이 되므로 450 ÷ 6 = 75, 즉 6회까지의 평균점수가 75점이라는 것을 알 수 있어요.

띠그래프와 원그래프

▶ 전체에 대한 각 부분의 비율을 그림으로 나타낸 그래프에는 띠그래프와 원그래프가 있습니다. 먼저 띠그래프에 대해서 알아봅시다.

■ 전체에 대한 각 부분의 비율을 띠 모양에 나타낸 그래프를 띠그래프라고 합니다.

▶ 20명의 '아침 식사 메뉴'를 조사해 표로 정리했습니다.
이 표로 띠그래프를 만들어봅시다.

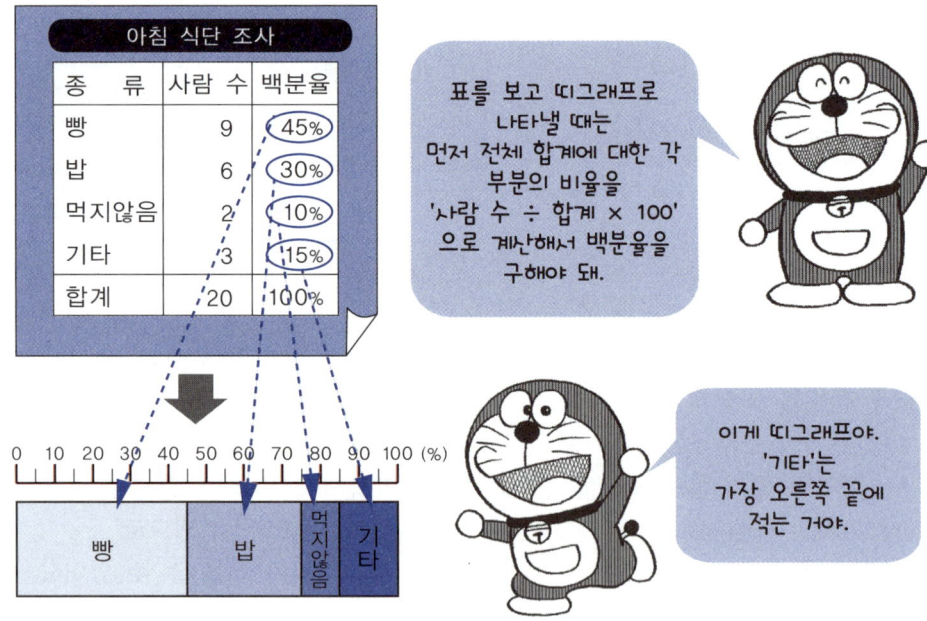

▶ 이번에는 같은 표를 원그래프로 나타내봅시다.

■ 전체에 대한 각 부분의 비율을 원 모양에 나타낸 그래프를 원그래프라고 합니다.

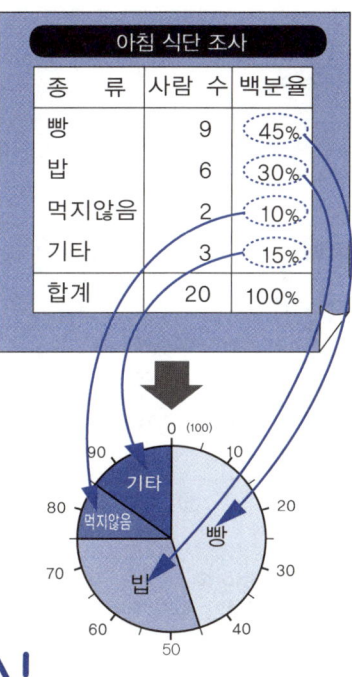

원그래프를 나타낼 때도 먼저 전체 합계에 대한 각 부분의 비율을 '사람 수 ÷ 합계'로 계산해서 백분율을 구한 다음…

각 부분이 차지하는 백분율만큼 원에 그림으로 나타내면 돼.

■ 표를 띠그래프와 원그래프로 나타내는 방법

1. 표의 각 부분을 (부분의 수) ÷ (전체) × 100 으로 계산해서 백분율로 나타냅니다.
2. 부분들의 백분율 합계가 100%가 되는지 확인 합니다.
3. 각 부분의 비율을 띠그래프는 띠에, 원그래프는 원에 표시합니다.
4. '기타'는 크기에 상관없이 맨 끝에 적습니다.
5. 보통 비율이 큰 항목부터 작은 항목 순서로 나타냅니다.

경우의 수

Q. 문제

① 진구, 도라에몽, 퉁퉁이, 비실이 4명이 씨름 경기를 합니다. 4명 모두 반드시 서로 1번씩 씨름을 하는 경우, 씨름 경기는 총 몇 번 하게 될까요?

② 진구, 퉁퉁이, 비실이 3명이 이어달리기를 합니다. 이어달리는 순서를 짤 때, 총 몇 가지가 될까요?

① '조를 이루는 방법'의 문제

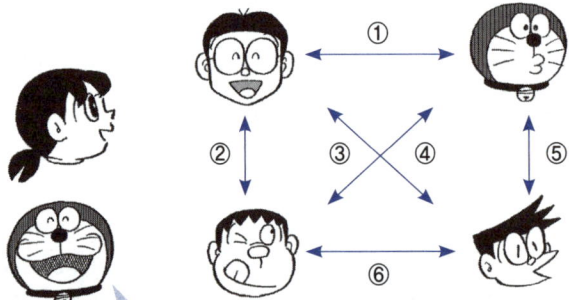

4명이 3명과 1번씩 경기를 해야 하니까, 그림을 그려서 그대로 생각해도 되지 않아? 경기는 6번 하게 돼.

① 문제의 답은 6번이야. 왼쪽 아래 그림처럼 표로 생각할 수도 있어.

	진구	도라에몽	퉁퉁이	비실이
진구		①	②	③
도라에몽			④	⑤
퉁퉁이				⑥
비실이				

 **POINT**

■ 몇 명이 「조를 이루는 방법」의 문제를 풀 때는 위쪽과 같이 그림을 그리거나, 왼쪽과 같이 표를 만들어 생각하는 것이 좋습니다.

② '늘어놓는 방법'의 문제

② 문제는 '늘어놓는 방법'을 생각하는 문제입니다. 세 사람이 달리는 순서는 몇 가지가 있을까요? 이 문제도 '조를 이루는 방법'에서 그림과 표를 그렸던 것처럼 실제 순서를 써 보면 좋습니다.

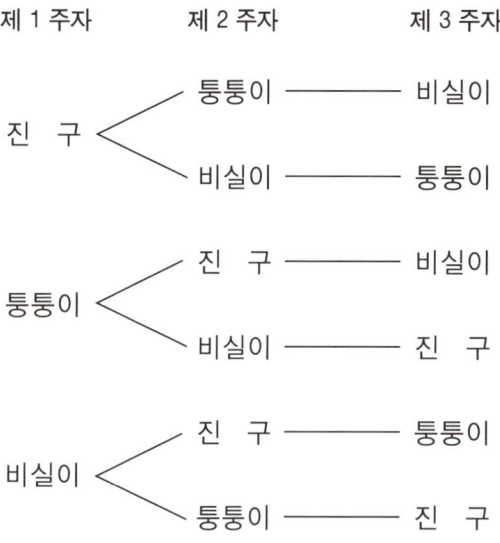

우선 맨 처음 달릴 사람을 정하면, 각각 2가지 방법이 가능해. 3사람 × 2가지이므로, 달리는 순서는 모두 6가지야!

그렇지. ②번 '늘어놓는 방법'의 정답은 6가지야. 3사람이 달리는 순서는 3사람 × 2사람 × 1사람 = 6가지라고 계산할 수도 있어. 4사람이 달리는 경우는 4사람 × 3사람 × 2사람 × 1사람 = 24가지야. 어때, 기억하기 편리하지?

■ 몇 명 또는 몇 개를 '늘어놓는 방법'을 생각할 때도, 위와 같이 그림을 그리면 좋습니다.

| 1학년 | 2학년 | 3학년 | 4학년 | 5학년 | **6학년** |

자료 정리

Q. 문제

20명의 수학 시험 점수를 조사했습니다. 이 자료를 5점을 기준으로 하는 표로 정리해보세요. 표 A에 빗금으로 각각의 범위에 들어가는 사람 수를 표시하고, 표 B를 완성하세요.

점수: 80점, 77점, 82점, 84점, 92점, 88점, 79점, 84점, 65점, 79점, 80점, 68점, 73점, 95점, 88점, 75점, 80점, 74점, 85점, 70점

A

점수	사람 수
65점 이상~70점 미만	/ /
70점 이상~75점 미만	
75점 이상~80점 미만	
80점 이상~85점 미만	
85점 이상~90점 미만	
90점 이상~95점 미만	
95점 이상~100점	
합 계	

B

점수	사람 수
65점 이상~70점 미만	2
70점 이상~75점 미만	
75점 이상~80점 미만	
80점 이상~85점 미만	
85점 이상~90점 미만	
90점 이상~95점 미만	
95점 이상~100점	
합 계	

- 표 B와 같은 표를 도수분포표라고 합니다. 도수분포표를 이용해서 자료들이 흩어져 있는 상황을 한눈에 볼 수 있는 그래프를 만들 수 있습니다.

이상, 이하에는 그 수가 포함되는데, 미만에는 포함되지 않아. 예를 들어 70점 이상~75점 미만이라고 하면, 70, 71, 72, 73, 74점을 가리키는 거야.

이 표를 바탕으로 한, 점수가 흩어져 있는 상황을 보여주는 히스토그램이야. 몇 점 이상 몇 점 미만 받은 사람이 많은지를 쉽게 알 수 있어.

점수	사람 수
65점이상~70점미만	2
70점이상~75점미만	3
75점이상~80점미만	4
80점이상~85점미만	6
85점이상~90점미만	3
90점이상~95점미만	1
95점이상~100점	1
합 계	20

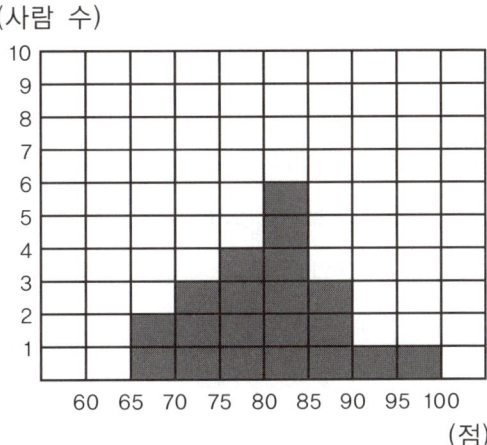

▶ 히스토그램과 막대그래프는 비슷하지요?
수의 크기를 나타내는 막대가 서로 떨어져 있는 것이 막대그래프,
막대들이 간격 없이 서로 붙어 있는 것이 히스토그램입니다.

- 자료가 흩어져 있는 상황을 보기 편리한 것은
  히스토그램입니다.
- 전체 중에서 차지하는 비율을 보는 데에 편리한 것은
  띠그래프와 원그래프입니다.
- 변하는 모습을 보기에 편리한 것은
  꺾은선그래프와 막대그래프입니다.

목적에 맞게 여러 그래프를 적절하게 사용하세요.

Key Point Review 9

1. 그림의 크기로 많고 적음을 한눈에 알 수 있도록 나타낸 그래프를 (　　　　) 라고 합니다.
2. 조사한 수의 흩어진 정도를 막대의 길이로 나타낸 그래프를 (　　　　) 라고 합니다.
3. 수가 변하는 모양을 잘 알 수 있도록, 점을 직선으로 이어 만드는 그래프를 (　　　　) 라고 합니다.
4. 몇 개의 수나 양을 똑같은 크기가 되도록 나누어 '고르게 한 것'을 (　　　) 이라고 합니다.
5. 평균 = (자료 값을 모두 더한 수) ÷ (　　　　)
6. 전체에 대한 각 부분의 비율을 띠 모양에 나타낸 그래프를 (　　　　) 라고 합니다.
7. 전체에 대한 각 부분의 비율을 원 모양에 나타낸 그래프를 (　　　　) 라고 합니다.
8. 조사한 수를 누가 보아도 알기 쉽게 정리한 것이 (　　　) 입니다.
9. 세나네 반 학생들의 혈액형을 조사한 자료를 보고 표로 나타내세요.

이름	혈액형	이름	혈액형	이름	혈액형	이름	혈액형
세나	A	효진	A	다원	AB	현지	B
선아	O	예린	O	연수	B	은서	RH(-)AB
하나	AB	은미	O	지은	O	동미	A
희경	A	소희	A	소영	A	영숙	B
은아	A	연주	O	용희	RH(-)O	준호	A

〈 혈액형별 학생 수 〉

혈액형	A	B	O	AB	기타	합계
학생 수(명)	8	①_____	②_____	③_____	④_____	20
백분율(%)	40%	⑤_____	⑥_____	⑦_____	⑧_____	100

10 위의 표를 여러 가지 그래프로 나타내 보세요.

〈 띠그래프로 나타내기 〉

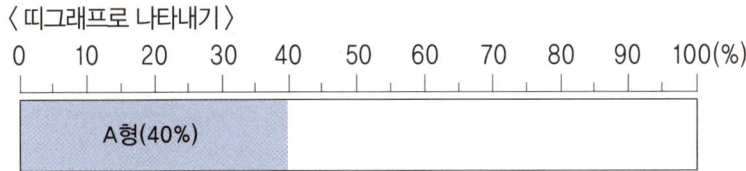

〈 원그래프로 나타내기 〉

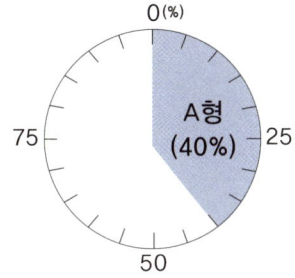

〈 막대그래프로 나타내기 〉

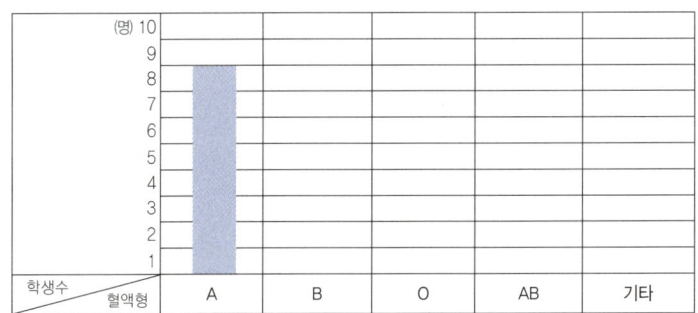

11 자료가 흩어져 있는 상황을 보기 편리한 것은 (　　　　　) 입니다.
12 전체 중에서 차지하는 비율을 보는 데에 편리한 것은 띠그래프, (　　　　) 입니다.
13 변하는 모습을 보기에 편리한 것은 (　　　　) 입니다.

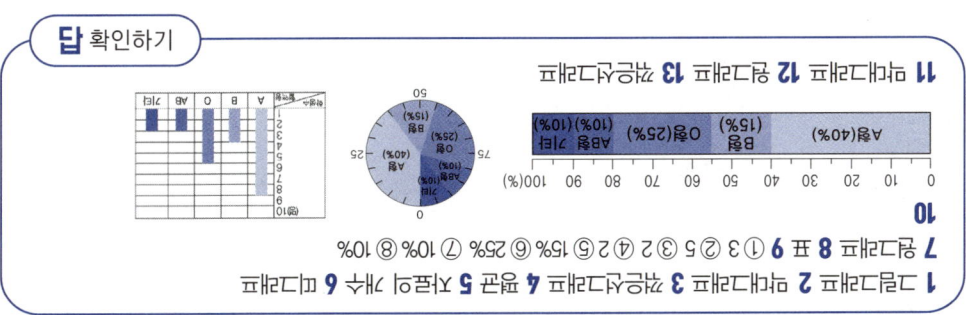

🔍 키워드로 찾아 보기 - 기초개념편

ㄱ

가르기	24
검 산	48,50
곱 셈	60,62
곱셈 구구	56,58,60
곱셈 구구의 규칙	60
곱해지는 수	60
그 래 프	94,96
그 림	66
길 이	80, 90
꼭짓점	76

ㄴ

넓 이	81
높 이	81

ㄷ

단 위	40,84
더하는 수	48
더해지는 수	48
덧 셈	26,34,44,48,52,64
들 이	80
등 호	41

ㅁ

몇 번째	22
몇 백	64
몇 십	64
모 양	70,72,74
모으기	24

ㅂ

받아내림	36,46,50
받아올림	34,44,48
백의 자리	40,47
변	76
부등호	41
분	82,84,86,88
분 류	94
분 침	86
빼는 수	51
빼어지는 수	51
뺄 셈	28,30,36,46,50,54,64

ㅅ

사각형	70,72,74,76
삼각형	70,74,76
세로셈	44,46
순 서	22
숫 자 0	20
숫 자 10	20,24
숫 자 100	38
숫 자 1000	40
시 각	82,86
시 간	84,86,88
시 계	82,86
십의 자리	40,44,46

ㅇ

오 전	87
오 후	87
원	70
일의 자리	40,42,44,46
입체모양	72

ㅈ

자	90
자연수	42
자 정	86
정 오	86
직 선	74
짝 수	42

ㅊ

차 례	22
천의 자리	40
초	84
초 침	86

ㅍ

표	94,96

ㅎ

하 루	86
홀 수	42

1

1 작은 수	38
1 큰 수	21,39

🔍 키워드로 찾아 보기 - 필수개념편

M
cm² (제곱센티미터)	340
cm³ (세제곱센티미터)	362
km² (제곱킬로미터)	346
m² (제곱미터)	346
m³ (세제곱미터)	364

ㄱ
가분수	140,142,170,174,176,178
각기둥	310,368
각도	272,274
각도기	273,277
거리	379
검산	122
겨냥도	298
결합법칙	260
곱	108,112,114,122,156,158,216
	218,220,228,230,252
공배수	195,198,206
공약수	194,196,198
괄호	192
교환법칙	260
구	312
기준값	166,191,192,387,388,390
기준량	387,388
길이	320,322
꺾은선그래프	400,409

ㄴ
나누는 수	123,160,163,241,250,252
나누어지는 수	118,121,123,159,160,162,242,
	245,254
나눗셈	106,110,116,118,120,160,162
나머지	118,120,124,254
나무 심기 문제	126
내각의 합	334
넓이	340,342,344,346,348,350,352
	354,356,358,360,370
늘어놓는 방법	407

ㄷ
다각형	288
단위	234
단위량	390
대각선	286
대분수	140,142,170,172,174
	218,240
대칭	292
도수분포표	408
들이	324,326,366
띠그래프	404,409

ㄹ
리	388

ㅁ
마름모	284,286,352
막대그래프	398
만의 자리	150,156,337
맞꼭지각	277
면	294,302,304,308
모서리	296,301,304,306
몫	118,120,122,124,122,162
	198,240,246,254,256
몫을 어림한다	160
무게	330,332,372
미만	408
미터법	372

ㅂ
반비례	380,392
반올림	256
반지름	270,272,312,358,360,369
받아내림	178
받아올림	144,119,156,176,183,189
배	154,164,194
배수	194
배율	314
백분율	388
백의 자리	102
버림	337
부피	362,364,366,368,370
비교하는 양	387,388
비례	380,384,392
비율	386,388

413

키워드로 찾아 보기 – 필수개념편

사다리꼴	282, 352
선대칭	292
속력	379
수직	276, 278, 284, 286, 302, 304, 306
시간	378

아르 (a)	348
안치수	366
어떤 수	165, 194
억	152
올림	176
원	268, 270, 312, 358
원그래프	404
원기둥	310, 368
원주	356, 358, 360
원의 넓이	358, 360
원주율	356
위치	316
이상	408
이하	409
일의 자리	102, 112, 136, 156
입체	298, 310

자연수	186, 202, 216, 218, 228, 230, 238, 240, 242, 244, 248, 250
전개도	298
점대칭	292
정다각형	289
정사각형	295
정육면체	300, 362
조	152
조를 이루는 방법	406
지름	270
직각	264
직사각형	266
직육면체	300, 303, 305, 307, 309, 362
짝수	382

천의 자리	102, 148, 150
최대공약수	194, 196
최소공배수	194, 198, 207
축소한 그림	314
축척	314

퍼센트 (%)	388
평균	402
평면	298
평면	362
평행	278
평행사변형	284, 287
표	396
푼	388

할	288
합동	290, 292
헥타르 (ha)	348
혼합 계산	285
홀수	383
확대한 그림	314
히스토그램	409

도라에몽과 19단을 외우자

2

2	×	1	=	2
2	×	2	=	4
2	×	3	=	6
2	×	4	=	8
2	×	5	=	10
2	×	6	=	12
2	×	7	=	14
2	×	8	=	16
2	×	9	=	18
2	×	10	=	20
2	×	11	=	22
2	×	12	=	24
2	×	13	=	26
2	×	14	=	28
2	×	15	=	30
2	×	16	=	32
2	×	17	=	34
2	×	18	=	36
2	×	19	=	38

3

3	×	1	=	3
3	×	2	=	6
3	×	3	=	9
3	×	4	=	12
3	×	5	=	15
3	×	6	=	18
3	×	7	=	21
3	×	8	=	24
3	×	9	=	27
3	×	10	=	30
3	×	11	=	33
3	×	12	=	36
3	×	13	=	39
3	×	14	=	42
3	×	15	=	45
3	×	16	=	48
3	×	17	=	51
3	×	18	=	54
3	×	19	=	57

4

4	×	1	=	4
4	×	2	=	8
4	×	3	=	12
4	×	4	=	16
4	×	5	=	20
4	×	6	=	24
4	×	7	=	28
4	×	8	=	32
4	×	9	=	36
4	×	10	=	40
4	×	11	=	44
4	×	12	=	48
4	×	13	=	52
4	×	14	=	56
4	×	15	=	60
4	×	16	=	64
4	×	17	=	68
4	×	18	=	72
4	×	19	=	76

5

5	×	1	=	5
5	×	2	=	10
5	×	3	=	15
5	×	4	=	20
5	×	5	=	25
5	×	6	=	30
5	×	7	=	35
5	×	8	=	40
5	×	9	=	45
5	×	10	=	50
5	×	11	=	55
5	×	12	=	60
5	×	13	=	65
5	×	14	=	70
5	×	15	=	75
5	×	16	=	80
5	×	17	=	85
5	×	18	=	90
5	×	19	=	95

6

6	×	1	=	6
6	×	2	=	12
6	×	3	=	18
6	×	4	=	24
6	×	5	=	30
6	×	6	=	36
6	×	7	=	42
6	×	8	=	48
6	×	9	=	54
6	×	10	=	60
6	×	11	=	66
6	×	12	=	72
6	×	13	=	78
6	×	14	=	84
6	×	15	=	90
6	×	16	=	96
6	×	17	=	102
6	×	18	=	108
6	×	19	=	114

7

7	×	1	=	7
7	×	2	=	14
7	×	3	=	21
7	×	4	=	28
7	×	5	=	35
7	×	6	=	42
7	×	7	=	49
7	×	8	=	56
7	×	9	=	63
7	×	10	=	70
7	×	11	=	77
7	×	12	=	84
7	×	13	=	91
7	×	14	=	98
7	×	15	=	105
7	×	16	=	112
7	×	17	=	119
7	×	18	=	126
7	×	19	=	133

도라에몽과 19단을 외우자

8

8	×	1 =	8
8	×	2 =	16
8	×	3 =	24
8	×	4 =	32
8	×	5 =	40
8	×	6 =	48
8	×	7 =	56
8	×	8 =	64
8	×	9 =	72
8	×	10 =	80
8	×	11 =	88
8	×	12 =	96
8	×	13 =	104
8	×	14 =	112
8	×	15 =	120
8	×	16 =	128
8	×	17 =	136
8	×	18 =	144
8	×	19 =	152

9

9	×	1 =	9
9	×	2 =	18
9	×	3 =	27
9	×	4 =	36
9	×	5 =	45
9	×	6 =	54
9	×	7 =	63
9	×	8 =	72
9	×	9 =	81
9	×	10 =	90
9	×	11 =	99
9	×	12 =	108
9	×	13 =	117
9	×	14 =	126
9	×	15 =	135
9	×	16 =	144
9	×	17 =	153
9	×	18 =	162
9	×	19 =	171

10

10	×	1 =	10
10	×	2 =	20
10	×	3 =	30
10	×	4 =	40
10	×	5 =	50
10	×	6 =	60
10	×	7 =	70
10	×	8 =	80
10	×	9 =	90
10	×	10 =	100
10	×	11 =	110
10	×	12 =	120
10	×	13 =	130
10	×	14 =	140
10	×	15 =	150
10	×	16 =	160
10	×	17 =	170
10	×	18 =	180
10	×	19 =	190

11

11	×	1	=	11
11	×	2	=	22
11	×	3	=	33
11	×	4	=	44
11	×	5	=	55
11	×	6	=	66
11	×	7	=	77
11	×	8	=	88
11	×	9	=	99
11	×	10	=	110
11	×	11	=	121
11	×	12	=	132
11	×	13	=	143
11	×	14	=	154
11	×	15	=	165
11	×	16	=	176
11	×	17	=	187
11	×	18	=	198
11	×	19	=	209

12

12	×	1	=	12
12	×	2	=	24
12	×	3	=	36
12	×	4	=	48
12	×	5	=	60
12	×	6	=	72
12	×	7	=	84
12	×	8	=	96
12	×	9	=	108
12	×	10	=	120
12	×	11	=	132
12	×	12	=	144
12	×	13	=	156
12	×	14	=	168
12	×	15	=	180
12	×	16	=	192
12	×	17	=	204
12	×	18	=	216
12	×	19	=	228

13

13	×	1	=	13
13	×	2	=	26
13	×	3	=	39
13	×	4	=	52
13	×	5	=	65
13	×	6	=	78
13	×	7	=	91
13	×	8	=	104
13	×	9	=	117
13	×	10	=	130
13	×	11	=	143
13	×	12	=	156
13	×	13	=	169
13	×	14	=	182
13	×	15	=	195
13	×	16	=	208
13	×	17	=	221
13	×	18	=	234
13	×	19	=	247

도라에몽과 19단을 외우자

14

14	×	1	=	14
14	×	2	=	28
14	×	3	=	42
14	×	4	=	56
14	×	5	=	70
14	×	6	=	84
14	×	7	=	98
14	×	8	=	112
14	×	9	=	126
14	×	10	=	140
14	×	11	=	154
14	×	12	=	168
14	×	13	=	182
14	×	14	=	196
14	×	15	=	210
14	×	16	=	224
14	×	17	=	238
14	×	18	=	252
14	×	19	=	266

15

15	×	1	=	15
15	×	2	=	30
15	×	3	=	45
15	×	4	=	60
15	×	5	=	75
15	×	6	=	90
15	×	7	=	105
15	×	8	=	120
15	×	9	=	135
15	×	10	=	150
15	×	11	=	165
15	×	12	=	180
15	×	13	=	195
15	×	14	=	210
15	×	15	=	225
15	×	16	=	240
15	×	17	=	255
15	×	18	=	270
15	×	19	=	285

16

16	×	1	=	16
16	×	2	=	32
16	×	3	=	48
16	×	4	=	64
16	×	5	=	80
16	×	6	=	96
16	×	7	=	112
16	×	8	=	128
16	×	9	=	144
16	×	10	=	160
16	×	11	=	176
16	×	12	=	192
16	×	13	=	208
16	×	14	=	224
16	×	15	=	240
16	×	16	=	256
16	×	17	=	272
16	×	18	=	288
16	×	19	=	304

17

17	×	1	=	17
17	×	2	=	34
17	×	3	=	51
17	×	4	=	68
17	×	5	=	85
17	×	6	=	102
17	×	7	=	119
17	×	8	=	136
17	×	9	=	153
17	×	10	=	170
17	×	11	=	187
17	×	12	=	204
17	×	13	=	221
17	×	14	=	238
17	×	15	=	255
17	×	16	=	272
17	×	17	=	289
17	×	18	=	306
17	×	19	=	323

18

18	×	1	=	18
18	×	2	=	36
18	×	3	=	54
18	×	4	=	72
18	×	5	=	90
18	×	6	=	108
18	×	7	=	126
18	×	8	=	144
18	×	9	=	162
18	×	10	=	180
18	×	11	=	198
18	×	12	=	216
18	×	13	=	234
18	×	14	=	252
18	×	15	=	270
18	×	16	=	288
18	×	17	=	306
18	×	18	=	324
18	×	19	=	342

19

19	×	1	=	19
19	×	2	=	38
19	×	3	=	57
19	×	4	=	76
19	×	5	=	95
19	×	6	=	114
19	×	7	=	133
19	×	8	=	152
19	×	9	=	171
19	×	10	=	190
19	×	11	=	209
19	×	12	=	228
19	×	13	=	247
19	×	14	=	266
19	×	15	=	285
19	×	16	=	304
19	×	17	=	323
19	×	18	=	342
19	×	19	=	361

곱셈구구 외우기 연습지

10칸 계산 MISSION

2단	2	5	1	3	7	8	9	4	0	6

3단	6	4	8	2	9	1	5	7	0	3

4단	3	5	7	2	1	0	8	6	9	4

5단	4	9	3	8	5	2	0	6	1	7

6단	5	1	0	3	7	4	8	2	9	6

곱셈구구 외우기 연습지

10칸 계산 | MISSION

7단	8	5	6	7	2	4	0	3	1	9

8단	5	8	9	4	2	0	6	7	3	1

9단	5	7	1	4	2	6	8	9	0	3

※ 도전할 단의 수와 곱하는 수를 적어 친구나 가족과 대결해 보세요.

도라에몽의
신비한 수학사전

출 간 일 초판 1쇄 발행 2020년 6월 30일

캐릭터 원작 후지코·F·후지오(藤子·F·不二雄)
지　　　도 기시모토 히로시(岸本裕史)
본문 만화
일 러 스 트 무기와라 신타로·다나카 미치아키(田中道明)

SAYPEN BOOKS
www.saypen.com · www.saymall.co.kr

발 행 인 김동미
진 행 총 괄 신효진
진 행 책 임 이은아
기 획 총 괄 조예린
편 집 책 임 최소영, 이연수
옮 긴 이 송명진
감 수 자 김 숙

발 행 처 (주)세이펜북스
주　　　소 서울시 용산구 청파로 47나길 83-2
전　　　화 1644-0709
홈 페 이 지 www.saymall.co.kr / www.saypen.com

I S B N 979-11-5798-889-1

DORAEMON NO SANSU OMOSHIRO KORYAKU SANSU MARUWAKARI JITEN 1-3, 4-6 NENSEI-BAN
by Fujiko F Fujio
　　　Hiroshi KISHIMOTO
© Fujiko Pro
© 2014 Hiroshi KISHIMOTO
All rights reserved.

Original Japanese edition published by SHOGAKUKAN.
Korean Translation rights arranged with SHOGAKUKAN through THE SAKAI AGENCY
and TONY INTERNATIONAL.

이 책의 한국어판 저작권은 사카이에이전시와 토니 인터내셔널을 통해 소학관과
독점 계약한 (주)세이펜북스에 있습니다. 저작권법에 의하여 한국 내에서 보호를 받는
저작물이므로 무단전재와 무단복제를 금합니다.